廈門大學南强叢書【第七輯】

國家社會科學基金青年項目
“漢唐地方史志資料的整理與研究”（項目號：16CZS027）
階段性成果

漢魏六朝墓磚銘文輯録校釋（一）

林昌丈◎著

廈門大學出版社
XIAMEN UNIVERSITY PRESS

國家一級出版社
全國百佳圖書出版單位

图书在版编目(CIP)数据

汉魏六朝墓砖铭文辑录校释.一/林昌丈著.—厦门:厦门大学出版社,2020.12
(厦门大学南强丛书.第7辑)
ISBN 978-7-5615-7807-0

Ⅰ.①汉… Ⅱ.①林… Ⅲ.①古砖—研究—中国—汉代—魏晋南北朝时代
Ⅳ.①K876.34

中国版本图书馆 CIP 数据核字(2020)第 090901 号

出 版 人	郑文礼
责任编辑	韩轲轲
封面设计	李夏凌
技术编辑	朱 楷

出版发行 厦门大学出版社

社 址	厦门市软件园二期望海路 39 号
邮政编码	361008
总 机	0592-2181111 0592-2181406(传真)
营销中心	0592-2184458 0592-2181365
网 址	http://www.xmupress.com
邮 箱	xmup@xmupress.com
印 刷	厦门集大印刷厂

开本	720 mm×1 000 mm 1/16
印张	31.75
插页	4
字数	538 千字
版次	2020 年 12 月第 1 版
印次	2020 年 12 月第 1 次印刷
定价	113.00 元

厦门大学出版社
微信二维码

厦门大学出版社
微博二维码

總　序

在人類發展史上，大學作爲相對穩定的社會組織存在了數百年并延續至今，一個很重要的原因在于大學不斷孕育新思想、新文化，產出新科技、新成果，推動人類文明和社會進步。毋庸置疑，爲人類保存知識、傳承知識、創造知識是中外大學的重要使命之一。

1921 年，愛國華僑領袖陳嘉庚先生于民族危難之際，懷抱"教育爲立國之本"的信念，傾資創辦廈門大學。回顧百年發展歷程，廈門大學始終堅持"博集東西各國之學術及其精神，以研究一切現象之底蘊與功用"，產出了一大批在海内外具有重大影響的精品力作。早在 20 世紀 20 年代，生物系美籍教授萊德對廈門文昌魚的研究，揭示了無脊椎動物向脊椎動物進化的奧秘，相關成果于 1923 年發表在美國《科學》(Science) 雜志上，在國際學術界引起轟動。20 世紀 30 年代，郭大力校友與王亞南教授合譯的《資本論》中文全譯本首次在中國出版，有力地促進了馬克思主義在中國的傳播。1945 年，薩本棟教授整理了在廈門大學教學的講義，用英文撰寫 *Fundamentals of Alternating-Current Machines*(《交流電機》)一書，引起世界工程學界强烈反響，開了中國科學家編寫的自然科學著作被外國高校用爲專門教材的先例。20 世紀 70 年代，陳景潤校友發表了"1＋2"的詳細證明，被國際學術界公認爲對哥德巴赫猜想研究做出了重大貢獻。1987 年，潘懋元教授編寫的我國第一部高等教育學教材《高等教育學》，獲國家教委高等學校優秀教材一等獎。2006 年胡錦濤總書記訪問美國時，將陳支平教授主編的《臺灣文獻匯刊》作爲禮品之一贈送給耶魯大學。近年來，廈門大學在能源材料化學、生物醫學、分子疫苗學、海洋科學、環境生態學等理工醫領域，在經濟學、管理學、統計學、法學、歷史學、中國語言文學、教育學、國際關係及區域問題研究等人文社科領域不斷探索，取得了豐碩的成果，出版和發表了一大批有重要影響力的專著和論文。

　　書籍是人類進步的階梯，是創新知識和傳承文化的重要載體。爲了更好地展示和傳播研究成果，在 1991 年廈門大學建校 70 周年之際，廈門大學出版了首輯"南強叢書"，從申報的 50 多部書稿中遴選出 15 部優秀學術專著出版。選題涉及自然科學和社會科學，其中既有久負盛名的老一輩學者專家嘔心瀝血的力作，也有後起之秀富有開拓性的佳作，還有已故著名教授的遺作。首輯"南強叢書"在一定程度上體現了廈門大學的科研特色和學術水平，出版之后廣受贊譽。此後，逢五、逢十校慶，"南強叢書"又相繼出版了五輯。其中萬惠霖院士領銜主編、多位院士參與編寫的《固體表面物理化學若干研究前沿》一書，入選"三個一百"原創圖書出版工程；趙玉芬院士所著的《前生源化學條件下磷對生命物質的催化與調控》一書，獲 2018 年度輸出版優秀圖書獎；曹春平副教授所著的《閩南傳統建築》一書，獲第七屆中華優秀出版物獎圖書獎。此外，還有多部學術著作獲得國家出版基金資助。"南強叢書"已成爲廈門大學的重要學術陣地和學術品牌。

　　2021 年，廈門大學將迎來建校 100 周年，也是首輯"南強叢書"出版 30 周年。爲此，廈門大學再次遴選一批優秀學術著作作爲第七輯"南強叢書"出版。本次入選的學術著作，多爲廈門大學優勢學科、特色學科經過長期學術積澱的前沿研究成果。叢書作者中既有中科院院士和文科資深教授，也有全國重點學科的學術帶頭人，還有在學界嶄露頭角的青年新秀，他們在各自學術領域皆有不俗建樹，且備受矚目。我們相信，這批學術著作的出版，將爲廈門大學百年華誕獻上一份沉甸甸的厚禮，爲學術繁榮添上濃墨重彩的一筆。

　　"自强！ 自强！ 學海何洋洋！"廣兩個世紀跨越，逐兩個百年夢想，面對世界百年未有之大變局,面對全人類共同面臨的問題,面對科學研究的前沿領域,面對國家戰略需求和區域經濟社會發展需要,廈門大學將乘着新時代的浩蕩東風,秉承"養成專門人才、研究高深學術、闡揚世界文化、促進人類進步"的辦學宗旨,劈波斬浪,揚帆遠航,努力産出更好更多的學術成果,爲國家富强、民族復興和人類文明進步做出新的更大貢獻。我們也期待更多學者的高質量高水平研究成果通過"南强叢書"面世,爲學校"雙一流"建設做出更大的貢獻。

是爲序。

廈門大學校長 張荣

2020 年 10 月

作者簡介　　林昌丈，1985 年 12 月生，浙江龍港人，厦門大學歷史系副教授，研究領域爲魏晋南北朝史和歷史地理學，在《歷史研究》《文史哲》《中國經濟史研究》《中華文史論叢》等刊物發表論文十余篇。

弁　言

　　墓磚銘文是出土于磚室（石室）墓中并帶有銘文、紋飾的出土文獻資料。它以磚爲載體，通過刻畫、模印等方式製作而成，成爲中國中古時期磚室墓中最爲常見的一種物質形式。與碑刻、墓志銘等史料相比，磚文簡略而零散，内容以年號和吉語爲主，還涉及了姓氏、官職和地名等方面。這些銘文不僅補正史文獻之闕，而且本身可作爲考古、歷史等學科進行學術研究的重要史料。

一

　　在文獻的記載中，墓磚不再是冰冷的石頭，而往往具有一種“靈性”。《三國志·諸葛誕傳》裴松之引《世說新語》，謂“黄初末，吴人發長沙王吴芮冢，以其磚于臨湘爲孫堅立廟”。將吴芮的墓磚用于建廟，表達了人們對墓磚所持有的一種敬畏之心。《搜神後記》“新野庚謹”的一則佚文，記載了磚頭埋尸的蹊蹺之事。庚謹兄弟“見一死人，頭在地，頭猶有血，兩眼尚動，甚可憎惡。其家怖懼，夜持出門，即于後園中埋之。明旦往視之，出土上，兩眼猶爾，即又埋之。後旦亦復出，乃以磚着頭合埋之，不復出也”。① 可見磚甓在此充當了鎮尸的功用。

　　一些磚文因帶有讖言的内容而充滿了神秘的色彩。鄭緝之《東陽記》曰：“獨公［山］（冢）在縣東八十里，有冢臨溪，其磚文曰：‘筮言吉，龜言凶，三百年，墮水中。’義熙中，冢尤半在，自後稍崩盡。”②《會稽郡十城地志》曰：“上虞縣東南有古冢二十餘墳。宋元嘉之初，潮水壞其大冢。初壞一冢，磚題文曰：‘居在本土厥姓黄，卜葬于此大富强，易卦吉、龜卦凶，四百年後墮江中。’當墜，值王

①　李劍國輯校：《新輯搜神記·新輯搜神後記》，北京：中華書局，2007年，第524頁。
②　李昉等：《太平御覽》卷767《雜物部二》引鄭緝之《東陽記》，北京：中華書局，1960年，第3404頁上欄。

顯縣令皮熙祖取數磚置縣樓下池中，録之，悵然而已。"①"王顯"，或是會稽郡守，皮熙祖爲上虞縣令。又顧野王《輿地志》謂浦陽江琵琶圻"有古冢，半在水中，甓有隱起字云：'筮言吉，龜言凶，八百年，墮水中。'謝靈運取甓至京師，諸貴傳觀之"。② 三種磚銘充滿了和卜筮相關的預言色彩。就今見而言，銘文并無類似"易卦吉、龜卦凶"和"三（八）百年墮水中"的内容。磚文絶大多數爲吉語，很少會有對墓葬進行"墮水中"的詛咒，除非是製磚匠人有意爲之，如南京雨花臺區姚家山3號東晉墓中發現的磚刻銘文。銘文略言："楊國成異不相當，吾深忿之，故書其名，著火中燒之也，使其後莫復爲。"③有趣的是，除了上述東陽和會稽郡發現的磚文外，《水經注·贛水》提到豫章郡也發現類似的磚文："昔有人于此沙得故冢刻磚，題云：'西去江七里半，筮言其吉，卜言其凶。'而今此冢垂没于水，所謂筮短龜長也。"④如此來看，"筮言吉、龜言凶"磚文曾經流行于這些地方，祗是它們的用意，已經不太好理解了。

不過，正是墓磚上刻畫、模印了文字，得以促使磚文逐漸産生了實質性的作用。《搜神後記》"范啓母墓"一則，記載范啓尋找其前母墳塋之事：

順陽范啓，母喪當葬。前母墓在順陽，往迎之，既至而墳壟雜沓，難可識別，不知何許。袁彦仁時爲豫州，往看之，因云："間有一人見鬼。"范即如言，令物色覓之。比至，云："此墓中一人，衣服顏狀如之。"即開墓，棺物皆爛，冢中灰壤深尺餘，意甚疑，試令人以足撥灰中土，冀得舊物。果得一磚，銘云"順陽范堅之妻"，然後信之。⑤

正是冢中的"順陽范堅之妻"這一磚文，纔能讓范啓確認其前母位于順陽郡的墳塋。通過此事，可知磚文有著標識墳塋位置和記録墓主信息的現實意

---

① 李昉等：《太平御覽》卷559《禮儀部三十八·冢墓三》引《會稽郡十城地志》，第2529頁上欄。

② 李昉等：《太平御覽》卷559《禮儀部三十八·冢墓三》引《會稽志》，第2529頁。

③ 南京市博物館、雨花臺區文化廣播電視局：《南京市雨花臺區姚家山東晉墓》，《考古》2008年第6期。

④ 王先謙：《合校水經注》卷39《贛水》，北京：中華書局，2009年，第560頁上欄。

⑤ 李劍國輯校：《新輯搜神記·新輯搜神後記》，第485～486頁。

義。① 然而,隨著磚室墓的流行及其在各地的傳播,銘文的類型以及意義變得更爲豐贍。如《水經注·沔水》記載漢中郡城固縣壻水岸邊的七女冢磚文,"元嘉六年,大水破墳,墳崩出銅,不可稱計。得一磚刻云:'項氏伯無子,七女造塿'。② 這一磚文將七女爲父營墓的事情特地加以記録。由此也可説明,附加于墓磚上的功能,已經不僅僅是上文所説的"靈性"了。銘文的叙述對象,也更加傾向于墓主親屬和家庭成員。和此相似,我們在磚文中經常可以看到"孝子"、"哀子"和"孤子"等身份的子嗣爲父母營造冢墓。

二

在傳統的金石學領域,墓磚及其銘文長期不被重視,以致甚少得以載録。真正意義上開始對墓磚進行搜集、著録和相關的考證,當始于清人。在樸學風氣的盛行下,清人嗜磚,托"小物",以存"大道"。如張元濟,齋號"八磚精舍"。他于《東麓尋磚》中,有一句:"翁猶文字癖,一覽托琅玕。"當然,除了磚石本身,他們已意識到銘文對考據傳世文獻的重要性。《千甓亭古磚圖釋》凌霞"序"曰:"金石文字之可貴,以其可以考古事,證異文,故學者多嗜之。而于古甓亦然,往往能于殘斷剥蝕中,于地理、官制,藉以訂訛補闕,而姓氏之稀异,亦時一遇之。"③《吴雲致陸心源信札》中提到,"學者授其遺文,詮注考釋,以發明經義,糾正史事。"④即使如此,在很長一段時間中,磚文依舊不被作爲正常的"史料"來對待和使用。葉昌熾《語石》詳論碑石之諸方面,却甚少涉及磚文。施蟄存在《金石叢話》"古磚"中談道,"中州汴洛一帶也是古墓磚出土很多的地區,不過大多是罪犯的墓磚,衹記人名及死亡的年月,全是用刀刻畫成字,故衹有一塊,没有同樣的。這種磚刻,文字無足取,但時代却早于江南的墓磚,大多是東漢時代的。"⑤刑徒墓磚銘文之所以被認爲"無足取",想必最直接的因素就是它們非常簡單,可呈現的有效信息極爲有限。然而事實上,學者們圍繞這批刑徒

---

① 更進一步的討論,參見林昌丈:《冥世的"鄉里"想象——以漢六朝冢墓銘文爲中心》,《社會科學戰綫》2019 年第 11 期。
② 王先謙:《合校水經注》卷 27《沔水》"壻水又東逕七女冢",第 413 頁下欄。
③ 陸心源:《千甓亭古磚圖釋·序言》,杭州:浙江古籍出版社,2011 年,第 1 頁。
④ 蘇州市檔案館編,沈慧瑛主編:《吴雲信札》,北京:中華書局,2019 年。
⑤ 施蟄存:《金石叢話》,北京:中華書局,2013 年,第 123 頁。

墓磚,已取得不少的學術成果。① 因此,重新審視類似刑徒墓磚銘文,進而轉變視角,應成爲目前學術界使用這些史料的共識了。

梅松在《道在瓦甓:吴昌碩的古磚收藏與藝術實踐》"小引"中説道:"目前,關于古磚的著作還是以傳統的磚目、拓本的歸類整理爲主,依然停留在資料羅列階段,鮮有從歷史學、考古學、文化學、藝術史、社會學等其他領域去探究其價值者。"②客觀而言,自清人開始重視磚石以來,其主要工作就是對磚文的搜集和著錄。以阮元、張元濟、馮登府、陸心源和孫詒讓爲代表的學者,對銘文進行書法和紀年等相關問題的基本考釋。不過,利用磚文所進行的學術研究,因磚文整理的欠缺、不系統而尚停留在初步階段。具體來説,傳統時期發現的多數磚文并非經過科學的發掘,因而磚文與墓葬、墓主等信息是脱離的。這使得傳世著錄磚文的史料價值大打折扣。此外,傳統的金石學家著錄磚文往往以書法的精美程度、墓磚的完整與否爲取捨標準。諸種因素導致磚文的整理與利用不受重視。以現今的學術界而言,磚文的利用與研究仍舊不足,磚文常被學者"棄而不用"。這種狀況很大一部分原因來自于缺乏對磚文進行系統的整理與認識。

更爲重要的是,如果我們將墓磚放入到其生產(包括文字和紋飾)、消費(運輸和市場)、營造墓室和墓主下葬等複雜的社會文化過程中來觀察的話,那麽圍繞墓磚而進行的研究,將會涉及以下三個方面:

一是墓磚的生產和製作。和這方面相關的論題是,墓磚的規格、紋飾的種類和組合、銘文的位置和特徵以及工匠群體和官私作坊。因規格、紋飾和銘文組合而成的墓磚,在一定的區域內流行和消費,這會帶來墓磚的區域差异。那麽,工匠使用粉本以及製磚作坊的消費圈,也是可以進一步思考和討論的問題。

二是聚焦于銘文而進行的具體研究,包括銘文的釋讀、銘文的體例、銘文文本的時間演變和空間差异;銘文所涉及的官職、地名和政區、姓氏和人群的問題;銘文中的紀年和墓主忌日,涉及建墓時間、下葬時間;銘文和墓葬排列、墓葬等級的復原;因銘文的記載,理解磚室墓在僻遠、邊緣地區的傳播。這些

---

① 參見侯旭東:《東漢洛陽南郊刑徒墓的性質與法律依據——從〈明鈔本天聖令·獄官令〉所附一則唐令説起》,《"中央研究院"歷史語言研究所集刊》第 82 本第 1 分,2011 年。
② 梅松:《道在瓦甓:吴昌碩的古磚收藏與藝術實踐》,北京:生活·讀書·新知三聯書店,2017年,第 7 頁。

論題關涉中古喪葬史和社會文化史,是一個龐大的研究鏈。

三是因製磚技術、紋飾流變、墓磚形制和粉本使用等問題而帶來的科技史、藝術史和裝飾史的相關探討。具體包括製磚技術的形成、發展和傳播路綫;紋飾的類型、區域特徵及其演變;墓磚形制和紋飾的裝飾;粉本的傳播和變化,等等。

總的來説,墓磚及其銘文不僅被當作書法鑒賞、研究和史學文獻來處理,而且還應作爲物質載體的社會、文化史的研究對象。一方面,因磚室墓的廣泛流行、使用,人們開始對墓磚這一"物質"進而産生了一種敬畏之情。而另一方面,也有一些士人開始將製磚營墓作爲厚葬的表現形式之一,予以反對。言外之意,提倡薄葬的内容之一,就是不製磚營墓。《梁書·劉歊傳》提到他撰寫的《革終論》中,有"地足爲坎,坎足容棺,不須磚甓,不勞封樹"的表達。[①] 同樣,《南史·崔慰祖傳》載慰祖"令以棺親土,不須磚,勿設靈座"。[②] 這兩種皆因墓磚而起,可以説是有關墓磚而引發的社會思想史話題了。

林昌丈

2020 年 11 月 30 日于廈門大學聯興樓

---

① 《梁書》卷 51《處士·劉歊傳》,北京:中華書局,1973 年,第 750 頁。

② 《南史》卷 72《文學·崔慰祖傳》,北京:中華書局,1975 年,第 1773 頁。

凡　例

（一）是書收録南方地區江蘇（包括蘇北）、安徽（包括皖北）、福建、江西、廣東、廣西、湖北（包括鄂北）、湖南、四川、重慶和雲南等省市的墓磚銘文，包括傳世、留傳的磚文和經過科學發掘的墓葬所刊布的磚文。浙江省因墓磚銘文數量較多，將作爲《漢魏六朝墓磚銘文輯録校釋（二）》單獨成册；貴州和海南二省，目前基本没有相關磚文發現，故不予列入。

（二）是書以省市區域和紀年時間作爲編排的框架，以有明確出土地、紀年的墓磚爲先，無確切紀年和出土地的置于其後。

（三）每則銘文，先擬定標題，次著録銘文，次對墓磚的出土地、尺寸和形制加以交代，次簡要介紹墓磚所出的墓葬相關信息和隨葬器物，再次進行銘文的相關内容考釋，并附上銘文的拓片圖影。若墓磚擁有紀年，以紀年作爲標題；若無紀年，則根據銘文内容酌情擬定。

（四）磚墓誌，已有《中國古代磚刻銘文集》、《漢魏南北朝墓誌彙編》和《新出魏晉南北朝墓誌疏證》等書收録，此處一律不收。

（五）磚質地券，見于《中國古代買地券研究》。若有後出者，則酌情收録。

（六）同墓出紀年磚和吉語磚等内容組合，予以收録；祇出吉語磚，一般情况不予收録。

（七）銘文無法釋讀者，標以"□"；銘文不能確知所泐字數者，標以"……"；銘文分行，標以"/"綫。

目　録

江蘇省

"婁尹"磚

婁尹。（端面）

太歲在乙巳□月，尹牧反（及？）作。（側面）

　　磚出南京市江寧區官家山磚室墓，大部分素面，少量爲字、紋相間的花紋磚。報告者認爲此墓屬于吳末西晉初的墓葬。[①]　若此判斷準確的話，"乙巳"當爲西晉太康六年（285）。"嫂"或是指吳郡嫂縣，但一縣長官并不稱"尹"，側面銘文有"尹牧反（及？）"，暗示"尹"可能是姓氏，則端面"嫂尹"或是指吳郡嫂縣尹姓，標明姓氏的地望。

赤烏五年（242）邵氏夫人磚

　　　　赤烏五年七月造。

　　　　吳郡餘杭邵氏夫人墓。

　　磚出蘇州市吳江縣（今吳江區）陳思村，墓中還出土銅帶鉤。[②]　會稽郡有邵氏，《三國志·吳書》"孫晧傳"鳳凰三年（274）"臨海太守奚熙與會稽太守郭誕書"下裴松之注引《會稽邵氏家傳》曰："邵疇字溫伯，時爲誕功曹。"[③]此外，《三國志·吳書》"周魴傳"提到周魴親信邵南，應當來自吳郡。[④]　此磚文可證吳郡餘杭有邵氏的蹤迹。然而邵氏墓却在吳縣，可能和邵氏家族由餘杭遷徙至吳縣有關。

赤烏年間"神靈安居"磚

　　　　平原廣敞、神靈安居。（側面）

　　　　吉月貞□、卜葬芒丘。（側面）

　　磚出南京市玄武區仙鶴山5號孫吳時期的券頂磚室墓。大部分墓磚端面和側面模印有文字或花紋，有文字、花紋的一面皆朝向墓内。同墓出土的泥質灰陶盒，外底竪行刻劃"赤烏十年□壬四月正"字樣。[⑤]　銘文屬于吉語、

---

①　南京市博物館：《江蘇江寧官家山六朝早期墓》，《文物》1986年第12期。

②　陸友仁：《硯北雜志》卷下，上海：上海進步書局，無出版年，第13頁B面。

③　《三國志》卷48《吳書·三嗣主傳》，北京：中華書局，1959年，第1170頁。

④　《三國志》卷60《吳書·周魴傳》，第1389頁。

⑤　南京市博物館、南京師範大學文物與博物館學系：《南京仙鶴山孫吳、西晉墓》，《文物》2007年第1期。

卜葬之辭。

鳳凰元年（272）磚

鳳皇元年八月十日作，姓彊。（側面）

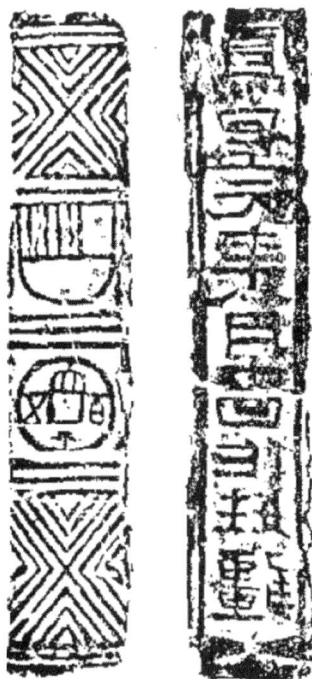

磚出常州溧陽市上興鎮永和村東南的磚室墓，飾有繩紋、幾何形紋和"大

泉五百”圖案，銘文模印、反書。① “鳳皇”即“鳳凰”。“彊”姓無考。

鳳凰元年（272）磚

鳳皇元年十月作。（側面）

磚出南京市江寧區東善橋東吳磚砌雙室墓，銘文反書。②

---

① 南京博物院：《江蘇溧陽孫吳鳳凰元年墓》，《考古》1962 年第 8 期。
② 南京市博物館、江寧市博物館：《南京市東善橋“鳳凰三年”東吳墓》，《文物》1999 年第 4 期。

鳳凰三年（274）磚

鳳皇三年作。

磚出南京市江寧區東善橋東吳磚砌雙室墓，銘文反書。[1]

天册元年（275）磚

天册元年七月十八日，兒侯，師李橫作甓。（側面）

天册元年七月。（端面）

兒侯。（端面）

---

[1]　南京市博物館、江寧市博物館：《南京市東善橋“鳳凰三年”東吳墓》，《文物》1999 年第 4 期。

（棱角山"天册元年"磚）

（沙石岡"天册元年"磚）

磚出南京市江寧區上坊鎮棱角山、沙石岡兩座東吳磚室墓,兩墓磚文、紋飾基本一致。磚有長方形、楔形兩種,其中長方形磚長34厘米,寬17厘米,厚4厘米。紋飾有平行綫條紋、蓮花銅錢三角綫條紋、蓮花三角綫條紋、蓮花棱形紋、蓮花旋渦三角綫條紋、三角綫條紋和錢心棱形三角綫條紋等。[①] 墓主是"兒侯",姓"兒","侯"字表明了墓主的身份;李横是造磚工匠。

① 南京市博物館:《南京郊縣四座吳墓發掘簡報》,《文物資料叢刊》第8輯,北京:文物出版社,1983年,第1~15頁;南京市江寧區博物館:《南京江寧孫吳"天册元年"墓發掘簡報》,《東南文化》2009年第3期。

天册元年（275）磚券

天册元年十二月……。

磚出南京市南郊丁墙村，爲長方形磚質券，兩面刻字，風化嚴重。[1]

天璽元年（276）磚

天璽元年十月五日作。

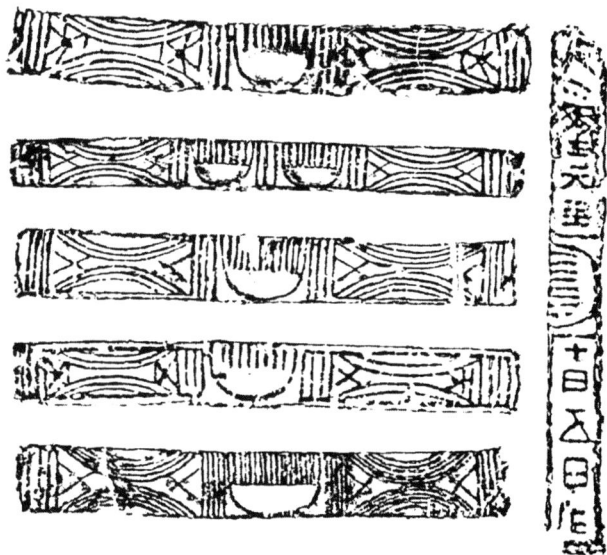

磚出南京市雨花臺區寧南街道農花村 19 號磚室墓，磚面模印錢紋和放射綫紋，磚側模印幾何紋及梳形紋等。銘文磚側面的文字中間以梳形紋爲間隔，模印陽文。[2]

---

[1]　南京市博物館、雨花臺區文化局：《南京丁墙村"天册元年"東吳墓》，南京市博物館編：《南京文物考古新發現：南京歷史文化新探二》，南京：江蘇人民出版社，2006 年，第 24～28 頁。

[2]　南京市博物館、雨花臺區文化廣播電視局：《南京市雨花臺區孫吳墓》，《考古》2013 年第 3 期。

“朱”字磚

磚出南京市玄武區仙鶴山 1 號孫吳時期磚室墓。部分墓磚模印有一組或三組幾何形花紋，其中一磚除端面模印幾何形花紋外，在一平面上壓印一明顯的手掌印，其上陰刻“朱”字。[①]

太康元年（280）磚

　　姓朱，江乘人，居上描（？）。大歲庚/子，晉平吳，天下/大平。/

磚出南京市江寧區索墅鎮磚瓦廠 1 號磚室墓。銘文模印于墓磚的一側面和兩端面，餘一側面飾對角幾何紋。[②] 太康元年，太歲在庚子，與磚合。據銘文可知，墓主姓朱，西晉丹陽郡江乘縣人士，居于上描（？）。上描（？）無考，可能離墓葬出土地不遠。

---

① 南京市博物館、南京師範大學文物與博物館學系：《南京仙鶴山孫吳、西晉墓》，《文物》2007年第 1 期。

② 南京市博物館：《南京獅子山、江寧索墅西晉墓》，《考古》1987 年第 7 期。

太康四年（283）磚

大康四年柯君作壁。（側面）

　　磚出南京市江寧區秣陵鎮元塘村磚室墓，長 32 厘米，寬 13 厘米，厚 4.3 厘米，銘文"作壁"二字反書。磚側飾米字紋，花紋下有"白"字，磚面印飾繩紋。[1]
"柯君"或指墓主，姓"柯"，"君"是尊稱。

太康六年（285）磚

大康六年八月十五日，王氏壁，千年。（側面）
大康六年。（側面）

　　磚出南京市栖霞區燕子磯街道柳塘村西晉磚室墓，端面飾有"玄武"圖

---

① 《江寧縣秣陵公社發現西晉太康四年墓》，《文物》1973 年第 5 期。

案。① 王氏乃墓主，同墓出土殘地券曰："……六年十一月十日……戌，王母以大康五年八月十五日喪亡。"則"王母"于太康五年過世，太康六年下葬。"千年"即吉語。

太康六年（285）磚

大康六年。（端面）

磚出南京市江寧區周岡鎮尚義村采石場磚室墓，青灰色，長方形，長 30.5 厘米，寬 15 厘米，厚 4 厘米，大部分墓磚正面模印麻布紋，側面模印菱形方格紋，端面模印銘文，陽文隸書。②

---

① 南京市博物館：《江蘇南京鄧府山吴墓和柳塘村西晉墓》，《考古》1992 年第 8 期。
② 南京市博物館、江寧區博物館：《南京江寧區周岡鎮尚義采石場西晉紀年墓》，南京市博物館編：《南京文物考古新發現：南京歷史文化新探二》，第 84 頁。

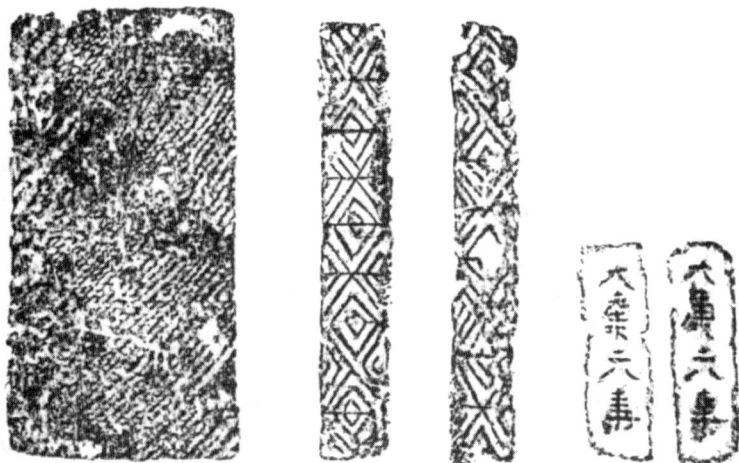

太康八年（287）磚

　　太康八年七月十七日，吳賀申作。
　　吳工行。

　　磚出洞庭湖（太湖），嘉定瞿氏古泉山館藏，銘文八分書、反文。[1]　"吳賀申"
"吳工行"，或是營墓匠人。

太康九年（288）磚

　　太康九年五月□卯朔十二日丁丑作甓。（側面）
　　大吉羊，百福昌，可求得，可惡止。（端面）

　　磚出淮安市盱眙縣盱城鎮沙岡大隊東山生産隊，長 36 厘米，寬 17 厘米，
厚 5～6 厘米，青灰色。墓中同時出土多種畫像磚，模印仙人、飛天、禽獸、青
龍、鳥首人身逐兔，以及飾菱形紋、網形紋、多綫條米字紋、柿蒂紋和四出錢紋
等。[2]　太康九年，歲在戊申，其五月朔爲"庚午"，非"□卯"，則十二日爲"庚巳"，

---

① 程祖慶：《吳郡金石目》，《叢書集成初編》，北京：商務印書館，1936 年，第 1 頁。
② 秦士芝：《盱眙縣發現一批西晉墓磚》，《文物資料叢刊》第 8 輯，第 126～127 頁。

非"丁丑"，磚文誤。端面銘文爲吉祥語，"芊"當即"祥"字。

元康二年（292）磚

元康二年。

磚出南京市江寧區陸郎鎮磚室墓，具體情況不詳。[1]

元康三年（293）磚

元康三年□日溧陽錢作。

磚出溧陽市城區，楔形，飾"三光"紋，銘文隸書、反文。[2] "錢"字，當爲姓氏，但無法確定屬于墓主還是墓磚工匠。溧陽，西晉丹陽郡屬縣。

---

[1]　吴文信：《江蘇江寧出土一批西晉青瓷》，《文物》1975年第2期。

[2]　周聯一：《刻著"永和九年"的古磚，有著什麼樣的故事？》，《美術報》2018年5月9日。

元康五年（295）磚

元康五年九月立。（側面）

　　磚出南京市江寧區谷里鎮端村 1 號券頂磚室墓，以長方形青磚爲主，偶見紅褐色磚，火候高，質地較細，有素面和花紋磚兩種，以花紋磚爲主。花紋磚紋飾皆有繩紋、錢紋加斜綫紋和雙十字綫加斜綫紋三類，兩面拍印，側面帶有文字和花紋。[①] 除紀年信息外，墓磚另一側面中間有"王"字。

---

① 南京市博物館、南京市江寧區博物館：《南京江寧谷里端村西晉紀年墓》，南京市博物館編
　　著：《南京文物考古新發現》第 3 輯，北京：文物出版社，2014 年，第 63～67 頁。

元康五年（295）番公磚

元康五年，番公辟。（側面）

番公。（端面）

周買。（端面）

丙丁。（端面）

磚出句容市芙蓉山，長九分四寸，寬四寸六分，厚一寸六分，銘文陽文、八分書。[①] 毫無疑問，“番公”爲墓主，而“周買”或是製磚工匠。元康五年，歲在乙卯。“丙丁”亦不是元康五年任一月份的干支。

元康七年（297）陳氏磚

元康七年八月，陳氏作。

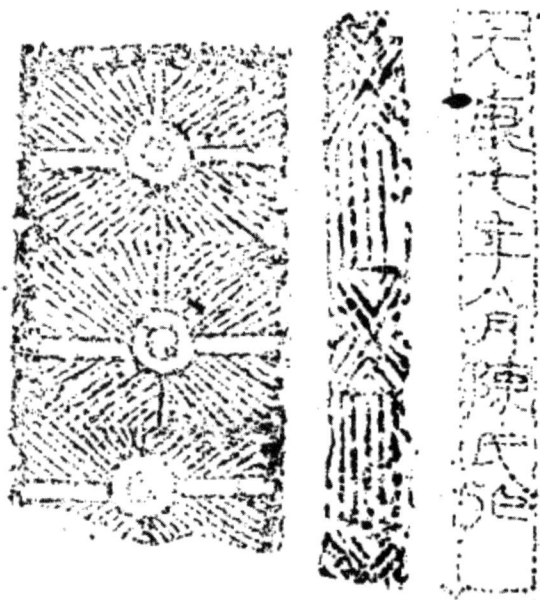

---

① 楊世沅：《句容金石記》，《石刻史料新編》第 2 輯第 9 册，臺北：新文豐出版有限公司，1979年，第 6422 頁下欄。

　　磚出南京市江寧區梁塘村北張家山西晉磚室墓,面飾細繩紋、錢紋和放射綫紋,磚側飾交叉菱形紋和短直綫紋,端面飾十字綫紋和半錢紋。部分磚側模印文字,正書陽文,砌于封門墙上。[①]

元康七年（297）周將軍磚

　　元康七年九月廿日陽羡所作周前將軍磚。（側面）

　　元康七年九月廿日前周將軍……。（側面）

　　議曹朱選,將功吏楊春,工楊普作。（側面）

　　磚出無錫市宜興縣城内東南方周墓墩 1 號券頂磚室墓,飾圓輪紋、虎紋和

---

①　南京博物院:《江蘇江寧縣張家山西晉墓》,《考古》1985 年第 10 期。

獸面紋等，銘文隸書。^①"周將軍"即周處。據銘文可知，周處墓乃由吳興郡陽羨縣官方督造。楊春、楊普當是陽羨一帶的工匠，而楊春擔任"將功吏"，應是爲修建周處墓而臨時設置的吏職。

元康八年（298）磚

□（元？）康八年八月廿三日二……。（側面）

磚出南京市江寧區東善橋街道馮村東部一座山丘緩坡上的1號磚室墓，青灰色，以素面爲主。銘文正書。^②

---

① 南京博物院：《江蘇宜興晉墓的第二次發掘》，《考古》1977 年第 2 期；華東文物工作隊清理
小組：《江蘇宜興周墓墩古墓清理簡報》，《文物參考資料》1953 年第 8 期；羅宗真：《江蘇宜
興晉墓發掘報告——兼論出土的青瓷器》，《考古學報》1957 年第 4 期。

② 南京市博物館、南京市江寧區博物館：《南京江寧馮村西晉墓》，南京市博物館編著：《南京文
物考古新發現》第 3 輯，第 68～73 頁。

元康九年（299）磚

元康九年七月一日造作，工懷弘。（側面）

吳郡張君造補(作?)壁□□□□張□。（磚面）

□康(元)［九］年七月廿八日作覽。饑無食，人得所□□□□遇中不而作，但相將眠此□一夫不舉□□伯□念郎窮，昔欲各饗日顧各饑無可從□者，願見明也。（磚面）

　　磚出蘇州市吳縣甪直鎮張陵山 3 號多室券頂磚室墓，其中"元康九年"磚文模印、正書，其他磚文陰刻。"吳郡張君"磚文和"□康九年七月廿八日"磚文刻寫于磚面，磨泐嚴重，後者文字四行，間有界欄。隨葬品有青瓷器、魂瓶和象牙器等。[1] 該墓另外出土刻劃畫像磚一塊，似是裸體的形象。據銘文可知，懷弘爲燒製墓磚的工匠，"張君"應是墓主或其家庭成員。

元康九年（299）磚

元康九年。

---

① 　南京博物院：《江蘇吳縣張陵山張氏墓群發掘簡報》，《南方文物》2005 年第 4 期。

磚出南京市江寧區陸郎鎮磚室墓，具體情況不詳。[①]

永寧元年（301）磚

永寧元年七月十七日，就作磚壁。

大中大夫、高平太守侯府君，年七十三薨。

大中大夫、高平太守侯，七十三薨。

居丹楊江寧賴鄉齊平里。

吳興陽羡人。

侯，中。

同。

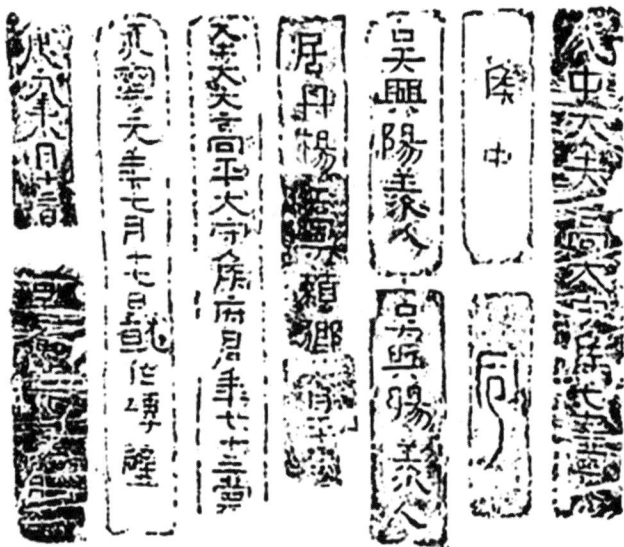

　　磚出南京市江寧區板橋街道石閘湖西北磚室墓。該墓銘文雜亂，除"永寧元年"紀年磚外，墓中還有"□康九年八月十三日"銘文。"□康"，報告者釋作"太康"。據拓片圖影，"□康"也可能是"元康"。且元康九年（299）距永寧元年（301）更爲接近，從時間上看，更爲合理。從墓中出土的鉛地券可知，墓主侯府君卒于永寧二年。永寧元年以及元康九年兩年，應是營造墓葬的時間。地券

---

① 　吳文信：《江蘇江寧出土一批西晉青瓷》，《文物》1975年第2期。

記載墓主爲廬江郡樅陽縣人，而此處的銘文却有"吳興陽羨人"的説法。報告者認爲部分文字磚多破碎不堪，一些墓磚是否爲該墓所特製，是值得注意的。[1]"侯中"的"中"字，標識墓磚的規格。據磚文可知，墓主原籍廬江樅陽，僑居于丹陽江寧賴鄉齊平里。

永寧二年（302）磚

　　永寧二年七月戊寅朔十三日庚寅，/（側面）江寧周令、關内侯之磚。/（側面）

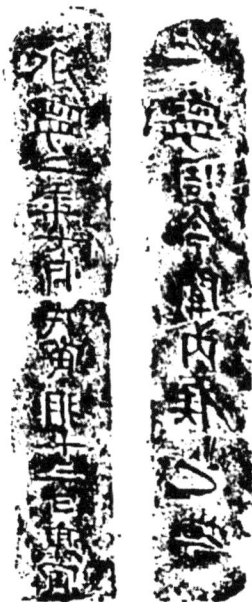

　　磚出無錫市宜興縣城内東南方周墓墩 4 號券頂磚室墓，銘文反書。墓室分爲前後室，出土青瓷神獸尊、金飾、銅棺釘和石珠等。在青瓷神獸尊的底部，刻寫"東州"二字。[2]　永寧二年太歲在壬戌，其七月朔戊寅，十三日爲庚寅，與磚合。"江寧周令"，報告者認爲是周魴。周魴卒年不確，但從《周處傳》謂處少孤、家中有老母的記載來看，周魴最晚在 250 年左右即已離世。而洎晉永寧二

①　南京市文物保管委員會：《南京板橋鎮石閘湖晉墓清理簡報》，《文物》1965 年第 6 期。
②　南京博物院：《江蘇宜興晉墓的第二次發掘》，《考古》1977 年第 2 期。

年（302）纔下葬，似乎有悖常理。報告者不僅對史書誤讀，也没有對這一現象進行合理的解釋。此外，從 4 號墓出土的幾件金飾如金簪頭、金珠等女子裝飾物來看，此墓當爲夫婦合葬墓。銘文中提及的"江寧縣"，析置於西晉太康元年（280），二年改爲江寧。① 周魴即使當時仍舊在世，也不太可能勝任江寧縣令。因而，4 號墓主乃周魴一説疑竇叢叢，須進行重新審視。報告者以爲關内侯即是周魴，殊不知爵位可以承襲。4 號墓主爲周魴的長子或者是承嗣關内侯爵位、周處兄長的可能性更大。

永興二年（305）磚

　　永興二年八月十日，張君。

　　磚出南京市江寧區殷巷磚瓦廠附近的磚室墓，銘文隸書。② "張君"應是墓主，姓"張"，"君"是尊稱。

_____

① 《宋書》卷 35《州郡一》，北京：中華書局，1974 年，第 1030 頁。
② 南京市博物館：《南京殷巷西晉紀年墓》，《文物》2002 年第 7 期。

永嘉二年（308）磚

永嘉二年九月十日作壁。（側面）

□（施？）元仲。（端面）

□元羆。（端面）

磚出南京市栖霞區邁皋橋鼓樓磚瓦廠東北小山坡的西晉磚室墓，長方形，正、反面模印斜粗繩紋，側面飾龍紋或龍鳳紋圖案，端面飾圓形錢紋。[①] 銘文正書、陽文。"元仲""元羆"可能爲兄弟輩，一同爲父母營墓。

西晉"魏宫"磚

磚出南京市雨花臺區板橋街道近華村楊家山西晉雙室磚室墓，青灰色，素

---

① 南京市文物保管委員會：《南京邁皋橋西晉墓清理》，《考古》1966 年第 4 期。

面,在鋪地磚中發現一塊刻有"魏宫"字樣的銘文磚。[①] 則墓主姓魏,"宫"即地宫、冢墓之意。不過,甚少有磚文有此用例。

大興二年（319）磚

　　晉大興二年六月丁酉,駙馬都尉朱君妻吳氏卒。（側面）
　　晉大興二年八月庚辰造。（側面）
　　朱□日□。（端面）

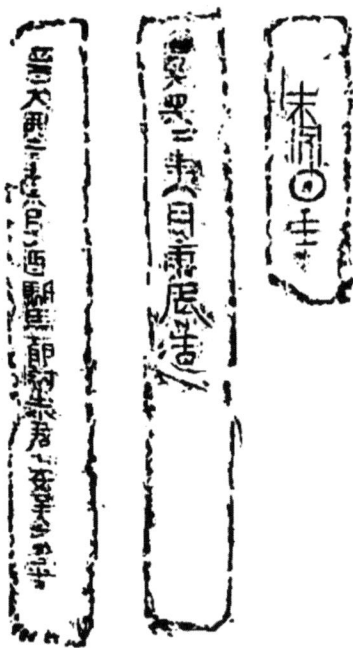

　　磚出南京市棲霞區象坊村官山的券頂磚室墓,青灰色或紅色,面飾粗繩紋,銘文陽文、正書。[②] 大興二年,歲在己卯。據陳垣《二十史朔閏表》,其年六月朔爲庚午,八月朔爲己巳,磚文分別作"丁酉"和"庚辰",則是六月廿八日和八月十二日。

---

①　南京市博物館、南京市雨花臺區文管會:《江蘇南京市板橋鎮楊家山西晉雙室墓》,《考古》1998 年第 8 期。
②　江蘇省文物管理委員會:《南京象坊村發現東晉墓和唐墓》,《考古》1966 年第 5 期。

太寧元年（323）等磚

建興四年八月七□。（前室、兩側室）

大 興四年，義興郡楊 建 春□。（前室、兩側室）

□□義興陽羨□里□。（前室、兩側室）

太寧元年。（後室）

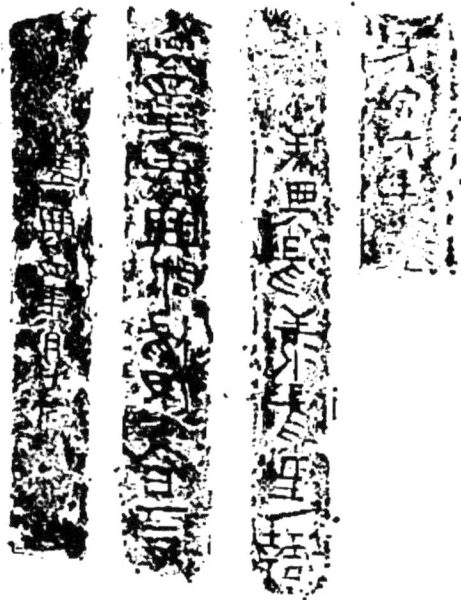

　　磚出無錫市宜興縣城内東南方周墓墩 5 號十字形磚室墓，銘文反書。墓葬由甬道、前後室和兩側室構成，出土青瓷器、銅鏡盒和銅弩機等 11 件隨葬品。[1] 從各室發現的磚文可知，此墓修建于建興四年（316），在大興四年（321）和太寧元年（323）又兩次擴建。《晉書·地理下》"揚州"欄末尾，"又以周玘創義討石冰，割吳興之陽羨并長城縣之北鄉置義鄉、國山、臨津并陽羨四縣，又分丹楊之永世置平陵及永世，凡六縣，立義興郡，以表玘之功，并屬揚州"。[2] 又《晉書·周處傳》附其子"周玘傳"曰："帝以玘頻興義兵，勛誠并茂，乃以陽羨及

① 　南京博物院：《江蘇宜興晉墓的第二次發掘》，《考古》1977 年第 2 期。
② 　《晉書》卷15《地理下》，北京：中華書局，1974 年，第 463 頁。

長城之西鄉、丹楊之永世别爲義興郡，以彰其功焉。"①《資治通鑑》將此事繫于永嘉四年（310）。再據《晉書·周處傳》附其子"周玘傳"，周玘卒于建興初。此墓最早的紀年是建興四年（316），和周玘卒年相近，因此報告者認爲此墓的墓主人是周玘，可從。而側室和後室，可能是周玘妻妾卒後所葬。"楊建春"當是營墓工匠，很有可能出自前文著録的楊春、楊普家族。

太寧三年（325）磚

晉故蒼梧太守、散騎常侍墓。

君以太寧三年歲在乙酉六月/四日戊申丙夜卒。/

墙甫。

墙斧。

□（寅？）門。

仁（？）三百五十。

磚出蘇州市吳縣甪直鎮張陵山 4 號凸字形磚室墓，銘文正書，其中"太寧三年"磚文兩行。墓室內有兩具磚砌棺床，是夫婦合葬墓。墓中同時出土石質"墓銘"一方，位于墓葬甬道。② 太寧三年歲在乙酉，與磚合。六月朔爲乙未，則

① 　《晉書》卷 58《周處傳》附其子"周玘傳"，第 1573 頁。
② 　南京博物院：《江蘇吳縣張陵山張氏墓群發掘簡報》，《南方文物》2005 年第 4 期。

六月四日當是戊戌，非"戊申"。"墻甫"即"墻斧"，它們和"□（寅？）門""仁（？）
三百五十"，都標識了墓磚的形制和在墓葬中的位置。據石"墓銘"可知，墓主
是張鎮和夫人郭氏。

咸和元年（326）磚

惟咸和元年七月己 丑 ……。（側面）

磚出南京市北郊郭家山 3 號磚室墓。該墓旁邊另有三座形制和結構相同
的磚室墓。報告者認爲此處是王氏家族某一支系的族葬區。[①] 墓磚長方形，側
面飾菱形紋。咸和元年七月，當是己丑，因此銘文可補一"丑"字。

咸和八年（333）磚

咸和八年二月一日造甎。（側面）

---

① 南京市博物館：《南京北郊郭家山東晉墓葬發掘簡報》，《文物》1981 年第 12 期。

磚出鎮江市龍山雙室吕字形磚室墓，長 30.5 厘米，寬 15 厘米，厚 1.3 厘米，銘文陽文。[①] 隨葬品主要有青瓷器、灰陶罐。

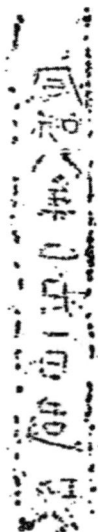

咸康元年（335）磚

咸康元年作。（端面）

磚出鎮江市丹徒區辛豐鎮小莊村單室券頂凸字形磚室墓，長 31 厘米，寬 15.5 厘米，厚 5.5 厘米，銘文陽文。[②] 墓内主要出土青瓷器和一件"嘉禾六年"銅弩機。

---

① 鎮江博物館、劉建國：《鎮江東晉墓》，《文物資料叢刊》第 8 輯，第 20、35 頁。
② 鎮江博物館、劉建國：《鎮江東晉墓》，《文物資料叢刊》第 8 輯，第 20、34 頁。

咸康四年（338）磚

咸康四年。

咸康四年八月。

磚出南京市江寧區江寧鎮上湖村三座孫吳、西晉磚室墓附近，具體情況不詳。[1] 墓地周邊至少還應有東晉墓葬存在。

永和三年（347）磚

永和三年九月五日作。（側面）

磚出南京北郊郭家山磚室墓。該墓旁邊另有三座形制和結構相同的墓葬，報告者推測很有可能是王氏家族某一支系的族葬區。[2]

永和四年（348）磚

永和四年十月，城陽炅氏。（刀形磚側面）

---

① 南京市博物館、南京市江寧區博物館：《南京江寧上湖孫吳、西晉墓》，《文物》2007 年第 1 期。
② 南京市博物館：《南京北郊郭家山東晉墓葬發掘簡報》，《文物》1981 年第 12 期。

　　磚出南京市栖霞區邁皋橋萬壽村 1 號磚室墓。墓磚平面多模印繩紋，部分墓磚印有斜十字和蓮瓣紋組成的圖案，還有龍、虎和獸面等紋飾，在圖案四角印有"虎嘯山丘"四字。"永和四年"磚出自該墓的刀形磚側面。① 朹氏，《元和姓纂》引"後漢陳球碑"，有城陽朹横。②

永和十一年（355）高崧夫婦合葬墓磚文

　　永和十一年。
　　月十七日□。
　　□士□貴旦康。
　　宜子孫。

　　磚出南京市玄武區仙鶴觀 2 號高崧夫婦合葬磚室墓，同墓還出土高崧和夫人謝氏磚志。③ "高崧磚志"曰："晉故侍中、騎都尉、建昌伯廣陵高崧，泰和元

---

①　南京市文物保管委員會：《南京六朝墓清理簡報》，《考古》1959 年第 5 期。
②　林寶撰，鬱賢皓、陶敏整理：《元和姓纂》卷 8，北京：中華書局，1994 年，第 1238 頁。
③　南京市博物館：《江蘇南京仙鶴觀東晉墓》，《文物》2001 年第 3 期。

年八月廿二日薨,十一月十二日窆。""夫人謝氏磚志"曰:"鎮西長史、騎都尉、建昌伯廣陵高崧夫人會稽謝氏,永和十一年十二月七日薨,十二年三月廿四日窆。"高崧夫人先于高崧而卒,此磚文屬于爲高崧夫人謝氏建墓時而留下的銘文。

永和十一年（355）磚

永和十一年八月四日作。
上甫一千六百。

磚出蘇州市吳縣甪直鎮張陵山 1 號凸字形券頂磚室墓,隨葬品僅出土 1 件青瓷碗。[1] "上甫"即"上斧",表示墓磚的規格和位置。

寧康二年（374）溧陽令磚

陽夏縣都 鄉 。
章州陳郡　溧陽令,寧康二年。
□陽章州陳郡。

磚出常州溧陽市西北紅旗村、果園村一帶的東晉磚室墓,磚面繩紋,兩端花紋,

---

① 南京博物院:《江蘇吳縣張陵山張氏墓群發掘簡報》,《南方文物》2005 年第 4 期。

以蕉葉紋居多，銘文反書。[1] "章州"應爲"豫州"。據同墓所出磚墓誌可知，墓主爲溧陽令、給事中、散騎常侍謝琰。

太和四年（379）磚

　　吉于泰和四年八月。
　　妻張字永男。

　　磚出南京市西善橋西南小土山磚室墓，銘文反書，模印于楔形磚。[2] 墓主爲張氏，字永男。

---

① 南京博物院:《江蘇溧陽果園東晉墓》,《考古》1973 年第 4 期。
② 葛治功:《南京西善橋東晉泰和四年墓清理簡報》,《考古通訊》1958 年第 4 期。

太元四年（379）紀德磚

　　泰元四年五月十一日，高/陽郡博縣都鄉吉遷/里紀德家墓地一所，故
□。/

　　磚出南京市雨花臺區軟件大道華爲軟件技術有限公司内的磚室墓，長28
厘米，寬14厘米，厚4厘米，銘文單面陰刻三行，間有陰刻綫。[1] "泰元"即"太
元"。高陽郡，《晉書·地理下》"揚州"欄末尾曰："咸康四年，僑置魏郡、廣川、
高陽、堂邑等諸郡，并所統縣并寄居京邑。"[2]《宋書·州郡一》"揚州"欄下曰：
"江左又立高陽、堂邑二郡，高陽領北新城、博陸二縣，後省堂邑并高陽，又省高
陽并魏郡，并隸揚州，寄治京邑。"[3] 磚文"博縣"即是"博陸縣"的省稱。"高陽郡
博縣都鄉吉遷里"應是紀德的原籍地，他們一家寄居京邑。

---

[1]　南京市博物館、南京市雨花臺區文化局：《南京雨花臺東晉紀年墓發掘簡報》，《文物》2008
　　年第12期。

[2]　《晉書》卷15《地理下》，第463頁。

[3]　《宋書》卷35《州郡一》，第1029頁。

太元九年（384）磚

泰元九年三月，任興。（側面）

太元九年三月六日，任興作。（側面）

磚出南京市中山門外苣藚園 1、2 號磚室墓，有長方形和楔形，飾錢紋、菱

形紋等,銘文模印,有正書、反書。^①"任興",應是工匠姓名。

太元十八年(393)磚

太元十八年。(端面)

磚出南京市雨花臺區軟件大道華爲軟件園 101 號磚室墓,銘文陽文、反書。^②

隆安二年(398)玄武畫像磚

晉隆安二年,造立冢郭/顥陽山,子孫安壽萬年。/

磚出鎮江市畜牧場二七大隊雙室吕字形磚室墓。墓内發現 53 方畫像磚,其中有"玄武畫像"磚,中間爲玄武畫像,左右爲銘文,銘文陽文、隸書。^③"顥"字,通"顯"。"顥陽山",應是墓葬出土地的地名。此外,該墓隨葬青瓷器、石供臺、玉飾、銅泡和金飾等器物。

① 南京博物院:《南京中山門外首蓿園東晉墓清理簡報》,《考古通訊》1958 年第 4 期。
② 南京市博物館:《南京華爲軟件園東晉太元十八年墓》,南京市博物館編著:《南京文物考古新發現》第 3 輯,第 95〜103 頁。
③ 鎮江博物館、劉建國:《鎮江東晉墓》,《文物資料叢刊》第 8 輯,第 26、37 頁。

義熙十一年（415）磚

晉 義 熙十一年。

十一月廿六日，畢。

任奴伍之（?）。

磚出南京市栖霞區甘家巷楊家邊村旁小山坡上的磚室墓。銘文正書刻劃于三塊鋪地磚面，報告者認爲可能是造墓工匠所刻，可從。此外，墓頂所用楔形磚的窄端多模印蓮花紋和樹紋。[1] “任奴伍”和前文著録的“任興”，應是造墓的工匠姓名。

---

[1] 南京市博物館、南京市栖霞區文化廣播電視局：《南京栖霞甘家巷東晉紀年墓》，南京市博物館編著：《南京文物考古新發現》第 3 輯，第 74～78 頁。

東晉"王"字磚

　　磚出南京北郊郭家山東晉磚室墓。該墓旁邊另有三座形制和結構相同的磚室墓。報告者認爲此處可能是王氏家族某一支系的族葬區。文字位于端面。[1]

李康磚

　　磚出南京北郊象山 3 號磚室墓,墓主爲王彬之長女王丹虎。墓磚僅有粗繩紋、長方形磚一種。少數磚端面陽文反書"李康"二字,報告者認爲可能是製磚工匠的姓名。[2]

徐司馬磚

　　　　徐司馬。

　　磚出鎮江市陽彭山單室券頂長方形磚室墓,長 30 厘米,寬 15.5 厘米,厚 4 厘米,銘文位于磚面,隸書。[3] 墓內隨葬青瓷器、石猪、銅弩機和剪刀等器物。報告者認爲此墓屬于東晉早期。"徐司馬",報告者認爲可能是"徐州軍府司馬"的簡稱。不過,銘文也可以理解爲姓徐擔任軍府司馬者。

---

①　南京市博物館:《南京北郊郭家山東晉墓葬發掘簡報》,《文物》1981 年第 12 期。
②　南京市文物保管委員會:《南京象山東晉王丹虎墓和二、四號墓發掘簡報》,《文物》1965 年第 10 期。
③　鎮江博物館、劉建國:《鎮江東晉墓》,《文物資料叢刊》第 8 輯,第 20、29、34 頁。

臨淮謝氏磚

臨淮謝氏。

磚出鎮江市潤州區跑馬山單室券頂刀形磚室墓，長 28 厘米，寬 14.5 厘米，厚 4 厘米，位于墓室前側，銘文陰文、隸書。[①] 此外，墓内還出土青瓷器、銅鏡、水晶飾、金飾和銀飾等器物。臨淮，漢置，東晉初僑立于武進。《晉書·地理志下》"徐州"欄末尾謂晉元帝"分武進立臨淮、淮陵、南彭城等郡，屬南徐州"。[②] 則僑臨淮郡位于武進縣境内。不過，墓葬出土地位于鎮江市西北，和武進縣并不接壤。應該説，"臨淮謝氏"更多是標示了謝氏的郡望。

---

① 鎮江博物館、劉建國：《鎮江東晉墓》，《文物資料叢刊》第 8 輯，第 23、30、36 頁。

② 《晉書》卷 15《地理志下》，第 453 頁。

魏郡邳氏磚

魏郡鄴邳□。

長樂邳集。

磚出揚州東風磚瓦廠，具體情況不詳，報告者認爲此二磚屬于六朝時期，[①]
而《中國磚刻銘文集》將此二磚繫于晉，[②]姑且從之。據拓片圖影，銘文隸書，刻
劃于磚上。鄴、長樂，晉魏郡屬縣。"邳"字，似是"祁"字。"邳"姓，史書并不多
見。不過有趣的是，二磚上的"邳"氏，分別來自鄴和長樂二縣。

---

① 墓磚僅在發掘報告的文末被提及，見揚州博物館：《江蘇邗江發現兩座南朝畫像磚墓》，《考
古》1984 年第 3 期。

② 胡海帆、湯燕編著：《中國磚刻銘文集》下册，北京：文物出版社，2008 年，第 141 頁。

元嘉五年（428）磚

宋元嘉五年十一月，楊。（刀形磚側面）

磚出南京市浦口區龍王山東南麓龍山茶廠磚室墓，銘文模印，陽文、反書。[①]

昇明二年（478）磚

昇明二年七月廿□日作甓，□好也。

磚出南京市栖霞區金堯路 1 號磚室墓，泥質青灰色，質地堅硬。部分墓磚模印銘文，陽文。銘文磚以"雅"字最多，大概有 300 多塊，此外還有"大萬（方）"

---

① 南京市博物館、南京市浦口區文化局：《南京浦口龍山茶廠南朝墓發掘簡報》，南京市博物館編著：《南京文物考古新發現》第 3 輯，第 116～124 頁。

"大矯""小矯"。紀年銘文磚位于墓室南側壁"凸"字形龕上,手寫刻劃。[1]

天監十八年（519）造甓磚

梁天監十八年造甓,十九年立虛塽。

華陽 隱 居 幽館。

修上清 三 真。

太上道君之臣。

勝利菩薩舍身。

釋迦佛陀弟子。

修 上 乘之六度。

玄武延□。

太。

行。

---

[1] 南京市博物館、南京市栖霞區文化局:《南京栖霞劉宋昇明二年墓發掘簡報》,南京市博物館
編著:《南京文物考古新發現》第 3 輯,第 125～130 頁。

　　磚出句容茅山朱陽館舊址西一座磚室墓，學者推測可能屬于陶弘景某一弟子的墓葬，銘文楷書，爲陶弘景手書。[①] 部分銘文缺漏，可據《茅山志》對照補充。“華陽 隱 居 幽館”乃陶弘景立于雷平山西南的道館；“太上道君”即“太上大道君”，爲上清衆真之尊；“勝利菩薩”“佛陀弟子”，或是指陶弘景。此外，在朱陽館舊址尚有“六年造甓”磚文。

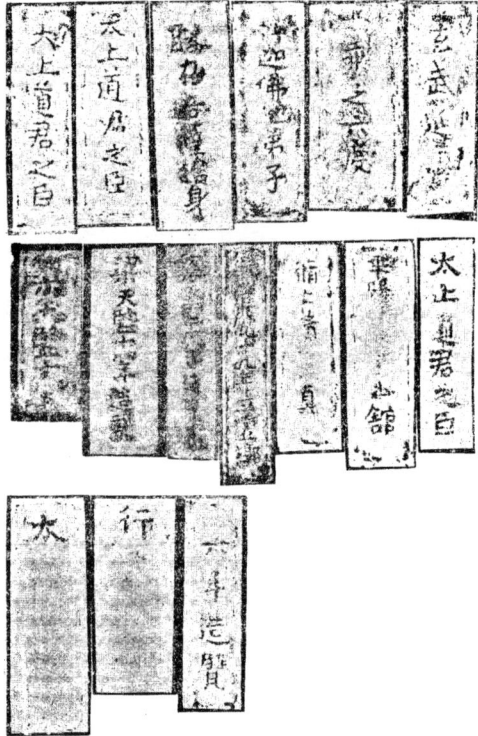

“官”字磚

　　　官（側面）
　　　東（?）（側面）

　　磚出南京市鼓樓區虎踞關清涼山一土丘東南坡的凸字形券頂磚室墓，隨

---

① 陳世華：《陶弘景書墓磚銘文發現及考證》，《東南文化》1987 年第 3 期。

墓出土 16 件器物。[①] 銘文疑爲"東官",或是官方的製磚作坊。

楊國成磚

楊國成 異 /不相當,吾/深忿之,故/書其名,著/火中燒之/也,使其/後莫復爲。/

頓首! 孝/子僕/等家窮/□/債諸人/明并不得食。/僕等雖窮,/苦爾不其此/小此中或有/蜀(燭)光明,還便/應□□。/

① 南京市博物館:《南京虎踞關、曹後村兩座東晉墓》,《文物》1988 年第 1 期。

磚出南京市雨花臺區姚家山東南麓的 3 號磚室墓，青灰色。銘文磚一端模印侍男圖案，磚面用潦草的銳器刻劃文字。① 這應是營墓工匠所書寫。從銘文來看，工匠們對楊國成的欺凌"深忿之"，進而寫下詛咒。"楊國成"或是墓主，或爲墓主親屬。

"王"字磚

磚出南京市雨花臺區姚家山東南麓的 1 號磚室墓，多爲青灰素面磚，少數墓磚平面模印有三組錢紋和放射綫紋組合。銘文磚嵌于封門墙兩側的擋土墙上。②

"王""趙"字磚

磚出南京市雨花臺區景家村六朝磚室墓，大部分飾有花紋和模印文字。據考古報告，磚紋可分爲以下幾類：磚側面的兩端有四出蓮花紋，中間有網格紋，其中一端的蓮花紋和網格紋之間有"趙"字；磚的兩端有雙四出蓮花紋，且兩朵蓮花之間有"王""趙"字；一端爲有文字的雙四出蓮花紋，另一端爲半圓形蓮花紋，兩塊可拼成一朵完整的大四出蓮花紋。③

"李"字磚

磚出南京市栖霞區仙林靈山西北麓南朝蕭梁貴族墓，青灰色，模印蓮花紋、錢紋，磚文粗拙，應是製磚工匠的姓氏。④

---

① 南京市博物館、雨花臺區文化廣播電視局：《南京市雨花臺區姚家山東晉墓》，《考古》2008 年第 6 期。
② 南京市博物館、雨花臺區文化廣播電視局：《南京市雨花臺區姚家山東晉墓》，《考古》2008 年第 6 期。
③ 南京市博物館、江寧區博物館：《南京南郊景家村六朝墓葬》，南京市博物館編：《南京文物考古新發現：南京歷史文化新探二》，第 46 頁。
④ 南京市博物館：《南京市靈山南朝墓發掘簡報》，《考古》2012 年第 11 期。

"潘"字磚

磚出南京市雨花臺區軟件大道華爲軟件技術有限公司内的磚室墓,長33.5厘米,寬 14.5 厘米,厚 3.8 厘米,文字刻劃于"蓮花勝"花紋磚的端面。①

① 南京市博物館、雨花臺區文化廣播電視局:《南京市雨花臺區南朝畫像墓》,《考古》2008 年第 6 期。

"雷""謝"等字磚

雷、謝、吴、陳、安、韓。

磚出南京市栖霞區白龍山北麓梁朝蕭宏（家族）墓，楔形磚窄端兩蓮花紋間模印"謝""吴"，楔形磚窄端對稱復綫三角綫紋夾印一"謝"字，長方形磚端面蓮瓣紋邊模印"雷"字，此外、還有"陳""安"等字。[①] 這些姓氏應當都屬于營墓工匠。

"范""徐"等字磚

范、徐、大王、末。

磚出南京市玄武區富貴山西南麓六朝墓群1號磚室墓，飾有蓮花紋、網紋和菱形紋等，部分楔形磚端面模印"末"字，部分墓磚反書"范"字；有的正書或反書"大王"二字，此外還有正書、反書"徐"字。[②]

---

① 南京市博物館、栖霞區文管會：《江蘇南京市白龍山南朝墓》，《考古》1998年第8期。

② 南京市博物館、南京市玄武區文化局：《江蘇南京市富貴山六朝墓地發掘簡報》，《考古》1998年第8期。

"徐""楊"字磚

　　磚出南京市栖霞區甘家巷和平村蔡家塘 1 號磚室墓，飾錢紋與寶相花紋，文字位于部分墓磚的花紋間。[1]

"周""李""吳"等字磚

　　磚出南京市栖霞區煉油廠西側的蕭梁蕭象磚室墓，模印"蕭"（反書）、"周"、"李"、"吳"和"儉臾"等字，飾六瓣蓮花紋、十瓣蓮花紋、忍冬紋、幾何紋和錢紋等。[2] 這些姓氏應屬于營墓造磚的工匠。

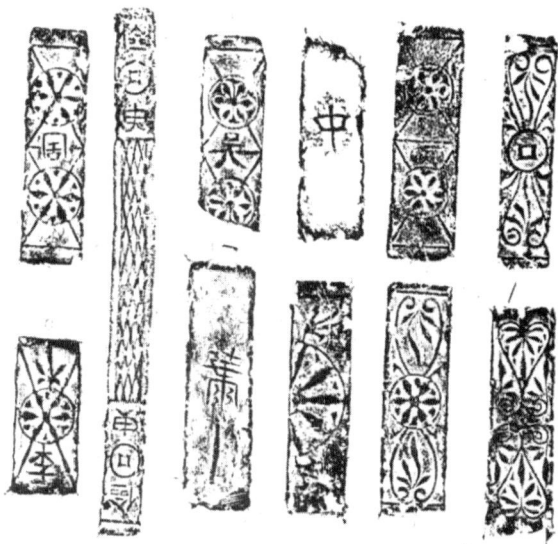

---

①　金琦:《南京甘家巷和童家山六朝墓》,《考古》1963 年第 6 期。

②　南京博物院:《梁朝桂陽王蕭象墓》,《文物》1990 年第 8 期。

"辛範" 磚

言。

辛範。（側面）

磚出南京市雨花臺區長岡村李家窪 15 號六朝磚室墓，銘文反書。[1]

"陳" 字磚

　　磚出南京市栖霞區邁皋橋街道磚室墓。據考古報告，該墓磚有兩種類型：一種是在墓磚端面模印兩組六瓣蓮花四出綫紋，蓮瓣旁邊有的用陽文反書模印一"陳"字；另一種是在墓磚側面或端面兩頭各模印一組六瓣蓮花四出綫紋，中間印一組菱形紋。此外，此墓還出土石墓誌一方，惜風化嚴重，僅辨識志文第一行"陳"、第二行"君"字。[2] "陳"當是墓主姓氏。

---

[1]　南京市博物館、雨花臺區文化局：《南京雨花臺區長岡村李家窪六朝墓群》，南京市博物館編：《南京文物考古新發現：南京歷史文化新探二》，第 36～42 頁。

[2]　阮國林：《南京發現一座陳墓》，《文物資料叢刊》第 8 輯，第 130～131 頁。

"童"等字磚

磚出南京市雨花臺區鐵心橋街道黃林庫村金鷄山南朝晚期磚室大墓,青灰色,有長方形、楔形和刀形三種,大多飾有網格、忍冬和蓮花紋。少量花紋磚上模印"童""玫"等字。在墓葬甬道口,尚有一方石墓誌,但已風化,隻字不存。除此而外,在墓坑填土發現一塊殘石,長 29 厘米,寬 20 厘米,厚 12.5 厘米,一面略經磨平,上刻 3 字,其中 2 字字迹已泐損難辨,僅可辨最下一"界"字。[①]

"黄""祖"字磚

磚出南京市燕子磯附近梁普通二年(521)磚室殘墓。"祖"字反書,位于端面,夾于兩組蓮花四出綫紋間;"黄"字正書,位于端面,夾于兩組圜錢四出綫紋間。

---

① 南京市博物館、雨花臺區文化局:《南京鐵心橋鎮馬家店村南朝墓清理簡報》,南京市博物館編:《南京文物考古新發現:南京歷史文化新探二》,第 105～107 頁。

張陵山墓磚

側。

上甫。

　　磚出蘇州市吳縣甪直鎮張陵山 5 號凸字形磚室墓，隨葬品主要爲青瓷器和滑石雕塑。[1]　"上甫"即"上斧"。

"廿字詩"等磚

　　一別不相見，以言録/年（書）春。夫客（容）半天上，憐/子繞愁云。廿字詩。/

　　書來得音□，□□/恒不敍。今得却去附，果/定在人識。廿字詩。/

　　此是和僧□庭須等會得。/

　　苛人同……。/

　　下樂村營/家邊……。/

　　黄/總/廣念。/

　　磚出揚州市邗江區酒甸鎮包家村單室券頂畫像磚墓。墓室平面長方形，多素面磚，銘文磚位于墓壁，銘文刻劃于磚面。此外，墓中還發現不少浮雕畫像磚，隨葬石獸、灰陶盤口壺、灰陶碗和銅錢等器物。[2]

　　兩首"廿字詩"，或是墓主生前的作品。"下樂村營家邊"，不知是墓主生前

---

① 南京博物院：《江蘇吳縣張陵山張氏墓群發掘簡報》，《南方文物》2005 年第 4 期。

② 揚州博物館：《江蘇邗江發現兩座南朝畫像磚墓》，《考古》1984 年第 3 期。

居地，還是墓葬所在地。

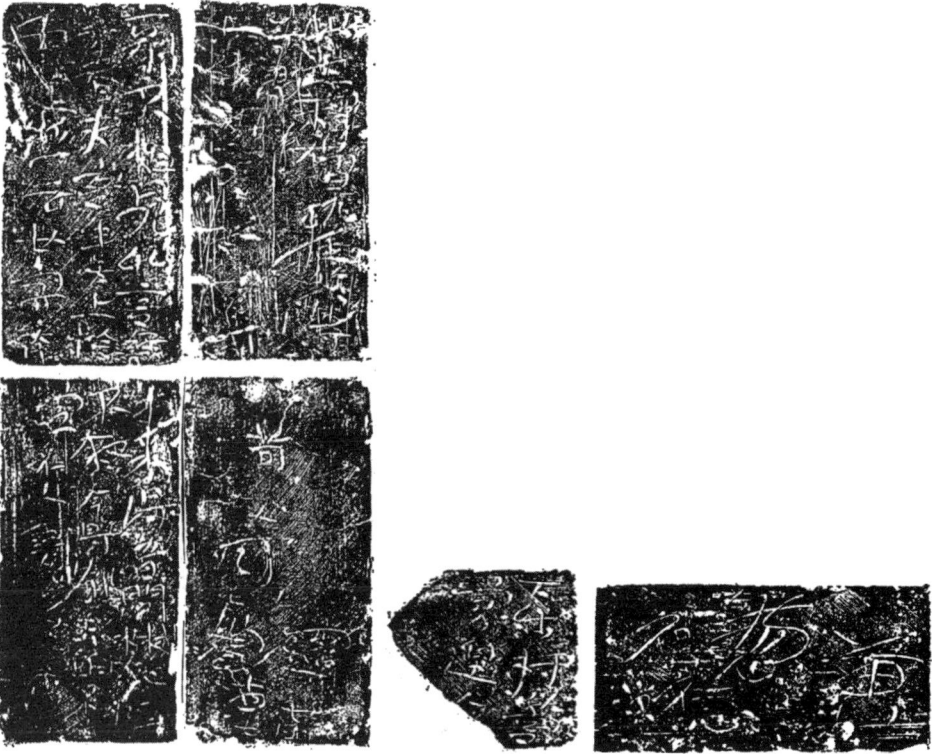

安徽省

光和四年（181）磚

彭城水丞崔/顯人，光龢四/年五月八日/葬，千秋不發。/

　　磚出蕭縣，具體地點不詳，方形，長、寬各 33 厘米，銘文 4 行，每行 5 字。[①]
彭城水丞，即彭城郡水丞。《續漢書・百官志五》曰："其郡有鹽官、鐵官、工官、
都水官者，隨事廣狹置令、長及丞，秩次皆如縣、道，無分士，給均本吏。"其下本
注曰："有水池及魚利多者置水官，主平水收漁稅。"[②]則墓主崔顯人確切的官職
當是彭城郡都水丞。"光龢"即"光和"。

---

①　盧芳玉：《新見漢代誌墓刻銘研究札記》，《中國書法》2004 年第 11 期。
②　范曄：《後漢書》，第 3624～3625 頁。

寶鼎三年（268）磚

寶鼎三年，二千石官秩。

磚出馬鞍山市當塗縣青山西麓 25 號磚室墓，具體情況不詳。①

鳳凰三年（274）磚

鳳凰三年太歲在甲 午 □氏作。（側面）

鳳凰三年太歲在甲午。（側面）

鳳凰三年太歲在……。（側面）

鳳凰三年太歲。（側面）

金氏立。（端面）

磚出池州市青陽縣蓉城鎮五星村張家祠黃土岡 1 號磚室墓。該墓爲雙凸字形雙室磚室墓，由甬道、前室、過道和後室組成。墓磚青灰色，分長方形和刀

---

① 王峰：《當塗六朝家族墓出土珍貴青瓷》，王俊主編：《馬鞍山六朝墓葬發掘與研究》，北京：科學出版社，2008 年，第 258～259 頁。

形兩種，長方形磚有兩種規格，即長 33 厘米、寬 15 厘米、厚 6 厘米和長 34 厘米、寬 16 厘米、厚 6 厘米；刀形磚長 32 厘米、寬 14.5 厘米、厚 4～6 厘米。在磚的正面、側面和端面飾有對稱半圓紋、三角形幾何紋和花瓣紋，磚紋及銘文模印。此墓早年曾被盜擾，僅于前室清理出較完整的雙耳瓷罐、瓷碗、瓷盞、瓷蛙形水盂、陶牛車和瓷堆塑穀倉罐，另有竈等器物碎片。[1] 鳳凰三年(274)，太歲在甲午。

咸寧四年（278）吕府君夫人磚

晉咸寧四年吕氏/造，泰歲在戊戌。/

陳郡太守、淮南成德/吕府君夫人之槨也。/

磚出淮南市鳳臺縣北鄉顧家橋(今顧橋鎮)，徐乃昌藏，銘文八分書。[2] 咸寧四年，太歲在戊戌，與磚合。成德，淮南郡屬縣。此墓乃陳郡太守吕府君爲夫人所造。此外還有一磚，長方形，長 34.8 厘米，寬 17.2 厘米，厚 5.2厘米，磚面陰文草隸 3 行，銘文曰："咸寧四年七月吕氏造，是爲/晉即祚十四年事。泰/歲在丙戌。/""丙戌"當是"戊戌"之誤。此磚當與"晉咸寧四年吕氏造"磚同出吕府君夫人墓。

太康元年（280）磚

太康元年七月陽司壁。（楔形磚側面）

磚出宣城市郎溪縣南豐鎮盆形村林場的 1 號長方形單室券頂磚室墓，有素面磚、花紋磚和楔形磚。楔形磚長 30 厘米，寬 15 厘米，窄側厚 3.5 厘米，寬側厚 5 厘米。銘文隸書、陽文。[3] "陽司"，當指墓主。

---

[1] 青陽縣文物管理所：《安徽青陽縣五星東吴—西晉墓發掘簡報》，安徽省文物考古研究所、安徽省考古學會編：《文物研究》第 20 輯，北京：科學出版社，2013 年。

[2] 徐乃昌：《安徽通志金石古物考稿》，國家圖書館藏鈔本，第 77 頁。

[3] 宋永祥：《安徽郎溪的三座晉墓》，《東南文化》1989 年第 2 期。

太康七年（286）磚

磚出馬鞍山市太白鄉陳山村太白中學磚室墓。墓磚内側面分成三格,中間一格印"太康七年造"紀年銘文,上下方格内各飾一條青龍紋。墓室内出土青瓷穀倉罐、猪圈和鷄籠等器物。[1]

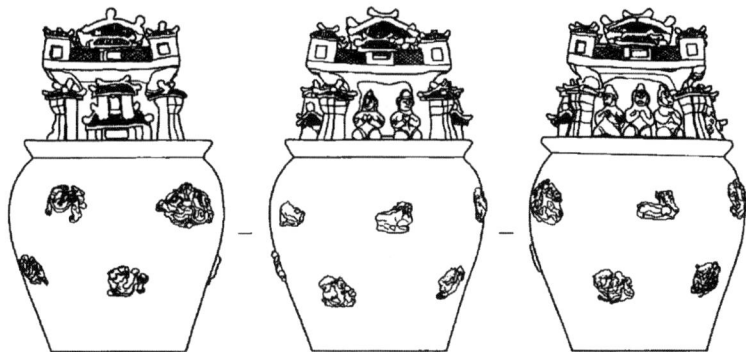

青瓷穀倉罐

太康八年（287）磚

太康八年,丹陽于湖東里王君陵。

磚出馬鞍山市當塗縣青山西麓 7 號磚室墓,具體情況不詳。[2] 于湖,丹陽郡屬縣;"東里",當是墓主"王君"的里籍;"陵"即陵墓。

太康八年（287）磚

太康八年金氏。（側面）

---

[1]　當塗縣文物管理所:《當塗太白鄉陳山西晉墓》,王俊主編:《馬鞍山六朝墓葬發掘與研究》,第 78～79 頁。

[2]　王峰:《當塗六朝家族墓出土珍貴青瓷》,王俊主編:《馬鞍山六朝墓葬發掘與研究》,第 258～259 頁。

　　磚出池州市青陽縣蓉城鎮五星村張家祠黃土岡 3 號磚室墓。此墓位于 1 號墓西北 4 米，形製不清。墓磚青灰色素面，長 26.5 厘米，寬 12.7 厘米，厚 5 厘米，墓室殘壁有少量磚模印紀年文字和花紋磚。磚飾對稱半圓紋、三角形幾何紋和蓮瓣組合紋。銘文模印、陽文。隨葬品有雙耳瓷罐、瓷盞、陶穀倉、瓷車厢、銅帶鉤和銅鏡。①

太康九年（288）磚

　　太康九年九月二日□周明造作。（楔形磚窄側）

　　磚出馬鞍山市和縣戚鎮小周村一座夫妇合葬的券頂磚室墓，青灰色，有長方形磚和楔形磚兩種。長方形磚長 36 厘米，寬 18 厘米，厚 5.5 厘米；楔形磚長 36 厘米，寬 18 厘米，窄側厚 4，寬側厚 5.5 厘米。兩種磚的正面均有三組模印陽紋，每組爲一四出方孔圓綫與十字葉脉紋相間，背面印麻布紋。此外，墓內出有黃龍元年（229）造作的銅鏡。② 墓磚銘文隸書，"□周明"可能爲造磚的匠人。

---

① 青陽縣文物管理所：《安徽青陽縣五星東吳—西晉墓發掘簡報》，安徽省文物考古研究所、安徽省考古學會編：《文物研究》第 20 輯。

② 安徽省文物工作隊、和縣文物組：《安徽和縣西晉紀年墓》，《考古》1984 年第 9 期。

元康元年（291）磚

元康元年六月／十四日，蔣之神柩。／

磚出淮南市壽縣東門外一座磚室墓。銘文刻于一塊方磚上，共兩行。磚石側面和端面飾半圓紋、柿蒂紋。同墓另出有金手鐲二對、金戒指二對、銀手鐲一對和四系釉陶罐一件。① 這應是墓主蔣氏的柩位。

元康二年（292）磚

元康二年八月廿日造南下蔡周氏墓。（側面）

磚出淮南市壽縣，銘文陽文、隸書。② 下蔡，淮南郡屬縣，此處的"南下蔡"，

---

① 吳興漢：《壽縣東西門外發現西漢水井及西晉墓》，《文物》1963 年第 7 期。
② 徐乃昌：《安徽通志金石古物考稿》，第 78 頁。

不見于史書記載。周氏，《三國志·吴書》有下蔡周泰、周邵父子。[1]

元康二年（292）磚

　　元康二年，右郎中韓朗。

　　磚出馬鞍山市當塗縣青山西麓 19 號磚室墓，具體情况不詳。[2]“韓朗”或是墓主的故吏，爲墓主營墓。

元康五年（295）磚

　　元康五年丹陽永世□□。

　　磚無具體出土地，銘文隸書、陽文。“永世”，丹陽郡屬縣。

---

① 《三國志》卷 55《吴書·周泰傳》，第 1287～1288 頁。
② 王峰：《當塗六朝家族墓出土珍貴青瓷》，王俊主編：《馬鞍山六朝墓葬發掘與研究》，第 258～259 頁。

元康五年（295）磚

元康五年。

磚出馬鞍山市當塗縣青山西麓 6 號磚室墓，具體情況不詳。[1]

元康五年（295）磚

元康五年七月廿日，楊諫 議 。（側面）

楊。（端面）

磚出馬鞍山市含山縣陶廠鎮祁首行政村道士觀自然村西南側的 1 號、2 號“甲”字形豎穴土坑磚室墓，長方形，長 35 厘米，寬 17 厘米，厚 5 厘米，銘文隸書。1 號墓室內共出土銅鏡、銀釵、瓷壺、瓷罐、瓷盞、環首刀和研板等 13 件

---

① 王峰：《當塗六朝家族墓出土珍貴青瓷》，王俊主編：《馬鞍山六朝墓葬發掘與研究》，第258～259 頁。

器物；2 號墓内有錢幣、瓷壺、瓷罐、瓷盞和環首刀共 5 件遺物。[1] "諫"後一字，無法辨認，或是"議"字。墓主是一位曾經擔任諫議大夫的楊姓人士。

元康七年（297）磚

　　　　元康七年，故吏謝景。

　　磚出馬鞍山市當塗縣青山西麓 8 號磚室墓，具體情況不詳。[2] 此墓由謝景以故吏的身份爲墓主營建。東吳有豫章太守謝景，不過明顯不是此磚文提到的"謝景"。

元康八年（298）磚

　　　　元康八年。

　　磚出滁州市來安縣南鄉常家花園，銘文陽文、反書。[3]

元康九年（299）磚

　　　　晉元康九年，廣陵□……。（側面）
　　　　晉元康九年，吳興楊鳳造墓。（側面）

　　磚出馬鞍山市含山縣陶廠鎮祁首行政村道士觀自然村西南側的 3 號"刀"字形竪穴土坑磚室墓，長 33 厘米，寬 16.5 厘米，厚 5 厘米。室内早期被嚴重盗擾，在坍塌的擋土牆下發掘出青瓷壺 1 件、在墓牆的小龕内清理出青瓷碗 1 件，同時在室内中部西側近墓底的填土中還清理出石紙鎮 1 件。[4] 報告者推測"楊鳳"可能爲造磚匠人的姓名。另一磚下部文字難以辨識，不過"廣陵"却可能屬于墓主的郡望或原籍。前文著録的元康七年（297）"周將軍磚"提到的楊

---

[1]　含山縣文物局：《安徽含山縣道士觀西晉墓地發掘簡報》，《江漢考古》2014 年第 6 期。
[2]　王峰：《當塗六朝家族墓出土珍貴青瓷》，王俊主編：《馬鞍山六朝墓葬發掘與研究》，第 258～259 頁。
[3]　徐乃昌：《安徽通志金石古物考稿》，第 78 頁。
[4]　含山縣文物局：《安徽含山縣道士觀西晉墓地發掘簡報》，《江漢考古》2014 年第 6 期。

春、楊普，和此處的楊鳳，很有可能是吳興當地有名的營墓工匠。故墓主生前或其親屬請楊鳳爲其造墓。

永康元年（300）磚

永康元年嚴作。（側面）

磚出合肥市梅山路一座長方形單室券頂磚室墓，長方形，長 36.5 厘米，寬 17 厘米，厚 5～6 厘米。紋飾有半圓圈紋、菱形四邊紋和四出五銖錢紋等，銘文反書。墓葬破壞嚴重，出土青瓷雙耳盤口壺、青瓷碗和銅鏡、銅錢等隨葬物品。[①] "嚴"或是墓主的姓氏。

永寧二年（302）磚

永寧二年七月廿日。（側面）

磚出淮南市鳳臺縣顧家橋（今顧橋鎮），徐乃昌藏，銘文陽文、隸書。磚面有草書陰刻文字，磨泐嚴重，僅識"歲嘆魁每□□又禮乃月卅"等字。[②]

永嘉二年（308）磚

永嘉二年九月一日，丹揚徐可作磚壁。（側面）
丹揚徐可作磚壁。（側面）

磚出馬鞍山市霍里鎮桃冲村 3 號磚室墓。墓葬由封門、甬道、前室、過道和後室組成，左右兩壁外弧。墓磚長 30 厘米，寬 15 厘米，厚 4 厘米。銘文反書，端面有車輪紋。[③] 徐可應是造墓的工匠。

---

① 合肥市文物管理組：《合肥西晉紀年磚墓》，《考古》1980 年第 6 期。
② 徐乃昌：《安徽通志金石古物考稿》，第 78 頁。
③ 馬鞍山市文物管理所、馬鞍山市博物館：《安徽馬鞍山桃冲村三座晉墓清理簡報》，原載《文物》1993 年第 11 期，收入王俊主編《馬鞍山六朝墓葬發掘與研究》，第 95～102 頁。

建興二年（314）磚

建興二年七月廿六日□□。（側面）

俞。（端面）

　　磚出馬鞍山市霍里鎮桃冲村 2 號磚室墓,銘文模印。在該墓一塊磚的平面上,陰刻"丹楊作"三字。此外,在相距 5 米的 1 號墓中,墓磚端面亦模印"俞家"字樣,其中"家"字反書。二墓墓磚多素面,少量磚飾有龍形紋、太陽紋等。[1] "俞""俞家",表明兩座墓屬于俞氏。而磚面陰刻的"丹楊作",應是作磚工匠留下的。他有可能是 3 號墓的工匠丹楊徐可。

建興四年（316）磚

　　　　建興四年八月五日辛酉。（側面）
　　　　建興四年太歲在丙子。（側面）

　　磚出馬鞍山市霍里鎮桃冲村龍脉山的 2 號磚室墓,長 31 厘米,寬 15.5 厘米,厚 4.5 厘米,飾有圓圈、幾何紋。墓葬由甬道、前室和後室組成。墓中清理出青瓷盏 2 件,陶俑 1 件。[2] 建興四年（316）,太歲在丙子,八月朔,爲丁巳,則八月五日乃辛酉,皆與磚文合。

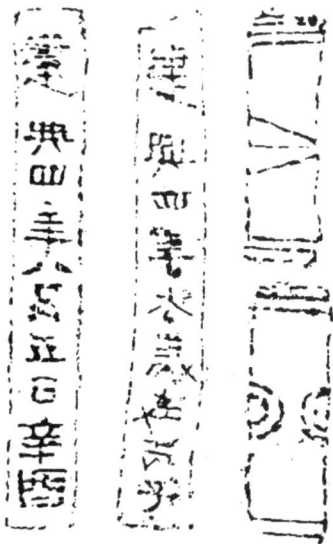

①　安徽省文物考古研究所:《馬鞍山市霍里鄉西晋紀年墓》,《文物研究》第 12 輯,1999 年。
②　馬鞍山市文物管理所、馬鞍山市博物館:《安徽馬鞍山桃冲村三座晋墓清理簡報》,原載《文物》1993 年第 11 期,收入王俊主編《馬鞍山六朝墓葬發掘與研究》,第 95～102 頁。

大興三年（320）磚

大興三年八月一日造。（側面）

磚出馬鞍山市姑孰鎮甑山村磚室墓，青灰色，有長方形和楔形兩種規格。長方形磚長 34 厘米，寬 16 厘米，厚 6 厘米；楔形磚長 34 厘米，寬 16 厘米，厚 4～6 厘米。墓葬由封門墻、甬道、前室、過道和後室組成。銘文磚位于前後室墓壁距鋪地磚 1.38 米處，銘文反書。[1]

咸和七年（332）磚

咸和七年三月二日。（側面）

烏江縣。（端面）

磚出馬鞍山市馬鋼二鋼廠區内 1 號磚室墓。墓葬平面凸字形，部分墓磚上有銘文，銘文反書。[2] 報告者認爲"烏江縣"是墓磚燒造地點。烏江縣，《晉書》載爲淮南郡屬縣。此外，在 3 號墓中，出土了一枚六面印，屬于墓主謝沈。

咸□三年磚

咸□三年□□作，楊□□□。

磚出馬鞍山市新市鎮工業園區中心部位 2 號凸字形磚室墓，青灰色，素面，長 32 厘米，寬 16 厘米，厚 6 厘米。墓葬由擋土墻、甬道和墓室組成。[3]

---

[1] 當塗縣文物事業管理所：《當塗縣甑山村東晉紀年墓發掘簡報》，王俊主編：《馬鞍山六朝墓葬發掘與研究》，第 164～166 頁。

[2] 馬鞍山市博物館：《馬鞍山市馬鋼二鋼廠東晉謝沈家族墓群發掘簡報》，《江漢考古》2012 年第 1 期。

[3] 當塗縣文物事業管理所：《當塗縣新市鎮東晉楊氏家族墓發掘簡報》，王俊主編：《馬鞍山六朝墓葬發掘與研究》，第 152～158 頁。

建元二年（344）磚

建元二年九月三日，歷陽張氏。（楔形磚側面）

　　磚出馬鞍山市慈湖鄉林里村六隊磚室墓。墓葬前室爲四隅券進式穹隆頂，後室爲券頂。磚文模印，隸書、反文。紋飾有錢紋、幾何紋和太陽紋。銘文磚僅見于墓室穹隆頂部，紋飾磚絕大多數亦集中于墓室穹隆頂部。[①] 歷陽張氏，劉宋孝武帝時期有歷陽太守張幼緒，不知是否是歷陽當地人士。

太元元年（376）磚

太元元年八月廿五日建公墓。

　　泰元元年十二月十二日，晉故/平昌郡安丘縣始興相、散/騎常侍孟府君墓。/

　　磚出馬鞍山市佳山山麓教育局湖東路小學校舍券頂磚室墓，青灰色，長32～34厘米，寬16～17厘米，厚5.5～6厘米。墓葬爲單室墓，由墓門、甬道和墓室三部分組成。墓壁東西兩壁明顯呈外弧，平面呈腰鼓狀。墓壁砌有壁龕。墓磚端面模印"十""七""×"紋飾。"建公墓"磚文模印，陽文、反書，"孟府君墓"磚石共有五方，墓室、四隅各一方，内容相同，磚文陰文、隸書。[②] 墓磚中的"平昌郡安丘縣"，報告者進行兩種解釋，一是推測爲墓主的原籍，永嘉亂後僑居于墓葬所在地的丹陽郡，二是可能屬于元帝渡江後僑置的郡縣。《晉書·地理志下》"青州"欄末尾曰："惠帝元康十年，又置平昌郡。"[③]據《宋書·州郡志二》青州"平昌太守"條，平昌郡乃由城陽郡析置。[④] 此外又有南平昌郡，下轄有

① 　馬鞍山市文物管理所：《馬鞍山林里東晉紀年墓發掘簡報》，原載《東南文化》2004 年第 5 期，收入王俊主編《馬鞍山六朝墓葬發掘與研究》，第 124~130 頁。
② 　安徽省文物工作隊：《安徽馬鞍山東晉（孟府君）墓清理》，原載《考古》1980 年第 6 期，收入王俊主編《馬鞍山六朝墓葬發掘與研究》，第 114～118 頁。
③ 　《晉書》卷15《地理志下》，第 450 頁。
④ 　《宋書》卷36《州郡二》，第 1095 頁。

安丘縣。[①]《宋書·孟懷玉傳》曰："孟懷玉，平昌安丘人也。高祖珩，晉河南尹。祖淵，右光禄大夫。父綽，義旗後爲給事中、光禄勛，追贈金紫光禄大夫。世居京口。"[②]此外，東晉末有平昌孟昶、孟顗兄弟。墓主"孟府君"很有可能和上述孟氏同出一族。

---

① 《宋書》卷 35《州郡一》，第 1045 頁。

② 《宋書》卷 47《孟懷玉傳》，第 1407 頁。

晉"漢佐所作壁"磚

磚出馬鞍山市當塗縣永寧鄉薛家村古墓,徐中舒定爲晉物。墓中同出一銅洗,右側刻文"德(氏)［家］釪"三字。[①]

太建九年（577）磚

太建九年六月二十日。

趙。

磚出蚌埠市太平岡村 1 號長方形單室券頂磚室墓,一些花紋磚上繪有"翠鳥捕魚"圖案。墓室兩側壁各有兩壁龕,隨葬品有青瓷器、陶器、鐵器、銅器和鐵幣等。"趙"字位于變形獸目紋間。[②]

"仲"字磚

磚出馬鞍山馬鋼高速綫材廠南約 100 米的獨家墩三國早期磚室墓。此墓由磚鋪墓道、封門墻、甬道、横前室和"凸"字形并列雙後室組成。雙後室之間有一"過仙洞"相通。墓磚有長方形和楔形兩種規格。長方形磚長 37 厘米,寬19 厘米,厚 7 厘米;楔形磚長 19 厘米,大頭寬 20 厘米,小頭寬 19 厘米,厚 7 厘米。磚飾有同心圓紋、幾何紋和太陽紋等。在同心圓紋磚的兩同心圓紋之間的下方模印一楷體反書陽文"仲"字。此磚主要發現于甬道、兩後室過道券頂的上方,左後室墓室的直墻部分也有極少量發現。墓葬盗擾嚴重,僅出土陶猪、陶樓、對置式神獸鏡和礦石。[③] "仲"字大概爲製磚工匠的姓氏。

---

① 徐中舒:《當塗出土晉代遺物考》,《徐中舒歷史論文選輯》,北京:中華書局,1998 年,第 378～379 頁。

② 趙會蘭:《蚌埠市太平岡遺址發掘成果的意義》,程必定、吴春梅主編:《淮河文化縱論——"第四届淮河文化研討會"論文選編》,合肥:合肥工業大學出版社,2008 年,第 294～296頁。

③ 馬鞍山市文物管理所:《安徽省馬鞍山市獨家墩三國早期墓發掘簡報》,王俊主編:《馬鞍山六朝墓葬發掘與研究》,第 1～9 頁。

"宗府"磚、"鄣人"磚

宗府。（側面）

鄣(?)人。（側面）

磚出寧國市津北村小圩村民組的三座磚室墓。其中 2 號墓墓磚有銅錢紋、菱形紋和柳枝紋等紋飾；3 號墓墓磚正面紋飾與 2 號墓相同，側面模印"鄣(?)人"二字；7 號墓墓磚紋飾有銅錢紋、菱形紋和柳枝紋，磚側模印"宗府"二字。發掘報告判斷 2、3 號墓可能爲夫婦合葬墓，且三墓都屬于東漢時期。同時，距 2 號墓 3.5 米的地方，發掘一座窰址。窰中出土的墓磚，和三座漢墓的尺寸、紋飾完全一致。[①] 這很有可能是爲營建三座磚室墓而臨時建造的磚窰。

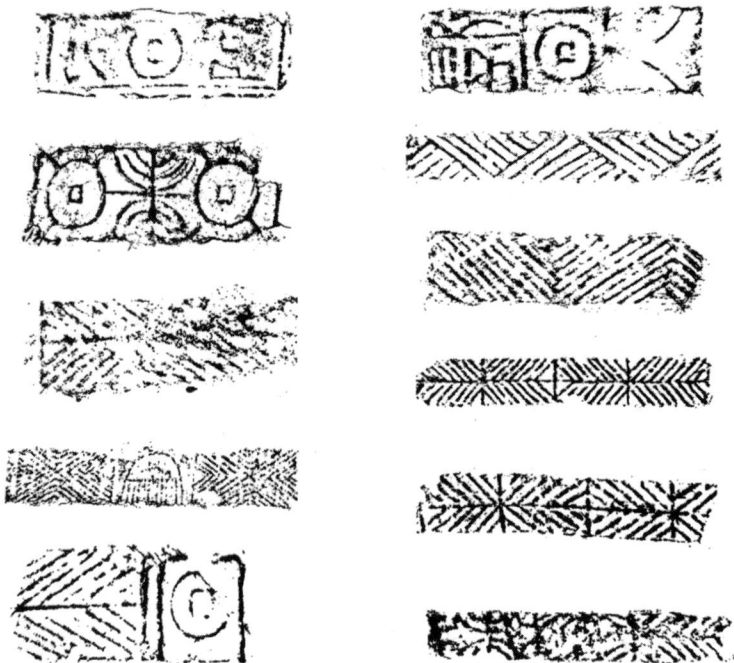

---

① 寧國市文物管理所：《安徽寧國市"八路一橋"建設工程中墓葬及窰址清理簡報》，《文物研究》第 19 輯，北京：科學出版社，2012 年。

"南關"磚

　　磚出馬鞍山市雨山區安民村林場、朱然墓前方左右兩側的 1 號磚室墓。墓上有封土,墓葬由斜坡墓道、封門墻、擋土墻、石門、甬道、前室、過道和後室組成。該墓墓磚有長方形和楔形兩種規格。磚飾古錢紋、對角綫紋、同心圓紋、幾何紋等,僅在甬道的拱頂、前室左前壁 1.83 米處和後室左側殘存的拱頂上有少量模印篆書陽文"富宜貴至萬世""富貴萬世"吉語磚,格式與朱然墓出土吉語磚相同。此外,甬道頂部還發現少量墓磚上模印有龍紋。在封門墻正中發現一塊楔形"朱雀"畫像磚。"朱雀"頭朝下,呈展翅狀,張嘴,尾部向上捲曲,兩腿後伸。前室東南角高 1.8 米處發現一塊楷書兼有隸意的陰刻"南關"銘文磚。[①] 報告者推測"南關"可能爲墓磚燒製地點,位于牛渚一帶。

虞氏磚

　　　　虞氏。(側面)

　　磚出合肥市北郊蒙城北路寶馬 4S 店行政樓 1 號凸字形磚室墓,長方形,長 36 厘米,寬 17 厘米,厚 6 厘米,飾有凸弦紋、雙圈錢紋和蕉葉紋。蕉葉紋磚均三層平鋪,雙圈錢紋磚竪立鋪設,兼有"虞氏"銘文磚。紋飾及銘文模印。距離 1 號墓 30 米的 2 號磚室墓中,具有和 1 號墓相同的墓磚紋飾和尺寸。二墓出土雙系青瓷罐、青瓷盞、青瓷鉢和雙繫釉陶罐、銅鏡、髮釵等隨葬品。[②] "虞氏"或爲墓主姓氏。

喆臣高遷磚

　　　　喆臣高遷位三公。
　　　　□□官佚(秩?)二千石。

---

① 馬鞍山市文物管理所:《安徽省馬鞍山市朱然家族墓發掘簡報》,《東南文化》2007 年第 6 期。收入王俊主編《馬鞍山六朝墓葬發掘與研究》,第 29～30 頁。

② 合肥市文物管理處:《安徽合肥蒙城北路西晉墓葬發掘簡報》,安徽省文物考古研究所、安徽省考古學會編:《文物研究》第 20 輯。

大吉富貴□□□。

磚出馬鞍山市東苑社區東郊磨子山上的 4 號凸字形磚室墓，有不同規格的長方形磚兩種。磚上分別模印"喆臣高遷"等三種吉語磚。鋪地磚爲席紋。墓葬由甬道和墓室組成，隨葬器物有青瓷虎子、青瓷盞等青瓷器，陶鵝、陶鷄和陶猪等陶器和銅鏡。此外，同墓中出有銅弩機 1 件，其銘文曰："右將軍士俞□弩。"[1]據此可知，此墓主爲俞氏。

羅君壁磚

磚出淮南市壽縣，銘文陽文、隷書。此外壽縣還出土"羊達""周□"磚，[2]具體情況不詳。

---

① 馬鞍山市文物管理所：《馬鞍山東苑小區六朝墓清理簡報》，原載《文物研究》第 11 輯，收入王俊主編《馬鞍山六朝墓葬發掘與研究》，第 84～94 頁。
② 徐乃昌：《安徽通志金石古物考稿》，第 78 頁。

福建省

太平三年（258）磚

（大）［太］平三年□月。

　　磚出南平市政和縣石屯鎮長城村西面象山 1 號券頂磚室墓，紅色，長方形，長 39 厘米，寬 15 厘米，厚 6 厘米。磚面壓印繩紋，四周模印葉脈紋。銘文磚下部殘，銘文正書。[①]

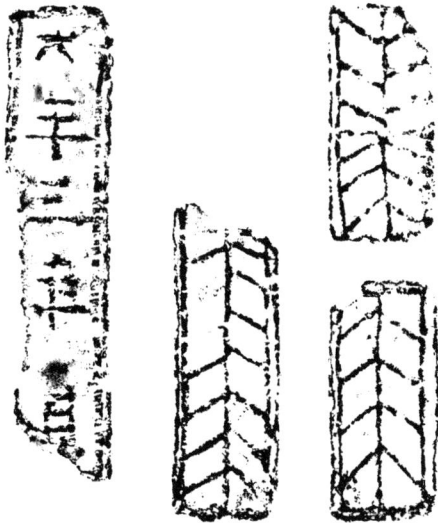

① 福建博物院編著：《政和六朝隋唐墓》，福州：海峽書局，2014 年，第 201～202 頁。

永安六年（263）磚

永安六年六月三十吉作。

永安溫麻□年□吉作。

磚出寧德市霞浦縣沙江鎮古縣村後壟路 1 號券頂磚室墓，銘文隸書、反文。① 該墓没有詳細的發掘報告。溫麻即溫麻船屯。《宋書·州郡二》晉安太守"溫麻令"下云："晉武帝太康四年，以溫麻船屯立。"②

天紀元年（277）磚

天紀元年七月十日，磚瓦司造作，當□天作□。

磚出寧德市霞浦縣松城鎮眉頭山磚室墓，青灰色，有長方形和楔形兩種，

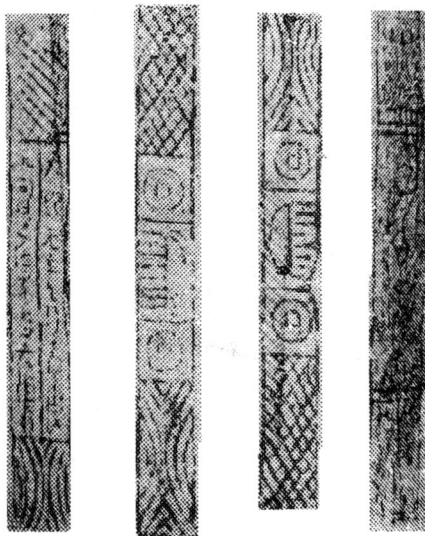

---

① 陳明忠：《試析福建六朝墓磚銘文》，《福建文博》2013 年第 2 期；鄭輝、栗建安：《福建晉唐五代考古的主要收穫》，《福建文博》2002 年第 2 期；曾凡：《關于福建六朝墓的一些問題》，《考古》1994 年第 5 期。

② 《宋書》卷 36《州郡二》，第 1093 頁。

側面飾菱形、古錢、梳篦和水波紋等,銘文隸書、陽文。隨葬品皆位于墓室前部。[1] "磚瓦司",當是三國温麻縣的官方制磚作坊。此外,眉頭山還出有"太康五年"紀年磚,可惜没有刊布發掘簡報。

太康五年(284)磚

大康五年六……。(端面)

磚出南安市豐州鎮旭山鄉廟下村東南小山坡單室刀形券頂磚室墓,有長方形和楔形兩種。長方形磚長 40 厘米,寬 16 厘米,厚 5 厘米;楔形磚長 40 厘米,寬 16 厘米,厚 3~5 厘米。磚側飾半圓紋、圓圈紋和捲草紋等的組合紋,銘文位于墓磚端面,但應還有另外的内容。[2]

---

① 黄亦剑:《霞浦發現東吴天紀元年墓》,《福建文博》1989 年第 1、2 期合刊。
② 林宗鴻等:《南安豐州西晉太康五年墓》,《泉州文史》1989 年第 10 期;吴幼雄、林振禮:《福建開發史上的幾個問題》,中國人民政協會議福建省南安縣委員會文史資料工作組:《南安文史資料》第 7 輯,1986 年,第 85~98 頁。

太康八年（287）磚

太康八年八月日作辟，亭使。

磚出莆田市城廂區西岩寺建山門磚室墓，銘文陽文，其他情況不詳。[①] "亭使"，或是墓主生前所擔任的吏職，但也有可能指的是墓葬所在的陰府的官吏。

元康二年（292）、三年（293）磚

元康二年六月四日作。（側面）
元康三年六月三日作□□。（側面）

---

① 乾隆《興化府莆田縣志》卷 35《雜事志》，光緒五年（1879）補刊本。

砖出連江黄岐半島東南部筱埕鄉（筱埕鎮）大埕口村單室券頂磚室墓，有長方形和楔形兩種，其中長方形磚長 36 厘米，寬 16 厘米，厚 6 厘米；楔形磚長 36 厘米，寬 16 厘米，厚 3.5～5.3 厘米。磚面壓印繩紋，花紋和銘文位于側面。[1]

元康六年（296）磚

元康六年秋冬告作，宜子孫，王家。

元康六年□□公，王家，宜子孫。

王家。

元康六年，王家。

砖出南平市浦城縣蓮塘鄉吕處塢村七坊山西側山坡 1～4 號西晉券頂磚室墓，有長方形和楔形兩種，其中，長方形磚長 39～41 厘米，寬 17～18 厘米，厚 6 厘米；楔形磚長 39 厘米，寬 18 厘米，厚 3～5.5 厘米。磚面模印網格、蟬形和葉脉紋，側面和端面飾葉脉、幾何、四出方孔圓錢和團蓮紋等，銘文位于側面

---

① 《福建連江縣發現西晉紀年墓》，《考古》1991 年第 3 期。

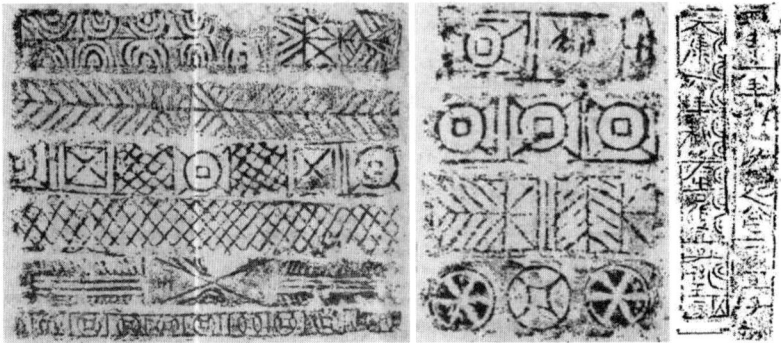

和端面。四座墓葬皆坐東朝西，形製一致，出土青瓷器、陶器、鐵器、銅器和金銀器 19 件。[①] "王家"可能是指營建墓葬的王氏家族。

元康九年（299）磚

元康九年。（端面）

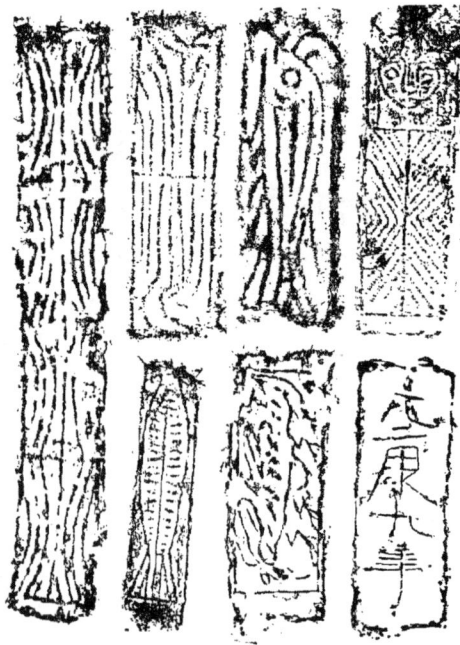

[①] 4 座元康六年（296）墓，周邊是兩晉墓葬群。參見福建省博物館、浦城縣文化館：《福建浦城呂處塢晉墓清理簡報》，《考古》1988 年第 10 期。

　　磚出連江市黃岐半島東南部筱埕鄉(筱埕鎮)大埕口村單室券頂磚室墓,有長方形和楔形兩種,其中長方形磚長 36 厘米,寬 16 厘米,厚 6 厘米;楔形磚長 36 厘米,寬 16 厘米,厚 3.5～5.3 厘米。磚面壓印繩紋,側面飾水波、人面和魚紋等。[①]

元康九年（299）磚

　　　　元康九年十(?)月六日己永初作緒。

　　磚出寧德市霞浦縣松城鎮眉頭山 1 號凸字形券頂磚室墓,紅褐色,飾古錢紋、半圓紋、鋸齒紋和幾何紋等。該墓隨葬器物大多被破壞,清理出殘瓷器 6 件和 2 枚五銖銅錢。[②]"己"下一字,報告者識作"永",但不知"己永"何意,疑"永"或是"未"字之誤。

①　陳恩、駱明勇:《福建連江縣發現西晉紀年墓》,《考古》1991 年第 3 期。
②　福建省博物館:《福建霞浦兩晉南朝唐墓》,《福建文博》1995 年第 1 期;鄭輝、栗建安:《福建晉唐五代考古的主要收穫》,《福建文博》2002 年第 2 期。

元康九年（299）磚

晉安温麻□元康九年十月廿日。

磚出寧德市霞浦縣松城鎮眉頭山 2 號凸字形單室券頂磚室墓，紅褐色，飾古錢紋、半圓紋、鋸齒紋和幾何紋等，銘文反書。[①]"晉安温麻"，即晉安郡温麻縣，由温麻船屯改立。

元康磚

元康年七月廿五日作此。（側面）

磚出南平市政和縣石屯鎮長城村後門山 1 號刀形單室券頂磚室墓，長方形，長 39～40 厘米，寬 15 厘米，厚 4～6 厘米。磚面壓印繩紋，四側飾葉脉紋、獸面紋、三綫交叉紋，以及四出錢紋和弧綫的組合紋，銘文反書。墓葬破壞嚴重，僅出土 1 件青瓷盞。[②]

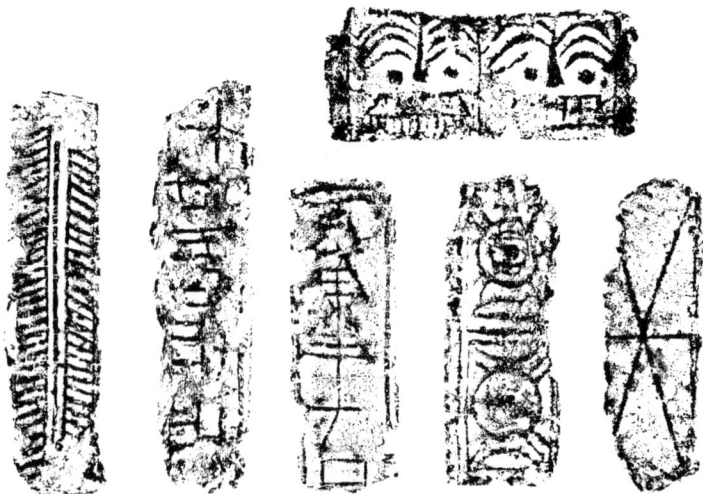

---

① 福建省博物館：《福建霞浦兩晉南朝唐墓》，《福建文博》1995 年第 1 期；鄭輝、粟建安：《福建晉唐五代考古的主要收穫》，《福建文博》2002 年第 2 期。
② 福建博物院編著：《政和六朝隋唐墓》，第 188～190 頁。

永康元年（300）磚

　　永康元年八月廿四日。

　　磚出建甌市東峰鎮東峰村九郎柯山西坡 1 號磚室墓，青灰色，長方形，長 34 厘米，寬 16 厘米，厚 5 厘米。磚側壁或頂端多有模印紋飾或銘文，紋飾以葉脉紋爲主。除了"永康元年"銘文，該墓還出土以下幾種銘文："永安元年七月"；"太康五年九月十六日，余"；"建安，叩頭叩頭"，"太歲在甲子"。[1] 一墓中出土多種時代跨度相當大的紀年銘文，算是少見。不過，由此可以説明一點：該墓在營建時，利用周邊窑址和墓葬中不少的舊磚和剩磚。

永康元年（300）磚

　　永康元年九月立。

　　磚出南平市政和縣石屯鎮松源村鳳凰山 31 號凸字形券頂磚室墓，青灰色，有長方形和楔形兩種，其中，長方形磚有兩種規格，分別爲長 40 厘米，寬 18 厘米，厚 8 厘米和長 38 厘米，寬 17 厘米，厚 7 厘米；楔形磚長 38 厘米，寬 17 厘米，厚 5～7 厘米。磚面壓印繩紋，側面飾有獸面紋、獸面紋與幾何紋組合、葉脉紋、葉脉與圓圈組合紋。紀年銘文模印，位于少量墓磚上。[2]

永康元年（300）磚

　　弘治《八閩通志》羅源縣"登高山"條謂山上"有晉冢三磚，各印‘永康元年始改晉郡爲晉邦’，凡十一字"。[3]

---

[1]　廈門大學歷史系考古專業、南平市博物館：《福建建甌市東峰村六朝墓》，《考古》2015 年第 9 期。

[2]　按，石屯鎮長城村、蝴蝶街村和松源村發掘 62 座六朝墓葬。參見福建博物院：《福建政和石屯六朝墓發掘簡報》，《文物》2014 年第 2 期。

[3]　黄仲昭修纂：弘治《八閩通志》卷 5《地理·山川》，福州：福建人民出版社，2006 年，第 130 頁。

永興三年（306）磚

永興三年八月廿二日建造（立造?）。（長方形磚側面）

磚出南平市松溪縣渭田鎮渭田大隊蛇侖山西南山坡下刀字形券頂磚室墓，側面飾古錢紋、蕉葉紋、蓮花紋、雙綫交叉紋和三個平行的橫綫紋，端面飾獸面紋。銘文位于側面，陽文、反書。隨葬品以青瓷器爲主，位于墓室前部，墓室後半部分左右壁各砌有三個長方形壁龕。[①]

永嘉二年（308）磚

磚出泉州市泉港區，具體情况不詳。[②]

永嘉二年（308）磚

永嘉二年太歲□□六月廿日作。

---

① 盧茂村：《福建松政縣發現西晉墓》，《文物》1975 年第 4 期。

② 范佳平、黃偉編著：《泉州六朝隋唐墓》，北京：九州出版社，2013 年，第 84～85 頁。

磚出南平市浦城縣蓮塘鄉吕處塢村會窰券頂磚室墓,具體情況不詳。[1]

永嘉二年（308）磚

永嘉二年八月廿□起。

永嘉二……。

磚出南平市政和縣石屯鎮洋後村翻身壘自然村東側龜山7號長方形單室券頂磚室墓,有長方形磚和楔形兩種,飾平行長直綫和短斜綫、弧綫的組合紋。此墓壁磚爲紅色磚,鋪地磚爲青灰色磚,破壞嚴重,僅于棺床上出土1件鐵刀。[2]

① 陳明忠：《試析福建六朝墓磚銘文》,《福建文博》2013年第2期。

② 福建博物院編著：《政和六朝隋唐墓》,第217～219頁。

永嘉五年（311）磚

永嘉五年大歲/辛未年八月廿五日起。/（側面）

　　磚出福州市閩侯縣荆溪鄉關口村東橋頭山山坡 4 號磚室墓，有灰、紅二色，長方形，長 35 厘米，寬 18 厘米，厚 8 厘米。銘文位于墓磚側面的中間位置，分爲兩行，反書，上下部分飾有梳篦紋和錢紋，另一側印有錢紋、蕙紋和怪臉等紋組成的圖案，端面亦壓印有人面形狀。墓室早已坍毁，殘存後半部分。[①]

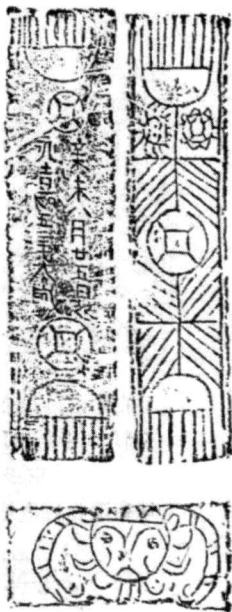

永嘉五年（311）磚

永嘉五年……□元□詹文□冢七月廿日。

---

① 黄漢杰:《閩侯關口橋頭山古墓清理簡報》,《考古》1965 年第 8 期。

　　磚出南平市浦城縣蓮塘鄉吕處塢村會窑 5 號凸字形單室券頂磚室墓,有長方形和楔形兩種。磚面壓印葉脉紋、繩紋和網格紋,側面飾圓錢紋、連錢紋、葉脉紋、米字紋、網格紋和半圓紋。墓葬被盜擾,隨葬品僅存青瓷盤口壺 1 件,鐵刀 1 件和銀釵 1 件。[1] "詹文□"應是墓主。

永嘉磚

　　永嘉年八月十二日,康立。(側面)

　　磚出南平市政和縣石屯鎮松源村鳳凰山 44 號長方形單室券頂磚室墓,有紅色和青灰色兩種。該墓使用長方形和楔形磚砌造,磚面壓印繩紋,四側模印

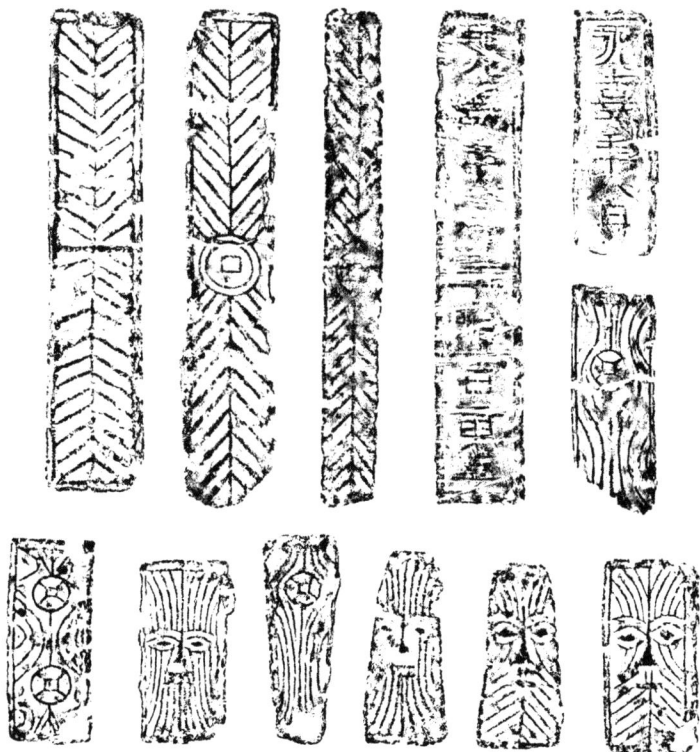

---

① 福建省博物館:《浦城吕處塢會窑古墓群清理簡報》,《福建文博》1991 年第 1、2 期合刊;陳明忠:《試析福建六朝墓磚銘文》,《福建文博》2013 年第 2 期。

葉脉紋、獸面紋，還有葉脉紋和錢紋、葉脉紋和圓圈紋、弧綫和錢紋的組合紋。銘文正書、陽文，位于墓壁。此外，墓内東西兩側壁共有對稱 4 個内凹式壁龕。墓葬破壞嚴重，僅于墓室前部出土 2 件青瓷器。[1]

永嘉磚

永嘉年……。

磚出南平市政和縣石屯鎮松源村鳳凰山西北坡下 Y2 窑址，殘，青灰色，有葉脉紋、錢紋、獸面紋和旋渦紋等。[2]

建興二年（314）磚

建興二年八月廿日作。

---

① 陳明忠：《試析福建六朝墓磚銘文》，《福建文博》2013 年第 2 期；福建博物院編著：《政和六朝隋唐墓》，第 106～108 頁。

② 福建博物院：《政和縣鳳凰山六朝墓第二次考古發掘簡報》，《福建文博》2013 年第 4 期。

磚出南平市延平區八一路建工大樓磚室墓，有灰、紅二色。墓室用長方形和楔形磚砌就，磚面壓印繩紋，側面飾葉脉紋、網格紋和人面紋。銘文陽文。墓葬已坍毀，隨葬品主要是青瓷器。[①]

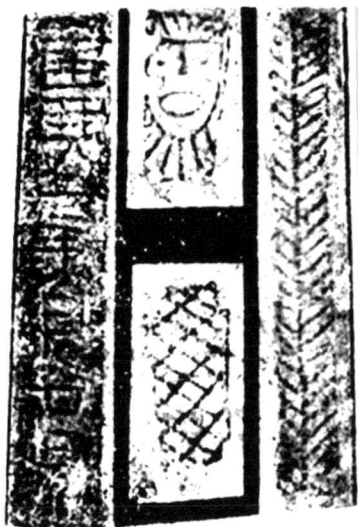

咸和二年（327）磚

咸和二年七月六日起。

磚出南平市政和縣石屯鎮上林山 6 號單室券頂磚室墓，有長方形和楔形兩種。磚面壓印繩紋，四側模印葉脉紋、人面紋、三綫交叉紋、魚紋，以及梳篦紋和網格紋、葉脉紋和長方格紋、葉脉紋和圓圈紋等的組合紋。該墓還發現"建興三年乙亥九月三日立"紀年銘文，報告者推測屬于舊磚再利用。[②] "咸和二年"同範紀年磚還出自石屯鎮長城村黃泥嶺 4 號、6 號券頂磚室墓。

---

① 林忠幹、盧保康：《南平市首次發現晉代墓群》，《福建文博》1983 年第 1 期。

② 福建博物院：《福建政和石屯六朝墓發掘簡報》，《文物》2014 年第 2 期；福建博物院編著：《政和六朝隋唐墓》，第 186～188 頁。

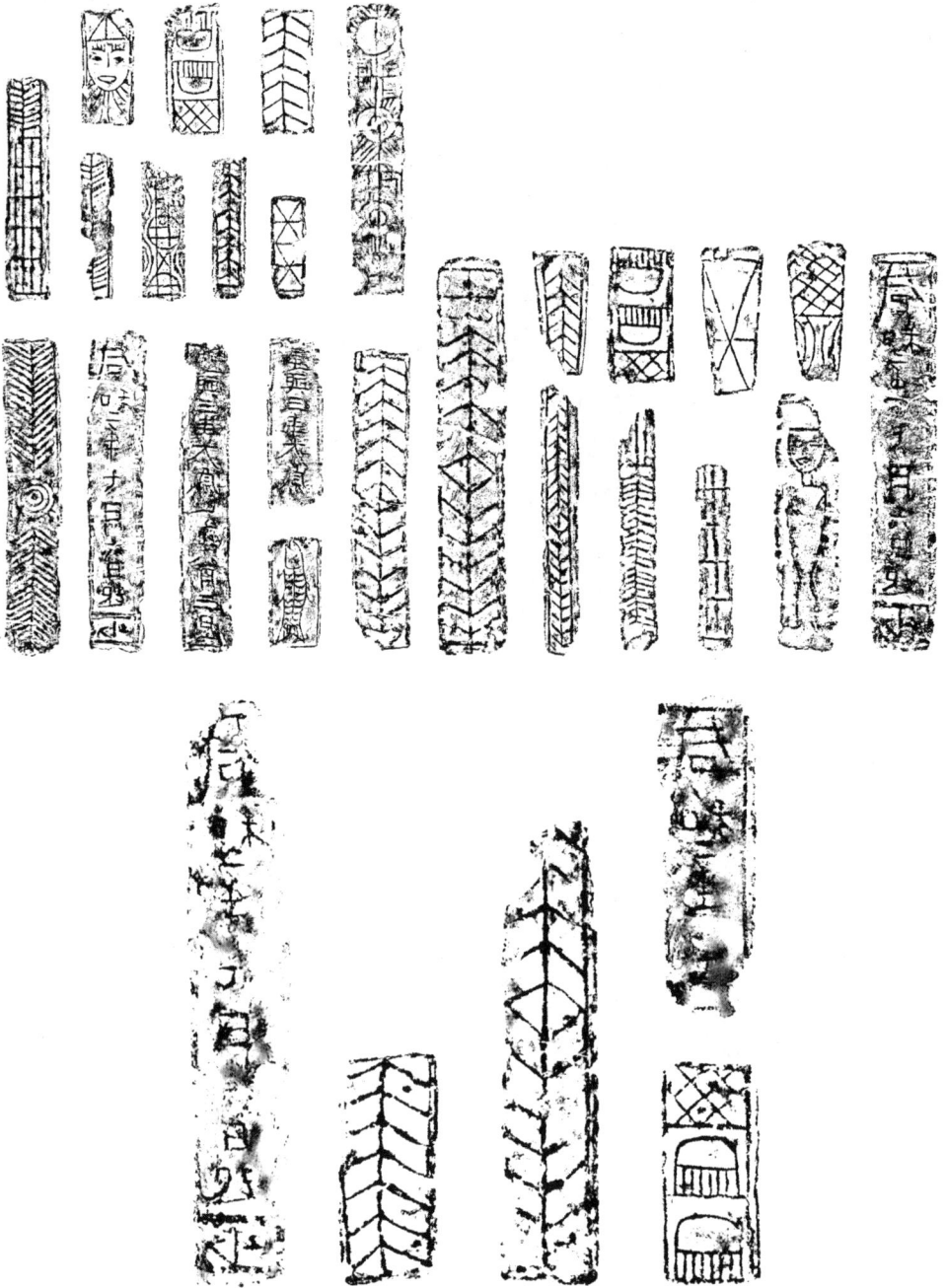

咸和二年（327）磚

咸和二年丁亥八月廿二日起。（側面）

磚出南平市政和縣石屯鎮松源村鳳凰山 11 號、33 號單室券頂磚室墓，有紅色和青灰色。兩墓磚面壓印繩紋，四側模印有葉脈紋，還有葉脈紋和錢紋、交叉紋等的組合紋。墓葬破壞、盜擾嚴重，僅于 33 號墓中出土 10 件隨葬品。[①]兩墓墓磚形制、紋飾基本一致，應是同時營建。不過，11 號墓還發現有"咸[和]元年八月"磚銘。

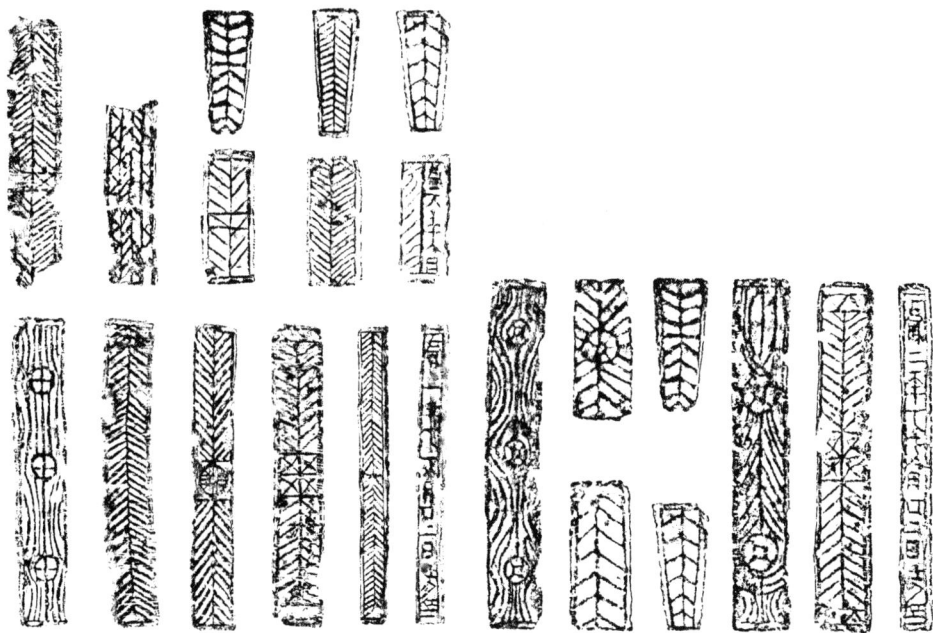

咸和四年（329）磚

福州陳壽祺藏。陽文，長一尺三寸，厚二寸，旁有紋飾。內容一曰"咸和四

---

① 福建博物院編著：《政和六朝隋唐墓》，第 44～45、84～85 頁。

年太歲”；一曰“咸和四年八月辛丑朔□日起造”。[1] 咸和四年八月朔，乃“辛未”，非“辛丑”。

咸和六年（331）磚

咸和六年辛卯七月廿五日作，貴……。（側面）

磚出福州市閩侯縣桐口鄉後嶼山券頂磚室墓，有長方形和楔形兩種，飾有梳篦紋、葉脈紋、獸面紋、銅錢紋和蕉葉紋等。墓室已坍毀，僅出土 3 件隨葬器物。[2]

咸和六年（331）磚

咸和六年八月五日，黄作。

---

① 馮登府：《閩中金石志》卷1，《石刻史料新編》第 1 輯第 17 册，臺北：新文豐出版有限公司，1982 年，第 12653 頁下欄。

② 黄漢杰：《福建閩侯桐口鄉後嶼山東晉墓清理記》，《考古通訊》1957 年第 1 期。

　　磚出建甌市小橋鎮陽澤村東北山坡 1 號凸字形券頂磚室墓,有青灰、紅二色。該墓未經破壞,係用長方形和楔形磚砌築。磚面壓印繩紋、網格紋,四側飾葉脉紋和幾何紋等。銘文隸書、反文。除了"咸和六年"紀年銘文外,還發現"泰寧二年六月廿日壬子□起"的紀年銘文。隨葬品位于甬道正中和墓室左側轉角處,僅出土青瓷鉢、青瓷碗和青瓷盅等 4 件器物。[1]

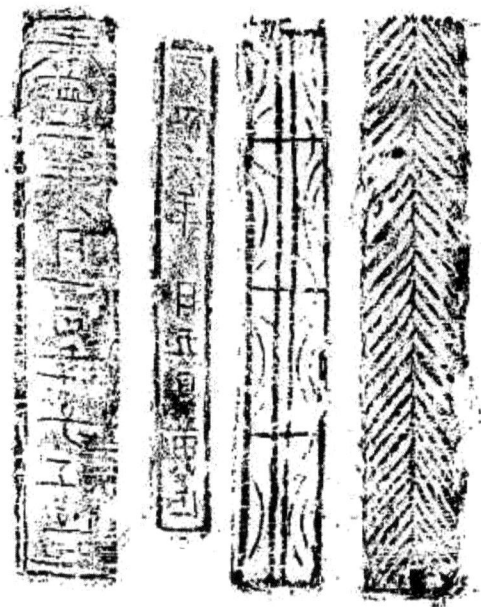

咸和八年（333）磚

咸和八年……。

……廿二日□立。

　　磚出南平市政和縣石屯鎮松源村鳳凰山 23 號單室刀形券頂磚室墓,紅色,有長方形和楔形兩種。長方形磚長 37 厘米,寬 14.5 厘米,厚 5.5 厘米;楔形磚長 37 厘米,寬 14 厘米,厚 4～5.5 厘米。磚面壓印繩紋,四側模印葉脉紋、獸面紋,組合紋飾有葉脉紋和雙圓圈米字交叉紋、曲折紋和葉脉紋。墓葬盜擾

---

① 　建甌縣博物館:《建甌縣陽澤晉墓清理簡報》,《福建文博》1988 年第 1 期;建甌縣博物館:《福建建甌陽澤晉墓清理簡報》,《考古》1989 年第 3 期。

嚴重,僅在甬道内出土 1 件青瓷盤口壺。[①] 銘文磚殘,或可連讀。

咸和九年（334）磚

咸和九年/八月十二日起。/（端面）

磚出南平市政和縣石屯鎮松源村鳳凰山 17 號、18 號券頂磚室墓,有紅色和青色兩種。磚面壓印繩紋,四側有葉脉紋、變體魚紋,還有葉脉紋和雙圓圈米字交叉紋、葉脉紋和幾何紋、葉脉紋和錢紋的組合紋。[②] 銘文位于墓磚的端面,應可連讀。銘文"九"字前,報告者還録一"十"字。然而,并無"咸和十九年"年號。據拓片可知,"十"字字體偏小,位于邊緣,似另有他意。此外,17 號墓還出有"咸和五年八月十五日□□"的紀年銘文。兩墓皆盜擾嚴重,僅于 17 號墓出土青瓷蓋 2 件。

① 福建博物院編著:《政和六朝隋唐墓》,第 61～63 頁;福建博物院:《政和縣鳳凰山南朝磚窑發掘簡報》,《福建文博》2011 年第 4 期。

② 福建博物院編著:《政和六朝隋唐墓》,第 52～55 頁。

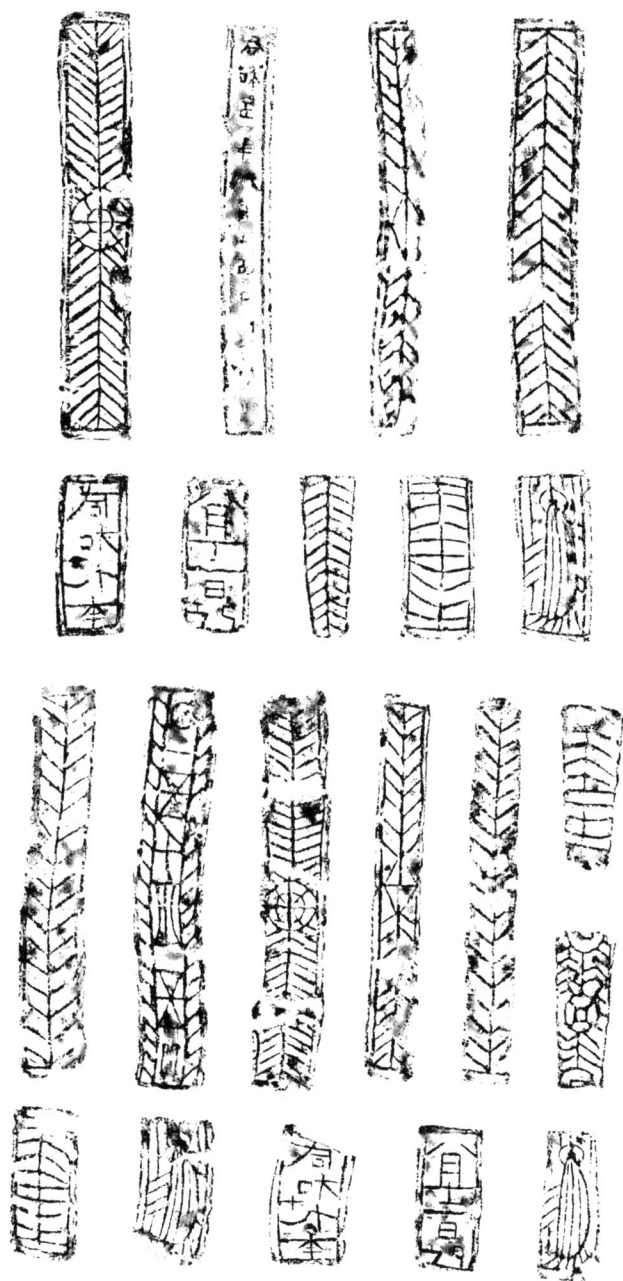

咸和磚

咸(年和)[和年]七月……。

磚出南平市政和縣石屯鎮松源村鳳凰山 36 號刀字形單室券頂磚室墓,有長方形和楔形兩種。長方形磚長 38 厘米,寬 15 厘米,厚 7 厘米;楔形磚長 38 厘米,寬 14 厘米,厚 4～4.5 厘米。墓磚磚面壓印繩紋,四側模印葉脉紋、葉脉紋和四出錢紋的組合紋。墓葬内多紅磚,設有壁龕和祭臺,盗擾嚴重,僅于墓室前部和甬道内出土隨葬品 3 件。[①] 銘文磚殘,位于券頂,僅見 1 塊,應是建墓時利用舊磚加砌到墓内的。

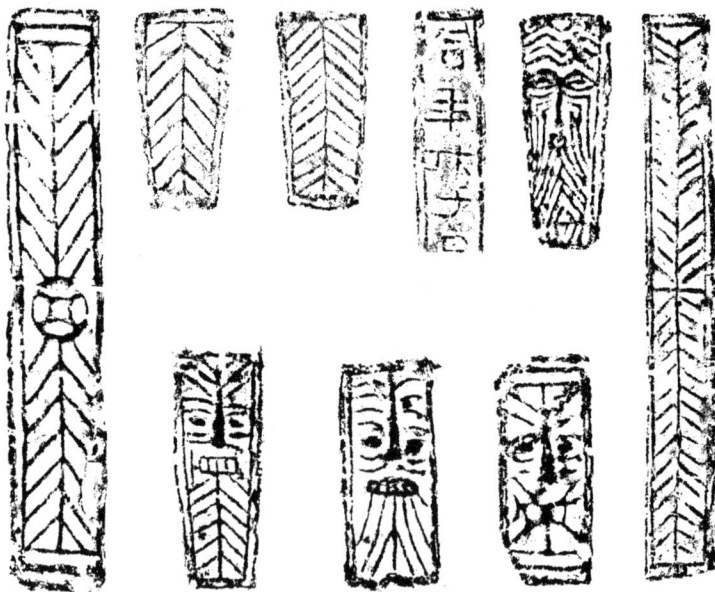

咸和磚

咸(年和)[和年]七月廿三日起□。(側面)

---

① 福建博物院:《福建政和石屯六朝墓發掘簡報》,《文物》2014 年第 2 期;福建博物院編著:《政和六朝隋唐墓》,第 90～91 頁。

　　磚出南平市政和縣石屯鎮松源村鳳凰山 57 號凸字形單室券頂磚室墓，青灰色，有長方形和楔形兩種。墓磚磚面壓印繩紋，四側模印葉脉紋、人面紋和獸面紋，以及小曲折紋和葉脉紋、葉脉紋和錢紋、網格紋和梳篦紋的組合紋。墓葬盜擾嚴重，僅于甬道内出土 3 件青瓷器。[①] "起"下應有一字，但不可識。

咸康元年（335）磚

　　咸康元年十月十六日作此。（側面）

　　磚出南安市豐州鎮獅子山東南坡 2 號長方形券頂磚室墓，青灰色，長 46 厘米，寬 16 厘米，厚 7 厘米，飾麻袋紋、錢紋和人面紋，還有錢紋和對稱弧綫的組合紋，銘文正書、陽文。該墓出土青瓷器和殘鐵器 6 件。[②]

① 福建博物院編著：《政和六朝隋唐墓》，第 136～139 頁。
② 蔣炳釗、葉文程：《南安豐州發現六朝古墓群》，《文物參考資料》1957 年第 5 期；福建省文物管理委員會：《福建南安豐州東晉南朝唐墓清理簡報》，《考古》1958 年第 6 期。

咸康五年（339）磚

咸康五年六月三日作。

磚出南平市浦城縣蓮塘鄉呂處塢村西南會窰 1 號券頂磚室墓，飾繩紋、葉脉紋、網格紋、人面紋、太陽紋、圓綫紋和交叉綫紋。墓葬破壞嚴重，僅存青瓷罐 1 件。[1]

建元二年（344）磚

建元二年八月十五日。（側面）

磚出南平市政和縣石屯鎮松源村鳳凰山 39 號凸字形單室券頂磚室墓，有紅色和青灰色兩種。磚面壓印繩紋，四側模印葉脉紋、獸面紋以及葉脉紋和錢

---

[1] 福建省博物館:《浦城呂處塢會窰古墓群清理簡報》,《福建文博》1991 年第 1、2 期合刊。

紋、葉脉紋和曲折紋的組合紋飾。銘文正書、陽文。[1]

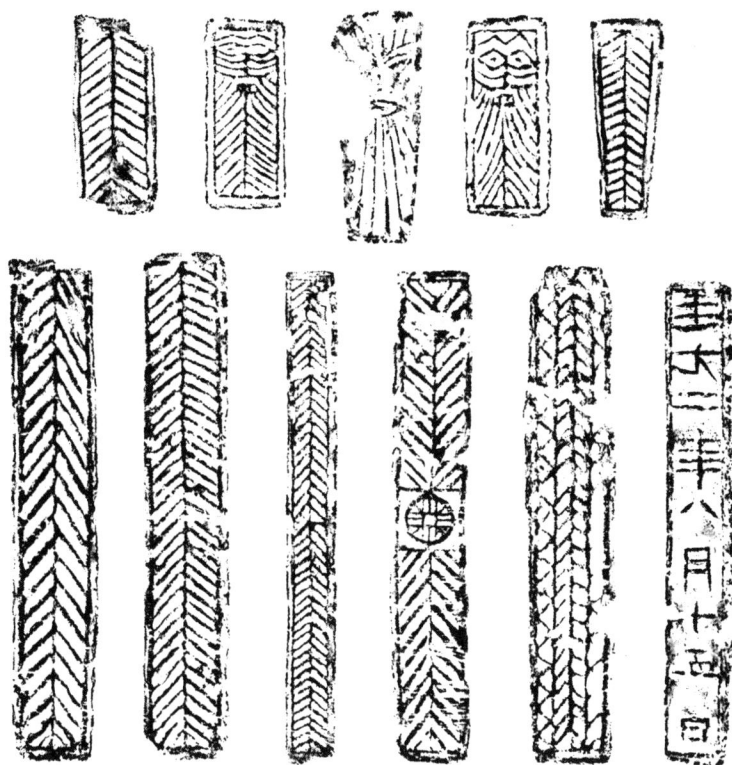

建元二年（344）磚

建元二年九月十三日。（側面）

建元二年。（端面）

磚出南平市政和縣石屯鎮松源村鳳凰山 34 號長方形單室券頂磚室墓，有紅色和青色兩種。磚面壓印繩紋，四側模印獸面紋、葉脉紋和菱格紋。銘文位于壁磚，正書、陽文。[2]

---

[1]　福建博物院編著：《政和六朝隋唐墓》，第 96～97 頁。

[2]　福建博物院：《福建政和石屯六朝墓發掘簡報》，《文物》2014 年第 2 期；福建博物院編著：《政和六朝隋唐墓》，第 86～88 頁。

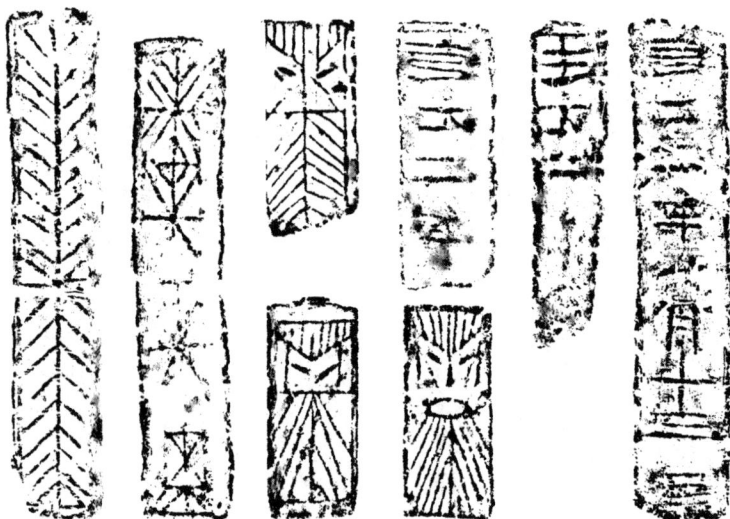

永和元年（345）磚

永和元年八月十日。

鄒（鄭？）氏立，子孫□令長太守□□。

磚出福州屏山公園券頂磚室墓，具體情況不詳，簡報未附磚文拓片圖影。該墓所出隨葬品豐富，以青瓷器爲主。[①]“鄒氏”，或是“鄭氏”，當是墓主或其家庭成員姓氏。“子孫□令長太守□□”，是吉語，對子孫官位亨通的期許。

永和二年（346）磚

永和二年九月十日太歲丙午孝子立。（刀形磚側面）

磚出寧德市霞浦縣沙江鎮古縣村眉頭山 6 號凸字形單室券頂磚室墓，紅色，飾有網格紋、錢紋、梳篦紋和弧綫紋等。此外，在長方形磚端面還模印有

---

① 《福州市北門外屏山東晉墓清理資料》，福建博物院編：《福建考古資料彙編：1953—1959》，北京：科學出版社，2011 年，第 128～129 頁。

"咸康八年"紀年銘文。^① 由"孝子"可知,此墓是諸子爲父母建造。

永和三年（347）磚

永和三年六月。

磚出建甌市小橋鎮鯉魚山 1 號(凸字形)、2 號(刀字形)單室券頂磚室墓,紅色,飾蕉葉紋、交叉紋及少量錢紋,有長方形和楔形兩種。長方形磚長 34 厘米,寬 15 厘米,厚 5 厘米;楔形磚長 27 厘米,寬 15 厘米,厚 3.8~5 厘米。兩墓共出土陶瓷器 8 件,棺釘 6 枚。^②

永和五年（349）磚

永和五年九月,郭歲(?)立。(側面)

磚出福州市閩侯縣荆溪廟後山 2 號長方形單室券頂磚室墓,有紅色和灰色,飾梳篦紋、錢紋和圓圈紋等。銘文正書、反書并用。該墓出土陶瓷器和鐵器等 6 件隨葬品。^③

---

① 福建省博物館:《福建霞浦兩晉南朝唐墓》,《福建文博》1995 年第 1 期;鄭輝、栗建安:《福建晉唐五代考古的主要收穫》,《福建文博》2002 年第 2 期。
② 建甌縣博物館:《建甌小橋東晉"永和三年"墓》,《福建文博》1987 年第 1 期。
③ 黄漢杰:《福建荆溪廟後山古墓清理》,《考古》1959 年第 6 期。

永和十年（354）磚

永和十年歲□□□建酉之月。

磚出福州市西門外茶園山北麓，紅色，長 47 厘米，寬 18 厘米，厚 5.5 厘米，飾半圓紋和幾何紋等，銘文正書、陽文。墓室後壁砌有一小龕。墓葬破壞嚴重，所出隨葬品主要是青瓷器。[①] "建酉之月"，又稱"月酉"，即八月。"建酉"前一字，似是"午"字，但"永和十年"乃"甲寅"。

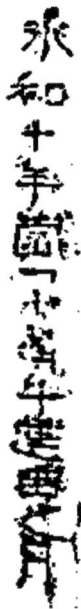

永和十二年（356）磚

永和十二年……。

磚出福州市倉山區桃花山長方形單室券頂磚室墓，飾蕉葉紋和古錢紋等。墓頂久已坍毀，出土雙耳瓷壺、殘銅釘和"大泉五百"銅幣等隨葬器物。此外，墓

---

① 曾凡:《福州西門外六朝墓清理簡報》,《考古通訊》1957 年第 5 期。

中還發現有"升平"紀年磚,考古簡報有録作"升平一年",也有作"升平四年"。①

升平元年（357）磚

升平元年九月廿日。（側面）

磚出南平市政和縣石屯鎮松源村鳳凰山 47 號刀形單室券頂磚室墓。墓葬由長方形和楔形磚砌築,磚有紅色和青灰色兩種,以紅色磚爲多,磚面壓印繩紋,四側模印葉脉紋。銘文陽文、反書。墓葬盗擾嚴重,無隨葬品出土。②

升平四年（360）磚

磚出漳州市漳浦縣杜潯鎮徐坎村祖媽林水庫築壩工地,飾雙魚吻圖案,模印"升平四年"字樣。③

---

① 《福建文管會發掘出六朝時代古墓》,《文物参考資料》1954 年第 10 期;《福州市倉山區樂群路東晉古墓清理簡報》,福建博物院編:《福建考古資料彙編:1953—1959》,第 124 頁。
② 福建博物院:《政和縣鳳凰山六朝墓第二次考古發掘簡報》,《福建文博》2013 年第 4 期;福建博物院編著:《政和六朝隋唐墓》,第 113~114 頁。
③ 李澳川:《綏安縣的興廢》,中國人民政治協商會議福建省漳浦縣委員會文史工作組:《漳浦文史資料》第 6 輯,1986 年,第 2 頁。

興寧三年（365）磚

興寧三年七月三日作。（側面）

磚出南平市浦城縣蓮塘鄉吕處塢村十八窑（會窑）東側土坡十字形券頂磚室墓，青灰色，長32厘米，寬14厘米，厚5.5厘米。磚面壓印繩紋，四側有葉脉紋、梳篦紋和錢紋。該墓出土18件隨葬器物，均爲青瓷器。[①]

興寧磚

興寧六（?）年……作。（側面）

磚出南平市浦城縣蓮塘鄉吕處塢村西南會窑2號單室券頂磚室墓，有長方形和楔形兩種。磚面壓印繩紋，四側有葉脉紋、梳篦紋、半圓紋、圓錢紋和交

① 福建省博物館、浦城縣文化館：《福建浦城吕處塢晉墓清理簡報》，《考古》1988年第10期；
福建省博物館：《浦城吕處塢會窑古墓群清理簡報》，《福建文博》1991年第1、2期合刊。

叉綫紋。墓葬盜擾嚴重,未見隨葬品。[1] 晉哀帝"興寧"年號僅使用了三年,銘文"六"字可能誤識。

太和四年（369）磚

太和四年。

磚出三明市將樂縣光明鄉永吉村 4 號刀形單室券頂磚室墓,有長方形和楔形兩種,飾十字同心圓紋、網格紋和葉脉紋。銘文反書,字迹模糊。墓中帶有這種紀年銘文的墓磚僅有 1 塊。墓葬盜擾嚴重,僅在墓室東北郊出土青瓷盞 1 件。[2]

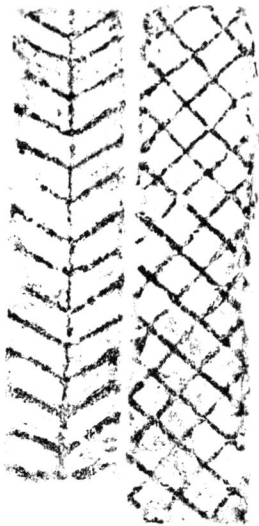

咸安二年（372）磚

咸安二年七月廿二日立之,保萬年。

① 福建省博物館:《浦城呂處塢會窑古墓群清理簡報》,《福建文博》1991 年第 1、2 期合刊。
② 福建省博物館:《福建將樂永吉東晉墓發掘報告》,《福建文博》1995 年第 1 期;余生富:《三明市三十年文物考古綜述》,《福建文博》2011 年第 3 期。

磚出南安市豐州鎮桃源村皇冠山 34 號刀形單室券頂磚室墓，銘文位于墓磚側面。該墓出土的隨葬器物，基本是青瓷器。[1]

寧康元年（373）磚

寧康元年八月十六日。

磚出南平市延平區八一路建工大樓基建工地單室券頂磚室墓，有長方形和楔形兩種，飾葉脉紋和網格紋等，銘文反書。[2]

---

① 福建博物院、泉州市博物館、南安市博物館:《福建南安市皇冠山六朝墓群的發掘》,《考古》2014 年第 5 期。

② 林忠幹、盧保康:《南平市首次發現晉代墓群》,《福建文博》1983 年第 1 期。

寧康三年（375）磚

寧康三年……八月三日□起□。（楔形磚端面）

磚出南安市豐州鎮獅子山東南麓 1 號、2 號單室券頂磚室墓，飾繩紋、蕉葉紋、古錢紋、梳篦紋、魚紋和龍紋等，銘文反書。"八月三日"前的文字，報告者釋作"甲子"，但"寧康三年"乃"乙亥"。細看拓片圖影，没有發現報告者所識讀的"甲子"二字。在 1 號墓墓室填土中發現一塊長方形磚，兩側面銘文分別爲"太元三年七月……"和"陳文瑝……"。此外，在 1 號墓室東南角發現篆書陰文的"部曲將印"銅印一枚。[1] "太元三年"磚，還發現于獅子山 24 號券頂磚室墓，在其墓磚兩側有"太元三年七月戊申作"和"陈文瑝立之保萬年"銘文，端面亦有二字，但無法識别。[2] 則 1 號墓室填土中的銘文磚，應是在太元三年（378）之後工匠混入 24 號墓的墓磚而留下的。"陳文瑝立之保萬年"銘文，和

---

① 泉州市文物管理委員會：《福建南安豐州獅子山東晉古墓（第一批）發掘簡報》，《文物資料叢刊》第 1 輯，北京：文物出版社，1977 年，第 131～132 頁。

② 福建博物院：《南安豐州皇冠山墓群的發掘與收穫》，《福建文博》2007 年第 3 期。

上文著録 34 號墓出土的“咸安二年”銘文的表達類似。“陳文琄”的身份還不能明確。

寧康磚

寧康。

磚石采集于三明市將樂縣光明鄉永吉村後山一帶，飾十字同心圓紋、網格紋和葉脉紋等。[①]

太元元年（376）磚

太元元年九月□日□氏立。

磚出南平市延平區八一路建工大樓基建工地晉代券頂磚室墓，有紅色和

[①] 福建省博物館：《福建將樂永吉東晉墓發掘報告》，《福建文博》1995 年第 1 期；余生富：《三明市三十年文物考古綜述》，《福建文博》2011 年第 3 期。

灰色兩種,飾網格紋、葉脉紋和人面紋等。[1]

太元二十一年（396）磚

太元廿一年。（端面）

　　磚出三明市將樂縣光明鄉永吉村 1 號、2 號單室券頂磚室墓,青灰色,有長方形和楔形兩種,飾十字同心圓紋、葉脉紋和魚紋。銘文陽文、反書。二墓盜擾嚴重,僅于 2 號墓出土青瓷碗和硬陶蓋 1 件。[2]

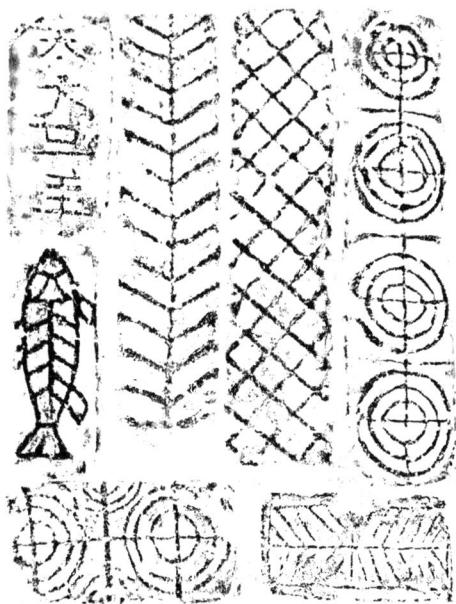

太元磚

泰元十一年。
泰元十九年。

---

① 林忠幹、盧保康:《南平市首次發現晉代墓群》,《福建文博》1983 年第 1 期。
② 福建省博物館:《福建將樂永吉東晉墓發掘報告》,《福建文博》1995 年第 1 期;余生富:《三明市三十年文物考古綜述》,《福建文博》2011 年第 3 期。

泰元二十一年。

磚出漳州市漳浦縣石榴鎮石榴村畜牧場東晉 1 號券頂磚室墓，飾菱形、直條和圓形等几何紋飾，銘文模印。① 一墓中出土三種紀年，或可説明該墓是利用舊磚營建的。

元興三年（404）磚

元興三年七月丙戌朔六日。（側面）

磚出南安市豐州鎮桃源村皇冠山 31 號刀形單室券頂磚室墓，飾葉脉紋，以及魚紋、梳篦紋、弧綫紋與變體錢紋的組合紋，錢紋與梳篦紋的組合紋，梳篦紋與弧綫紋的組合紋，葉脉與梳篦紋的組合紋，魚紋、葉脉紋與梳篦紋的組合紋等。該墓出土 5 件隨葬器物。②

義熙十二年（416）磚

義熙十二年丙辰七月作。

磚出南安市豐州鎮華僑中學校舍，具體情況不詳。③

元嘉四年（427）磚

宋治元嘉四年太歲丁卯七月十日□。（側面）
宋治元嘉四年……。（側面）

磚出南平市政和縣石屯鎮松源村鳳凰山 1 號磚窯窯爐底部，紅色，殘。④

---

① 王文徑：《從石榴鎮東晉墓群的發掘看開漳前的閩南》，《閩臺文化交流》2006 年第 1 期。
② 福建博物院、泉州市博物館、南安市博物館：《福建南安市皇冠山六朝墓群的發掘》，《考古》2014 年第 5 期。
③ 蔣炳釗、葉文程：《南安豐州發現六朝古墓群》，《文物參考資料》1957 年第 5 期。
④ 福建博物院：《政和縣鳳凰山南朝磚窯發掘簡報》，《福建文博》2011 年第 4 期。

元嘉四年（427）磚

元嘉四年……。

磚出南安市豐州鎮獅子山東南坡華僑中學校舍單室券頂磚室墓，殘，飾古錢紋、蕉葉紋、梳篦紋、人面紋、佛像紋和同心圓紋等，銘文反書。[①]

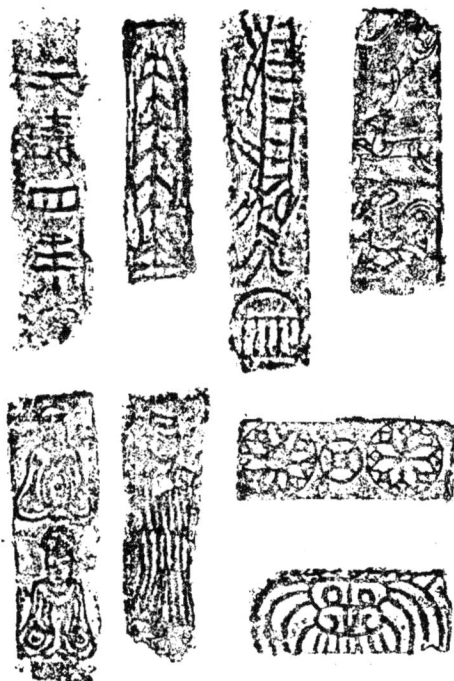

元嘉五年（428）磚

元嘉五年八月二日起□。

磚出南平市政和縣石屯鎮松源村鳳凰山 6 號凸字形單室券頂磚室墓，有長方形和楔形兩種。墓室內設有 6 個凸出半塊平磚的龕臺。墓磚均爲紅色，

---

① 福建省文物管理委員會：《福建南安豐州東晉南朝唐墓清理簡報》，《考古》1958 年第 6 期。

磚面壓印繩紋，四側模印葉脉紋、錢紋和獸面紋，組合紋飾有葉脉紋和錢紋，幾何紋和錢紋，葉脉紋、平行綫和錢紋等。除了"元嘉五年"紀年銘文外，一些墓磚上還模印"元嘉四年太歲丁卯七月"銘文。此銘文正是出自上述 1 號磚窰。墓葬盜擾嚴重，在墓室前部和甬道内出土隨葬品 7 件。[①]

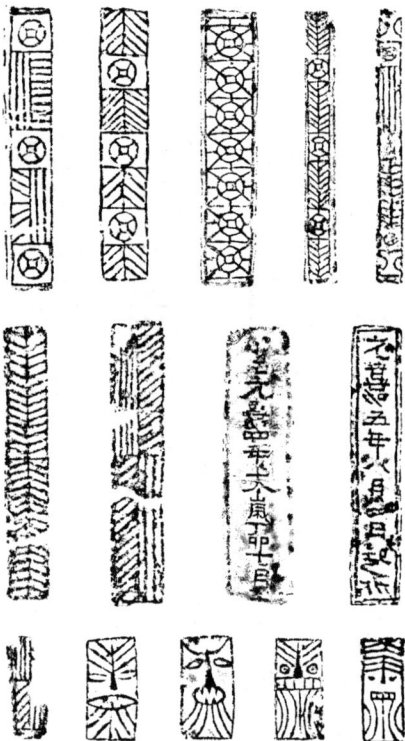

元嘉九年（432）磚

元嘉九年七月卅日。（側面）

元嘉九年立。（端面）

磚出邵武市故縣村北面李家山 1 號刀形單室券頂磚室墓，有青灰、紅色兩種。該墓使用長方形和楔形磚砌築，磚飾錢紋、三重弧綫和圓圈米字組合紋，

---

① 福建博物院編著：《政和六朝隋唐墓》，第 26～28 頁。

磚的一面壓印繩紋,銘文陽文。墓室内設置有 8 個龕臺,對稱分布于墓室兩側墓壁。每個龕臺都爲一塊丁磚,平凸出墓壁 5 或 6.5 厘米,其中東側龕臺用楔形磚,西側龕臺用長方形磚。該墓出土隨葬品 5 件,均爲青瓷器。[1]

元嘉九年（432）磚

······元嘉九年。

---

[1] 福建博物院、邵武市文物管理委員會辦公室:《邵武李家山兩晉南朝墓發掘簡報》,《福建文博》2018 年第 4 期。

磚出三明市將樂縣萬安鎮大布村大布山沙坑口南坡 7 號凸字形單室券頂磚室墓，有紅色和青灰色，銘文模印，反書、陽文。該墓盜擾嚴重，僅出土青瓷碗、盅各 1 件。①

元嘉十二年（435）磚

元嘉十二年七月十二日，陸氏。（側面）

磚出南平市政和縣東平鎮新口村牛頭山東南坡 835 號凸字形單室券頂磚室墓，長方形，長 33～36 厘米，寬 15.5～17 厘米，厚 6.5～7 厘米。磚面壓印繩紋，四側飾葉脈紋和人形紋等，銘文隸書。此墓出土 3 件隨葬器物，均爲青瓷器。②

---

① 福建博物院、將樂縣博物館：《將樂縣大布山南朝唐宋墓群清理簡報》，《福建文博》2014 年第 1 期。

② 福建省博物館、政和縣文化館：《福建政和松源、新口南朝墓》，《文物》1986 年第 5 期；福建博物院編著：《政和六朝隋唐墓》，第 238～239 頁。

元嘉十五年（438）磚

元嘉十五年□月四日起。（側面）

磚出南平市政和縣石屯鎮長城村上林山 5 號凸字形單室券頂磚室墓,有長方形和楔形兩種。長方形磚長 36～38 厘米,寬 14 厘米,厚 5 厘米;楔形磚長 36 厘米,寬 14 厘米,厚 4～5 厘米。磚面壓印繩紋,四側模印葉脉紋、平行直綫紋、對角交叉紋、人面紋,以及四出圓圈和平行直綫的組合紋,墓磚多紅磚,少量青磚。[1]

---

[1] 福建博物院編著:《政和六朝隋唐墓》,第 184～185 頁。

元嘉十五年（438）磚

元嘉十五年……八月……日丙建安吳［興］……。

磚出南平市浦城縣蓮塘鄉呂處塢村，具體情況不詳。[①] 建安郡下轄吳興縣，故"吳"字後可補一"興"字。

元嘉十七年（440）磚

元嘉十七年八月丙辰□（朔?）廿旦□□（起?）立冢，公故記之也。（側面）

磚出福州市北門外新店鎮灰爐頭村後小山丘的單室券頂磚室墓，有長方形和楔形兩種。磚面飾麻布紋，端面飾古錢紋、蕉葉紋、同心圓紋和交叉紋等，銘文正書、陽文。該墓出土隨葬器物 12 件，除 1 件爲殘小鐵刀外，其餘皆爲青

---

① 陳明忠：《試析福建六朝墓磚銘文》，《福建文博》2013 年第 2 期。

黄釉瓷器。[1]

元嘉二十一年（444）磚

元嘉廿一年甲申……。

　　磚出南平市政和縣石屯鎮長城村上林山 3 號單室券頂磚室墓,有長方形和楔形兩種。長方形磚長 30 厘米,寬 14 厘米,厚 6 厘米;楔形磚長 30 厘米,寬 14 厘米,厚 5～6 厘米。磚面壓印繩紋,四側模印葉脉紋,以及葉脉紋和平行直綫紋的組合紋,銘文反書。墓葬盗擾嚴重,無隨葬品出土。[2]

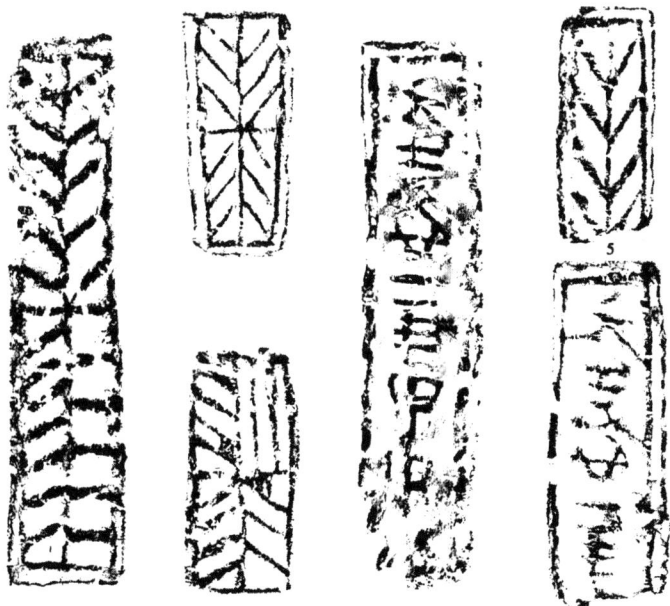

① 林公務:《福州南朝墓、莆田唐墓清理簡報》,《福建文博》1982 年第 1 期;林公務:《福州北門外"元嘉"墓》,文物編輯委員會編:《文物資料叢刊》第 8 輯,第 129 頁。
② 福建博物院:《福建政和石屯六朝墓發掘簡報》,《文物》2014 年第 2 期;福建博物院編著:《政和六朝隋唐墓》,第 181～182 頁。

元嘉二十五年（448）磚

磚出福州市東門三角池後山，具體情況不詳。[①]

元嘉二十六年（449）磚

元嘉二十六年九月一日。

磚出福州市長安山中部南面山腰，長 42 厘米，寬 24 厘米，厚 7 厘米。墓葬坍毀已久，出土天鷄壺、瓷碗、雙耳瓷壺等隨葬器物。[②]

元嘉二十九年（452）磚

元嘉廿九年七月廿二日，郡卿、邦孝廉、郎中令詹横堂冢。

磚出建甌市水西放生池，具體情況不詳。[③] “邦”或是“郡”字。“郡卿”一詞，不獨見于磚文。邯鄲淳《漢鴻臚陳紀碑》曰：“天子慜焉，使者弔祭。郡卿以下，臨喪會葬。”[④] 它是“郡府卿”之省稱。後漢《執金吾丞武榮碑》云：“君即吳郡府卿之中子，敦煌長史之次弟也。”[⑤] 又應劭《漢官》曰：“大縣丞左右尉，所謂命卿三人。小縣一尉一丞，命卿二人。”[⑥] 則“郡府卿”或應作“郡府命卿”。據洪适考證，漢人有稱“丞”爲“卿”者。[⑦] 結合應劭的説法，“丞”“尉”應皆可稱“卿”。

---

① 福建省博物館 1973 年清理資料，轉引自林忠幹、林存琪等：《福建六朝墓初論》，《福建文博》1987 年第 2 期。

② 《福州南朝劉宋殘墓發現記》，福建博物院編：《福建考古資料彙編：1953—1959》，第 132 頁。

③ 國家文物局主編：《中國考古 60 年：1949—2009》，北京：文物出版社，2009 年，第 294 頁；陳明忠：《試析福建六朝墓磚銘文》，《福建文博》2013 年第 2 期。

④ 嚴可均：《全上古三代秦漢三國六朝文·全三國文》第 2 册，北京：中華書局，1958 年，第 1196 頁上欄。

⑤ 洪适：《隸釋》卷 12，《隸釋·隸續》，北京：中華書局，1986 年，第 139 頁下欄。

⑥ 《續漢書·百官五》，參見《後漢書·志第二十八》“尉大縣二人，小縣一人”下注引應劭《漢官》，北京：中華書局，1965 年，第 3623 頁。

⑦ 參見《隸釋》卷 15《蜀郡屬國辛通達李仲曾造橋碑》下洪适按語，第 160 頁下欄。

元嘉磚

磚石采集于三明市將樂縣光明鄉永吉村後山山坡，具體情況不詳。[①]

大明六年（462）磚

　　　　宋大明六年七月立□。（側面）

　　　　宋大明六年……。（側面）

　　磚出南平市政和縣石屯鎮松源村鳳凰山 5 號刀形單室券頂磚室墓，紅色，有長方形和楔形兩種。長方形磚長 35.5 厘米，寬 16.5 厘米，厚 6～6.8 厘米；楔形磚長 35.5 厘米，寬 16.5 厘米，厚 4.5～6 厘米。磚面壓印繩紋，四側有葉脉紋、龍紋、對角交叉紋、魚紋和網格紋，組合紋飾有網格紋和四出錢紋、葉脉紋和四出錢紋。銘文位于部分壁磚側面，模印。墓葬盜擾嚴重，僅于墓室前部和甬道出土 4 件青瓷器。[②]

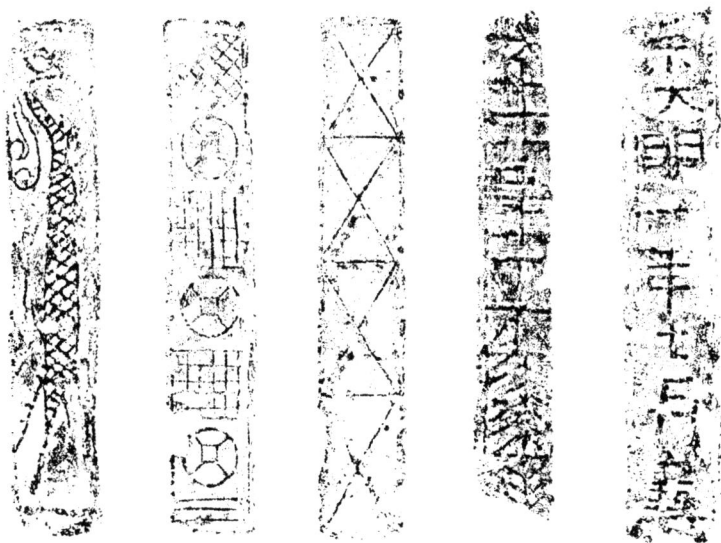

---

① 余生富：《三明市三十年文物考古綜述》，《福建文博》2011 年第 3 期。
② 福建博物院編著：《政和六朝隋唐墓》，第 23～26 頁。

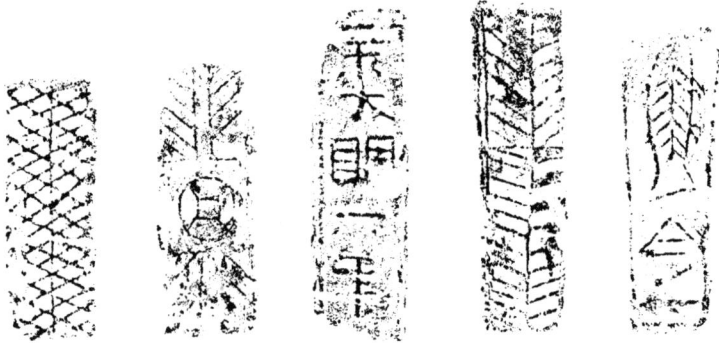

大明六年（462）磚

宋大明六年七月廿八日起公。（側面）
宋大明六年七月作壁。（側面）

磚出南平市政和縣石屯鎮松源村東面蘆塘山 1 號刀形單室券頂磚室墓，有長方形和楔形兩種。長方形磚長 36 厘米，寬 18 厘米，厚 6 厘米；楔形磚長 36 厘米，寬 18 厘米，厚 4～7.5 厘米。磚面壓印繩紋，四側模印人形紋、雙魚

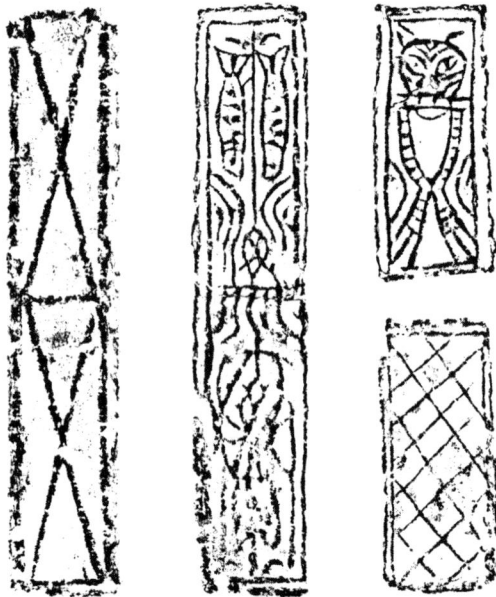

紋、葉脉紋、雙魚蓮蕾紋、獸面紋、網格紋和對角交叉紋。"宋大明六年七月廿八日"銘文中,"年"字反書;"宋大明六年七月"銘文中,"作壁"二字反書。該墓出土 15 件隨葬品,多置于墓室前部。[①] "起公"即"起功"。

大明九年（465）磚

> 宋大明九年七月十一日,造功。

磚出福州市郊長方形券頂磚室墓,飾捲草紋、古錢紋和同心圓紋等,銘文反書。簡報未附紀年磚拓片圖影。該墓墓頂坍塌,墓室内隨葬品極少,在墓室後部發現一些青瓷碎片。[②]

永光元年（465）磚

> 永光元年。

磚出南平市政和縣熊山鎮官湖村虎山墓地 1 號凸字形單室券頂磚室墓。該墓墓室内設有 7 個磚柱,墓磚多紅色,少量青灰色。墓磚有長方形和楔形兩種,長方形磚長 34 厘米,寬 15 厘米,厚 7 厘米;楔形磚長 33 厘米,寬 15 厘米,厚 4～6 厘米。磚面壓印繩紋,四側模印對角交叉紋、人形紋、獸形紋,網格紋和 S 形紋等。部分墓磚端面模印"永光元年"紀年銘文。此外,在墓内倒塌堆積的墓磚中發現 1 塊側面模印"宋大明六年"的銘文磚。墓葬盜擾嚴重,僅在墓室前部出土 1 件青瓷大碗。[③] "宋大明六年"紀年磚僅發現 1 塊,或是營建此墓時混入的舊磚。

---

① 福建省博物館、政和縣文化館:《福建政和松源、新口南朝墓》,《文物》1986 年第 5 期;福建博物院編著:《政和六朝隋唐墓》,第 139～141 頁。
② 《福州市郊發現南朝宋墓》,《文物參考資料》1955 年第 12 期。
③ 福建博物院編著:《政和六朝隋唐墓》,第 9～11 頁。

泰始三年（467）磚

　　吾以泰始三年七月十日。（側面）

　　磚出南平市政和縣石屯鎮西北面蝴蝶街村後山 1 號刀形單室券頂磚室墓，有長方形和楔形兩種。長方形磚長 30 厘米，寬 13 厘米，厚 6 厘米；楔形磚長 31 厘米，寬 13.5 厘米，厚 4～5.5 厘米。磚面壓印繩紋，四側有葉脉紋，以及平行長直綫和平行短斜綫、平行長直綫和葉脉紋的組合紋。墓室内砌有龕臺，多爲紅色墓磚。此墓盜擾嚴重，僅出土 5 件青瓷器。[①] 銘文"七月十日"下應另有文字，或位于其他墓磚側面。

---

① 　福建博物院編著：《政和六朝隋唐墓》，第 162～163 頁。

泰始三年（467）磚

泰始三年丁未歲七月廿日紀。（側面）

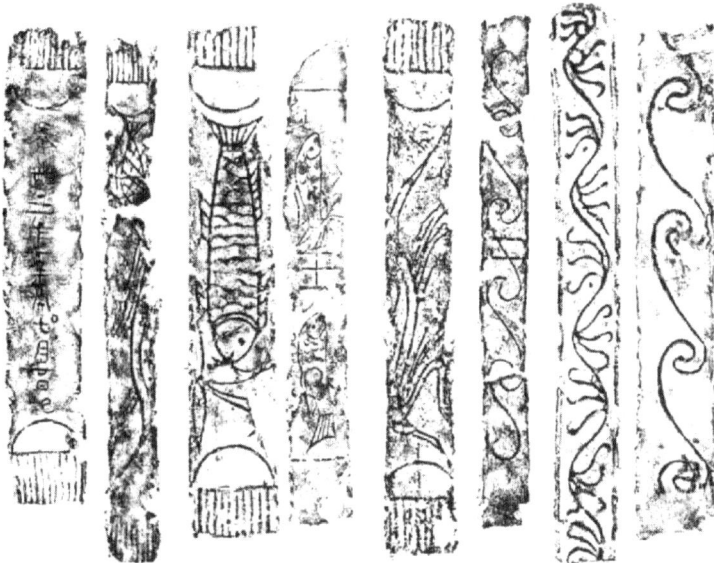

　　磚出福州市閩侯縣南通鎮古城村園林山南坡 2 號刀字形券頂磚室墓，規格不一。磚面壓印繩紋，側面模印錢紋，以及雙環紋、梳篦紋、捲雲紋、草紋、龍紋和葉脉紋等的組合紋。銘文磚位于墓室封門墻外層，一共兩塊。[1] 銘文楷書，位于磚側中間，上下兩端飾梳篦紋。該墓出土 6 件青瓷器，位于墓底。"丁未"即劉宋明帝泰始三年(467)。

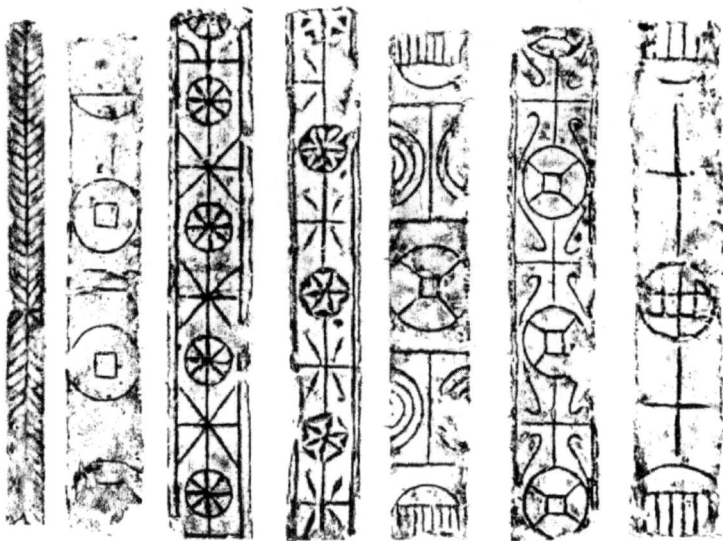

泰豫元年（472）磚

　　　　泰豫元年八月。（側面）

　　磚出福州市閩侯縣南通鎮古城村園林山南坡 1 號券頂磚室墓，青灰色，規格不一。磚面壓印繩紋，側面飾錢紋、卷雲紋、葉脉紋，以及蓮瓣紋、梳篦紋、魚紋、龍紋、捲雲紋和葉脉紋等的組合紋，另外于墓室堆土中發現兩塊楔形磚，側面模印士人圖案和花草紋。少量銘文磚位于墓壁，銘文篆書。[2]

---

①　福建博物院：《閩侯縣古城村南朝墓發掘簡報》，《福建文博》2012 年第 4 期。

②　福建博物院：《閩侯縣古城村南朝墓發掘簡報》，《福建文博》2012 年第 4 期。

永明元年（483）磚

永明元年……。

磚出福州市倉山區桃花山、樂群路和洋桃嶺一帶,具體情況不詳。[1]

永明四年（486）磚

永明四年七月廿五日……。（楔形磚側面）

磚出南平市政和縣石屯鎮西北面蝴蝶街村後山 2 號凸字形單室券頂磚室墓,有長方形和楔形兩種。長方形磚長 32 厘米,寬 16 厘米,厚 6 厘米;楔形磚長 32 厘米,寬 16 厘米,厚 3.5～5 厘米。磚面壓印繩紋,四側模印人形紋、對角交叉紋、三綫交叉紋、葉脉紋,以及平行長直綫和平行短斜綫組合紋飾。墓室內砌有 15 個磚柱,隨葬器物位于墓室前部和甬道中。[2]

---

① 馬春卿、趙肅芳:《福州市發現六朝古墓》,《考古通訊》1955 年第 2 期。

② 福建博物院:《福建政和石屯六朝墓發掘簡報》,《文物》2014 年第 2 期;福建博物院編著:《政和六朝隋唐墓》,第 164～166 頁。

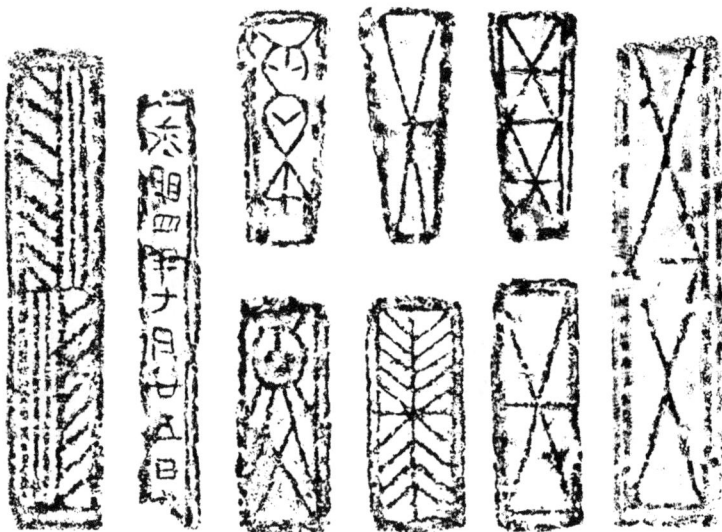

永明四年（486）磚

永明四年八月十日。

磚出福州市倉山區福建師範大學附中校内長方形單室券頂磚室墓，飾魚紋、古錢紋、蕉葉紋等，銘文反書。發掘者于該墓棺臺下清理出銅、鐵和瓷器等20件隨葬品。[1]

永明四年（486）磚

永明四年。

八仙堂、金玉床、延福縣梗。

磚出三明市將樂縣水南機磚廠内山丘上的凸字形券頂磚室墓，紅褐色，飾古錢紋、龍紋和菊花紋等，有長方形和楔形兩種。長方形磚長 32.5～35 厘米，

---

[1] 馬春卿：《福州倉山區福建師範學院附中校内發現南齊時代墓葬》，《文物參考資料》1955 年第 12 期。

寬 16.5 厘米,厚 6～6.5 厘米;楔形磚長 32.5～35 厘米,寬 16.5 厘米,厚 4.5～
6.5 厘米。該墓所出隨葬品,以青瓷器爲主。[1] 簡報未附銘文磚拓片圖影,銘
文具體情況不詳。"八仙堂"和"金玉床",應是吉祥語;"延福縣梗"四字,無法
理解,可能識文有誤。

永明五年（487）磚

永明五年起。（端面）

磚出南平市政和縣東平鎮新口村牛頭山東南坡 837 號凸字形單室券頂磚
室墓,一面壓印繩紋,四側模印交叉紋、人形紋等,銘文反書。出土隨葬品 4
件,均爲青瓷盞。[2]

永明七年（489）磚

永明七年……。

---

[1] 將樂縣博物館:《將樂水南南朝墓》,《福建文博》1995 年第 2 期;余生富:《三明市三十年文
物考古綜述》,《福建文博》2011 年第 3 期。

[2] 福建省博物館、政和縣文化館:《福建政和松源、新口南朝墓》,《文物》1986 年第 5 期;福建
博物院編著:《政和六朝隋唐墓》,第 240～241 頁。

　　磚出福州市倉山區桃花山 1 號單室券頂磚室墓，飾古錢紋、龍紋、魚紋和蕉葉紋等，具體情況不詳。該墓出土銅器、陶器和瓷器等隨葬品 15 件。[①]

隆昌元年（494）磚

　　隆昌元年七月廿日，爲王智首造專。（側面）

　　磚出泉州晉江市池店鎮霞福村券頂磚室墓，青灰色，有長方形和楔形兩種，飾梳篦紋、纏枝紋、團花紋、錢紋、龍紋、朱雀紋、虎紋和神人紋等。銘文陰刻，字體近于行楷。該墓十字形，帶左右耳室，墓內砌有磚柱 13 個，出土黃金墜、滑石豬、青瓷器和料珠等隨葬器物。[②] 據銘文可知，墓主顯然是王智首，造磚者可能是其家人。然而如果是親屬爲王氏營墓造磚，應有尊稱，或避其名諱，而不是直呼其名。據推測，王智首可能爲梁安郡郡守王僧興的父輩。[③]

---

①　馬春卿、趙肅芳：《福州市發現六朝古墓》，《考古通訊》1955 年第 2 期；林釗：《福建省四年來古墓葬清理簡況》，《文物參考資料》1957 年第 1 期；《福州市桃花山南齊古墓清理簡報》，福建博物館編：《福建考古資料彙編：1953—1959》，第 125～127 頁。

②　晉江市博物館：《霞福南朝墓清理簡報》，《福建文博·晉江文物專輯》2000 年第 1 期；福建省泉州市文管辦、福建省晉江市博物館：《福建晉江霞福南朝紀年墓》，《南方文物》2000 年第 2 期；陳明忠：《試析福建六朝墓磚銘文》，《福建文博》2013 年第 2 期。

③　林昌丈：《試論漢六朝閩地人群的編户化進程——以墓磚銘文爲中心》，《文史哲》2019 年第 2 期。梁安郡和王僧興的情況，參見廖大珂：《梁安郡歷史與王氏家族》，《海交史研究》1997 年第 2 期。

建武元年（496）磚

建武元年太歲丁丑九月。（楔形磚窄側面）

　　磚出南平市政和縣石屯鎮洋後村翻身壟自然村東側龜山 15 號刀形單室券頂磚室墓，有長方形和楔形兩種。長方形磚長 40 厘米，寬 15 厘米，厚 7 厘米；楔形磚長 40 厘米，寬 15 厘米，厚 4.5～7 厘米。四側模印獸面紋、人面紋、魚紋、葉脉紋和交叉幾何紋。銘文正書。[①] "建武元年"的干支紀年是"甲戌"，而非"丁丑"。

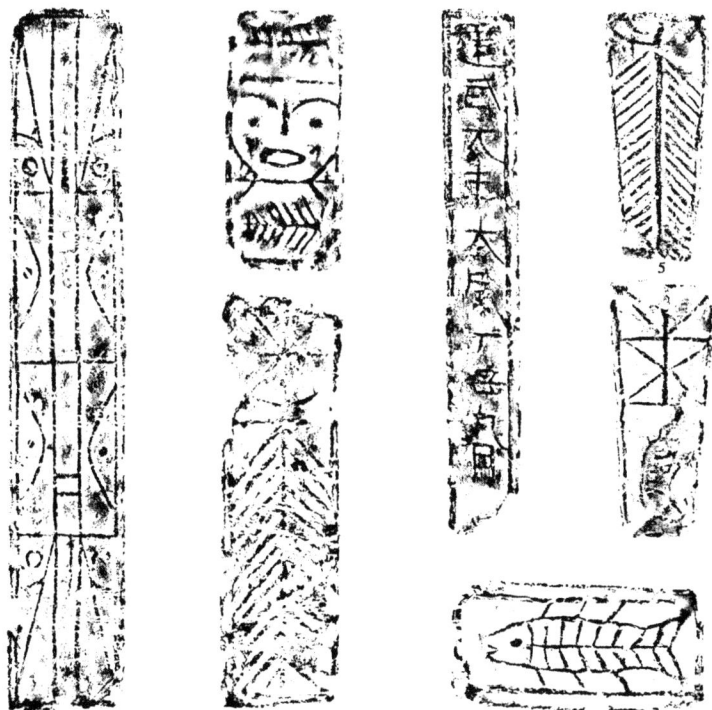

---

① 福建博物院編著：《政和六朝隋唐墓》，第 232～235 頁。

建武四年（497）磚

齊建武四年太歲丁丑六月十一日造。（側面）

　　磚出福州市閩侯縣荊溪鄉關口村東橋頭山山坡上 2 號單室券頂磚室墓，青灰色，飾梳篦紋、錢紋和蕉葉紋等。該墓所出隨葬品有瓷器 10 件。[①] 齊明帝建武四年太歲即"丁丑"。

永元元年（499）磚

永元元年六月□□日。

　　磚出南平市延平區八一路建工大樓基建工地券頂磚室墓，有紅色和灰色兩種，飾網格紋、葉脉紋和人面紋等。簡報所附拓片圖影，模糊不清。[②]

---

① 黄漢杰：《閩侯關口橋頭山發現古墓》，《考古》1965 年第 8 期。
② 林忠幹、盧保康：《南平市首次發現晉代墓群》，《福建文博》1983 年第 1 期。

天監五年（506）磚

天監五年作。（楔形磚端面）

太歲丙戌七月。（楔形磚端面）

磚出建甌市木（穆）墩鄉龍販山多室券頂磚室墓，灰色，有長方形和楔形兩種。磚面飾繩紋、蕉葉紋，四側模印蓮花紋、方格紋和米字紋等，銘文反書。該墓隨葬品以青瓷器爲主。[1] 梁武帝天監五年，太歲在丙戌。

天監十一年（512）磚

天監十一（？）年。

磚出泉州南安市豐州鎮桃源村皇冠山 12 號、20 號券頂磚室墓，飾佛像人物圖案、蓮花紋、魚龍紋和朱雀紋等。[2]

---

[1]　許清泉：《福建建甌木墩梁墓》，《考古》1959 年第 1 期。

[2]　福建博物院、泉州市博物館、南安市博物館：《福建南安市皇冠山六朝墓群的發掘》，《考古》2014 年第 5 期。

天監十四年（515）磚

　　梁天監十四年太歲乙未八月辛未朔五日乙亥建作。

　　磚出福州市羅源縣桂林鄉（起步鎮桂林村）券頂磚室墓，飾龍紋、鳳凰紋、蓮花紋、魚紋和錢紋等。墓葬破壞嚴重，具體情況不詳。[1] 天監十四年太歲在乙未，八月朔正是辛未日，逾五日乃丁戌，非乙亥。

---

[1]　林釗：《福建羅源縣發現石器及六朝、唐代墓葬》，《文物參考資料》1954 年第 6 期。

承聖四年（555）磚

　　承聖四年，[上]洪[方]建立。

　　上、方、將斧、薄斧、大斧、使馬、小使、大使、厚使、中□。

　　磚出泉州市豐澤區北峰鎮招豐村石角山凸字形券頂磚室墓，有長方形和楔形兩種，飾佛像人物紋、圓錢四出紋和斜方格紋等，以及這些紋飾的組合紋。銘文反書、陽文。[①] 在"承聖四年"紀年磚中，"上"字正書，"方"字反書。前者標

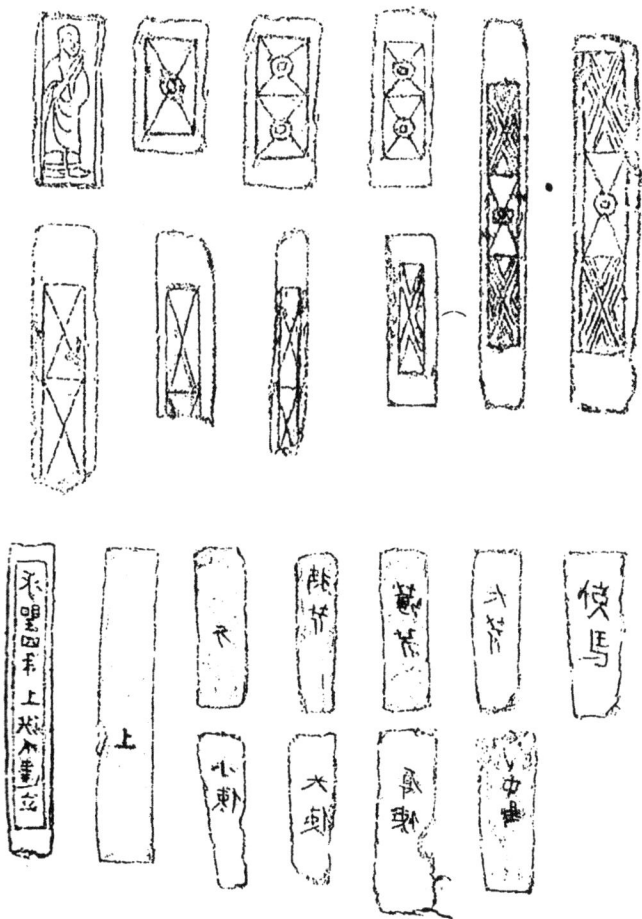

---

① 　泉州市文物保護研究中心：《泉州北峰南朝墓清理簡報》，《福建文博》2005 年第 2 期。

識墓磚的位置,後者説明墓磚的規格。這二字應單獨來理解,而不是報告者所説的"上洪方"是該墓的建造者。其他諸如"薄斧""大使""小使"等,指的都是墓磚的規格。這樣便于工匠建墓時對券頂、墓壁等進行拼接。

光大元年(567)磚

> 光大元年六月。

磚出南平市松溪縣舊縣鄉游墩村後嶺尾 2 號券頂磚室墓,具體情況不詳。[1]

南朝"横床冢"磚

> 游孝有郡卿作横床冢。(楔形磚側面)

磚出建甌市水南機磚廠工地 1 號刀形單室券頂磚室墓,灰紅色,有長方形

---

[1] 松溪縣文化館 1986 年清理資料,轉引自林忠幹、林存琪等:《福建六朝墓初論》,《福建文博》1987 年第 2 期;亓慧林:《松溪流域古文化的考古學觀察》,厦門大學碩士學位論文,2011年,第 8~9 頁。

和楔形兩種。長方形磚長 31 厘米,寬 14.5 厘米,厚 7 厘米;楔形磚長 31 厘米,寬 14.5 厘米,厚 5～6.8 厘米。磚面壓印網格紋,四側模印對角交叉紋。該墓沒有明確的紀年銘文,簡報作者根據隨出的器物判斷屬于南朝中晚期墓。[①] 報告者認爲"游孝有"爲墓主姓名,"郡卿"是對一般士族的尊稱。按,"游孝"當作"游徽"。有關"郡卿"的考釋,參見上文"元嘉二十九年磚"條。"橫床冢"即上文的"橫堂冢"。

[①] 建甌縣博物館:《建甌水南機磚廠南朝墓》,《福建文博》1989 年第 1、2 期合刊;建甌縣博物館:《福建建甌水南機磚廠南朝墓》,《考古》1993 年第 1 期。

江西省

"此上人馬皆食大倉"磚

此上人馬,皆食大倉。(側面)

磚出撫州市黎川縣,長33厘米,寬17.5厘米,厚8厘米,銘文反書,另一側有"騎馬出行"圖案。[①]

---

① 黎旭、吴坤龍編著:《古磚經眼録·江西篇》,北京:中國書店,2012年,第18～19頁。

永元七年（95）磚

永元七年三月十四日。

磚嵌于九江市都昌縣大屋場村民房的墻壁上，具體情況不詳。[①]

永初三年（109）磚

永初三年□黄□。

磚出撫州市，長 32 厘米，寬 13 厘米，厚 6.5 厘米，銘文反書。[②]

永初七年（113）磚

永初七年九月。
永初四年七月中作。

[①] 周振華：《鄡陽城址初步考察》，《江西歷史文物》1983 年第 1 期。
[②] 黎旭、吳坤龍編著：《古磚經眼録·江西篇》，第 6 頁。

　　磚出九江市湖口縣文橋鄉象山張村西 200 米處山坡上的東漢墓葬。墓磚紋飾有菱形網格紋、水波紋和對角幾何紋等。共出紀年磚 4 塊，其中 3 塊銘文相同，反書"永初七年九月"，另外 1 塊銘文反書"永初四年七月中作"。[①]

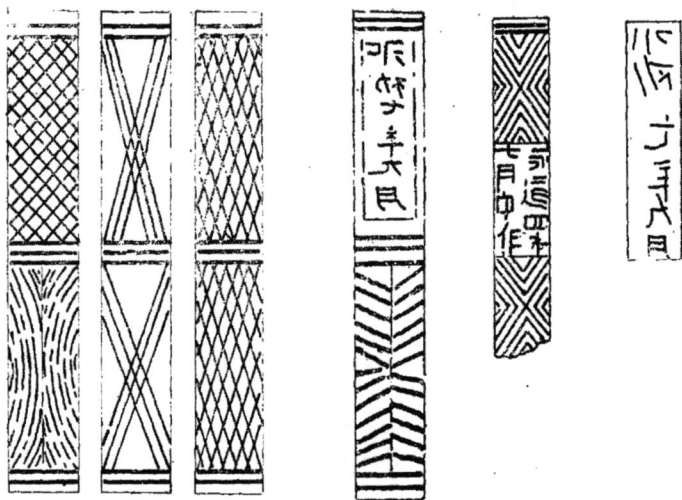

永寧元年（120）磚

　　永寧八月朔吉。

　　磚出撫州市，長 37 厘米，寬 11.5 厘米，厚 8 厘米，銘文位于對稱性半圓圈紋間。[②] 永寧二年七月改建光元年(121)，因此此磚文的"永寧八月"，當是永寧元年八月。

---

① 楊赤宇：《湖口縣象山東漢紀年墓》，《江西歷史文物》1986 年第 1 期。
② 黎旭、吳坤龍編著：《古磚經眼録・江西篇》，第 7 頁。

中平二年（185）磚

中平二年太歲乙丑六月戊戌朔一日庚□/所造，李□□。/

　　磚出撫州市，長 34.5 厘米，寬 18 厘米，厚 7 厘米，銘文陽文、正書。[①] 第二行銘文間飾龍紋。中平二年，恰是太歲乙丑；六月朔，亦是戊戌；"朔一日"當是己亥。

東漢"天山下老歸黃"磚

天山下老歸黃。

烏還柱石左老。

請司馬誠□上長。

　　磚出撫州，長 29 厘米，寬 22 厘米，厚 8 厘米，銘文位于長方形磚的側面和

---

① 黎旭、吳坤龍編著：《古磚經眼錄·江西篇》，第 9 頁。

端面,字體介于隸篆間。另有二磚,其一長 25 厘米,寬 20 厘米,厚 6 厘米,銘文爲"面光山下老歸黃,烏還柱石上有車馬,請司馬誠□□";其二長 29 厘米,寬 20.5 厘米,厚 7 厘米,銘文爲"首光山下人老□,請司馬誠□□,歸烏黃還柱石"。[①] "歸黃",歸于黃泉之意。

---

① 黎旭、吳坤龍編著:《古磚經眼録·江西篇》,第 16、32～33、38～39 頁。

東漢"天帝師"磚

大吉羊宜侯王天帝師予此培土/（側面）陵;土吉當日光宜子孫樂未/（側面）央。三百歲合□/（端面）□楚泊桂柯于□。/（端面）

大吉羊天帝師出此培土陵;土吉當/（側面）日光富貴樂未央宜子孫。/（側面）泊桂樹于□□;/（端面）浦高堂于□。/（端面）

大吉羊天帝師予此培土陵,土吉當/（側面）日光宜子孫,浦高堂三百歲。/（側面）

吉土作玉堂富且貴樂,/（側面）大吉羊,天帝師予此培土陵。/（側面）

善作玉堂,富且貴,樂/（側面）大吉羊,天帝師予此培土陵。/（側面）

磚4種,出撫州市,長36厘米,寬12～14厘米,厚7厘米,銘文連讀,分別位于側面和端面,每面各2行,字體介于隸篆間。[①] 此外,還有1磚,長38厘米,寬12厘米,厚7.5厘米,銘文和第三磚基本一致。"土吉"當即"吉土";"玉堂""高堂",或表示棺床、棺椁。總的來看,這五種磚銘主要是吉語,但諸如"天帝師""土吉當日光"的表達,也有表示鎮墓之意。

---

① 黎旭、吳坤龍編著:《古磚經眼錄·江西篇》,第28～29頁。

永安六年（263）熊氏磚

吴永安六年/八月熊西城葬/熊南城君小□孫墓。/

磚出南昌市南郊東吴磚室墓，飾纏枝紋、網錢紋、對角紋、方格紋和變形魚

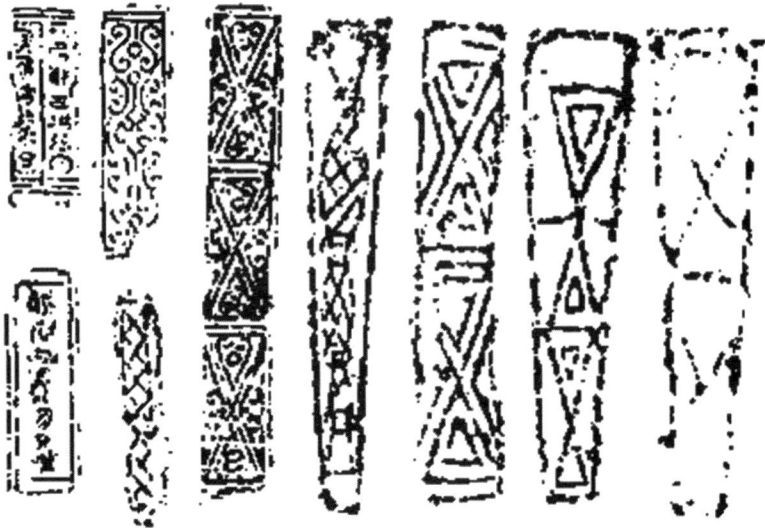

形網紋等。① "熊西城""熊南城",當是兄弟輩。

滙里郎家磚

滙里郎家。(側面)

郎氏□。(側面)

磚出樟樹市山前鄉城山 3 座東吴磚室墓。墓磚側面印有 6 組軸對稱同心半圓圈紋。② "滙里"應是當地的里名;"郎",即"郎氏",爲姓氏。

太康五年(284)磚

太康五年太歲在戊辰九月二日立。(側面)

磚出撫州,長 39 厘米,寬 20 厘米,厚 4 厘米,銘文陽文、正書。③ 太康五年太歲在甲辰,而非戊辰,磚文誤。

① 秦光杰:《南昌市郊吴永安六年墓》,《文物工作資料》1965 年第 1 期;秦光杰:《江西南昌市郊吴永安六年墓》,《考古》1965 年第 5 期。

② 傅冬根:《清江山前東吴墓》,《江西歷史文物》1986 年第 2 期。

③ 黎旭、吴坤龍編著:《古磚經眼録·江西篇》,第 64～65 頁。

太康六年（285）南陽孟氏磚

太康六年乙巳三月二日，南陽孟氏立作。

磚出九江市九江縣城子鎮 3 座西晉墓葬。梁洪生認爲孟姓乃墓主及其家人的姓氏，證據是磚文模印了詳細的年月日。[①] 3 座墓葬出土相同内容的磚文，表明它們很有可能在同時營造。倘若孟氏是匠人，應無必要將籍貫模印在磚文上。而這樣的做法對墓主及其家庭成員來説，則更有意義。墓葬所在地，轄屬于西晉時期的豫章郡柴桑縣。吴晉時期，這里成爲北方流民南渡的聚集地之一。"南陽孟氏"可能渡江未久，在晉平吴後仍舊以原籍地自稱。

太康七年（286）磚

太康七年□二作□□。

功 曹。

磚出宜春市靖安縣雙溪鎮雷公尖綜合墾殖場虎山分場的 1 號券頂磚室

---

① 梁洪生：《考古資料中的唐以前江西姓氏考察》，《江西文物》1991 年第 2 期。

墓。墓磚端面有錢心葉脉紋,銘文反書。[1] 墓主生前曾擔任功曹。

太康九年（288）磚

太康九年,校尉葬□□。

磚出宜春市靖安縣雷公尖綜合墾殖場虎山分場的 2 號磚室墓。墓磚端面有錢心葉脉紋,銘文陽文、正書。[2] "校尉",見文士丹的考述。[3]

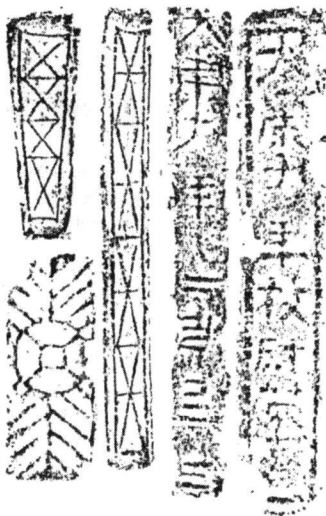

元康磚

元康□年。

磚出瑞昌市橫港赤岡嶺,具體情況不詳。[4]

---

① 陳定榮、李科友、文士丹:《靖安虎山西晉、南朝墓》,《江西歷史文物》1985 年第 2 期;江西省文物工作隊:《江西靖安虎山西晉、南朝墓》,《考古》1987 年第 6 期。

② 陳定榮、李科友、文士丹:《靖安虎山西晉、南朝墓》,《江西歷史文物》1985 年第 2 期;江西省文物工作隊:《江西靖安虎山西晉、南朝墓》,《考古》1987 年第 6 期。

③ 文士丹:《關于虎山二號墓的墓主》,《江西歷史文物》1985 年第 2 期。

④ 劉禮純:《江西瑞昌發現兩座東漢墓》,《考古》1986 年第 8 期。

永興二年（305）磚

永興二年六月造。（側面）

梨氏。（端面）

大富貴。（端面）

　　磚出撫州市，長 32.5 厘米，寬 16 厘米，厚 4 厘米，褐色，磚面壓印交叉紋，銘文陽文、正書。[①] 永興二年歲在乙丑。"梨氏"，可能爲墓主或其親屬姓氏。

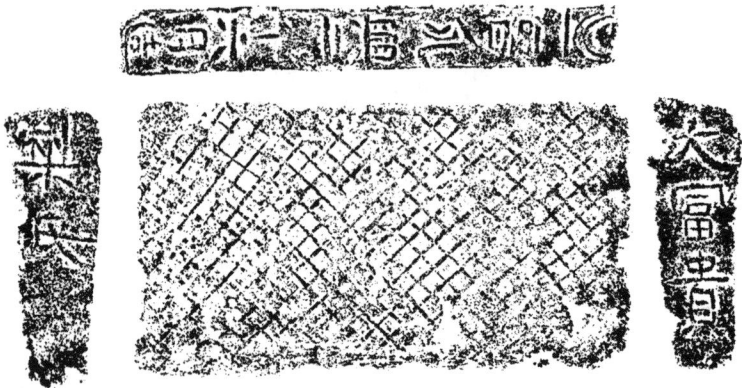

大興二年（319）磚

大興二年。（端面）

大興二年，樊五官。（側面）

　　磚出撫州市，長 33 厘米，寬 17 厘米，厚 5 厘米，銘文陽文、正書。[②]　"五官"乃"五官掾"之省稱，爲郡國屬官。由此可知，墓主可能爲樊氏，曾擔任郡國五官掾。

---

① 黎旭、吳坤龍編著：《古磚經眼録·江西篇》，第 66～67 頁。

② 黎旭、吳坤龍編著：《古磚經眼録·江西篇》，第 68～69 頁。

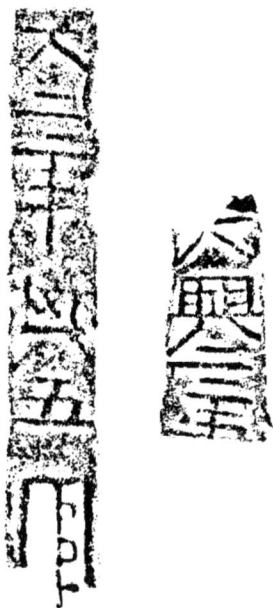

咸和七年（332）喻襜磚

　　吴故尚書左丞豫章國海昏縣/都鄉舉里喻襜字子裕,年五十三,/以天紀二年卒,葬于本縣舊墓,西(四?)接/蕭條,不安,以咸和七年十一月壬子朔廿四/日改葬南昌縣南出廿里漢故聘士/徐穉墓之南一里。襜之先出自有周/鄭恒公友之冑裔也。/

　　磚出南昌市青雲譜區八大山人廣場北的 1 號“中”字形券頂磚室墓,銘文隸書,嵌于前室壁龕中,共 7 行,有界格和邊框。墓室由墓道、墓門、甬道、前室和後室組成,出土木棺、青瓷燈盞、金器、木器和滑石豬等隨葬品。[1] “都鄉舉里”是墓主喻襜的里籍。他先是葬于海昏縣的舊墓,時隔 54 年後,改葬于南昌縣南徐穉(徐孺子)墓南 1 里。

---

[1] 江西省文物考古研究所、南昌市博物館:《南昌青雲譜梅湖東晉紀年墓發掘簡報》,《文物》2008 年第 12 期;王上海、李國利:《試析南昌青雲譜梅湖東晉紀年墓銘文磚》,《文物》2008 年第 12 期。

建元元年（343）鄧氏磚

建元元年。（端面）

鄧氏。（端面）

磚二種，出上饒市鄱陽（波陽）縣北關彭家山土坑磚室墓，長 34 厘米，寬
17.5 厘米，厚 5.5 厘米，側面飾錢紋，面壓印麻布紋。墓葬分前後二室，出土隨
葬器物不詳。① 鄧氏或爲墓主姓氏。

永和四年（348）薛令磚

永和四年六月壬子朔廿二日癸酉立。

薛令馨周大夫冢，故紀。

磚出撫州鎮（今撫州市）南郊約 2 公里的江西建新磚瓦廠工地上的凸字形

---

① 鄧道煉：《波陽古磚研究》，政協波陽縣委員會文史資料研究委員會編：《波陽文史資料》第
11 辑，1996 年，第 80 頁。

券頂磚室墓,磚面壓印葉脉紋,側面飾同心半圓紋和錢紋,銘文磚發現于甬道上。該墓前室後壁中央砌有一磚柱,出土瓷碟、石猪、金髮釵、銀圈和銅鏡等隨葬器物。[1] 據《宋書·州郡一》徐州刺史"彭城太守"欄,薛縣乃漢舊縣,屬魯郡,晋惠帝元康中度屬彭城。墓主"馨周",生前曾擔任薛令。

永和五年（349）、十二年（356）磚

　　永和五年八月初立。（側面）

　　永和十二年丙辰歲七月廿。（側面）

　　□墓吉。（端面）

　　磚出清江市洋湖鎮東面一綿延 3 里長的青山塯 12 號凸字形券頂磚室墓,多素面,少部分有纏枝紋、對角幾何紋和半圓形紋。[2] 據銘文可知,此墓爲永和

① 余家棟:《撫州鎮清理東晉永和四年墓》,《文物工作資料》1965 年第 3 期;《江西撫州鎮發現東晉墓》,《考古》1966 年第 1 期。

② 秦光杰:《清江洋湖晉墓發掘報告》,《文物工作資料》1964 年第 2 期;江西省文物管理委員會:《江西清江洋湖晉墓和南朝墓》,《考古》1965 年第 4 期。

五年初次營造，永和十二年（356）下葬。"永和十二年"銘文的後部分内容，當是 3 號墓中所出的"九日癸巳典□令黄氏墓"。據陳垣《二十史朔閏表》，七月廿九日正是癸巳。3 號墓已有"曾氏"的相關銘文，則此磚原先應屬于 12 號墓。若此看法不誤的話，12 號墓主爲黄氏。

永和八年（352）磚

　　永和八/年太歲/在壬子/季(?)，以其/年七月/十四日/上(亡?)，以八/月廿六/日起□/李且之/之冢，宜/子孫，/記之。/（側面）

　　富貴宜官舍。（端面）

　　磚出撫州，長方形，長 39.5 厘米，寬 19 厘米，厚 7.5 厘米。[1] 側面銘文共 13 行，每行 2～3 字；端面銘文是吉語。晉穆帝永和八年，正是壬子歲。"上"，或是"亡"字。墓主"李且之"，或卒于永和八年七月十四日，下葬于八月廿六日。

---

[1]　黎旭、吳坤龍編著：《古磚經眼録・江西篇》，第 70～71 頁。

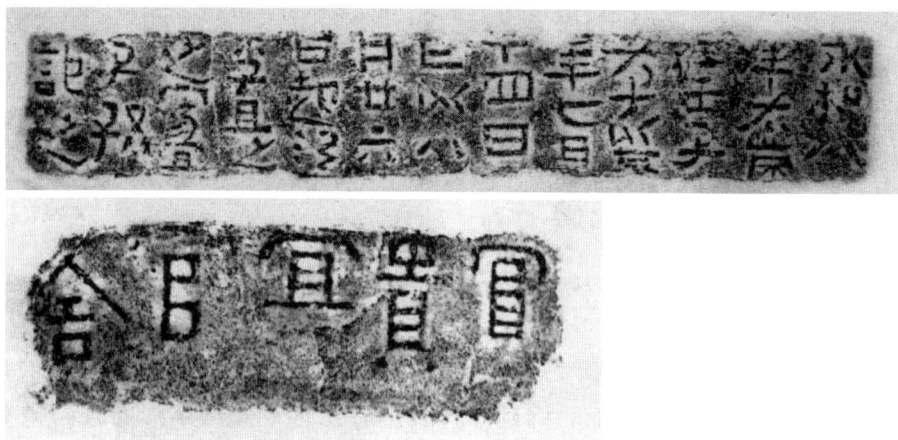

永和十二年（356）曾氏墓磚

永和十二年丙辰歲曾氏。（側面）

曾氏立。（端面）

磚出清江市洋湖鎮東面一綿延 3 里長的青山塪 3 號凸字形券頂磚室墓，

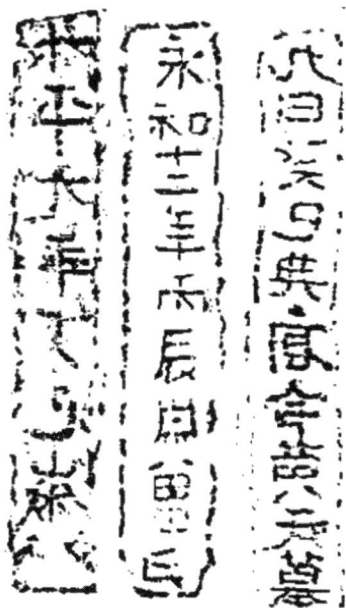

多素面,少部分有纏枝紋、對角幾何紋和半圓形紋,除"永和十二年"銘文正書外,其他反書。墓中還出土"升平元年丁巳歲□""九日癸巳典□令黄氏墓"的銘文。[1] 墓葬立于永和十二年,升平元年或爲下葬時間,墓主當是曾氏。

升平元年（357）李氏磚

升平元年丁巳歲。（側面）
李氏。（端面）

磚出清江市洋湖鎮東面一綿延 3 里長的青山塙 4 號凸字形券頂磚室墓,多素面,少部分有纏枝紋、對角幾何紋和半圓形紋。[2] 按照 3 號、12 號墓的銘文,可知李氏或是墓主姓氏。

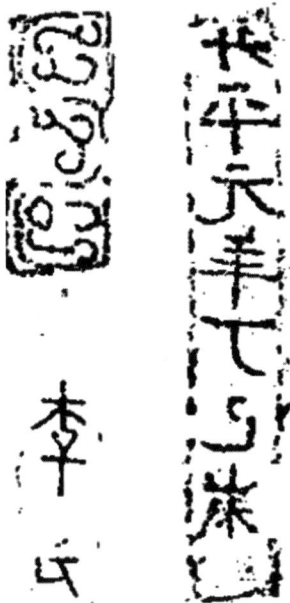

① 秦光杰:《清江洋湖晉墓發掘報告》,《文物工作資料》1964 年第 2 期;江西省文物管理委員會:《江西清江洋湖晉墓和南朝墓》,《考古》1965 年第 4 期。
② 秦光杰:《清江洋湖晉墓發掘報告》,《文物工作資料》1964 年第 2 期;江西省文物管理委員會:《江西清江洋湖晉墓和南朝墓》,《考古》1965 年第 4 期。

升平五年（361）熊氏磚

　　升平五年，熊氏。

　　隆和元年，熊氏。

　　磚出南昌市青雲譜區八大山人梅湖景區磚室墓，銘文正書，其他情況不詳。

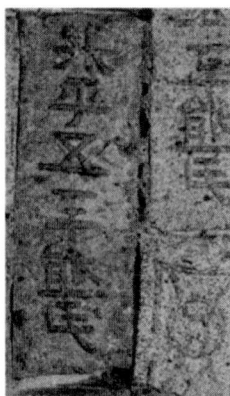

寧康二年（374）桂氏墓磚

　　寧康二年九月五日桂氏墓。（側面）

　　桂氏墓。（端面）

　　磚出清江市洋湖鎮東面一綿延 3 里長的青山塢 5 號磚室墓，青灰色，飾有纏枝紋、方格紋等。[①] "桂氏"顯然是此墓主人的姓氏。

---

① 容媛:《贛西發現漢晉古墓》,《燕京學報》第 31 期,1946 年;秦光杰:《清江洋湖晉墓發掘報告》,《文物工作資料》1964 年第 2 期。

寧康二年（374）磚

寧康二年十月二十三日。

磚出九江市都昌縣蘇山鄉得勝村養家山磚室墓，飾有網錢紋、人字紋等。[1]

大亨元年（402）磚

大亨元年七月廿六日，陳立。

磚出撫州市，長 31 厘米，寬 15 厘米，厚 6 厘米，銘文陽文、正書。[2]《晉書·桓玄傳》曰：“大赦，改元爲大亨。”[3]桓玄改隆安爲大亨。此磚出自當時的江州地區，則當地士人或奉桓玄正朔。

① 王友松：《都昌縣的漢墓》，《江西歷史文物》1986 年第 2 期。
② 黎旭、吴坤龍編著：《古磚經眼録·江西篇》，第 72～73 頁。
③ 《晉書》卷 99《桓玄傳》，第 2590 頁。

晉梁州刺史梁使君磚

晉梁州刺史梁使君。

晉梁州刺史。

磚出九江市玉兔山晉墓 4 號磚室墓,青灰色,其中銘文磚嵌于該墓後室墓壁腰上部。[1] 從銘文表述來看,此墓很有可能屬于晉墓。梁州,《宋書·州郡三》"梁州刺史"欄下曰:"李氏據梁、益,江左于襄陽僑立梁州。李氏滅,復舊。"[2]磚文沒有明確的紀年,墓主梁使君所任梁州刺史,無論原梁州還是僑立于襄陽的梁州,皆有可能。

雷天有磚

雷天有。

---

[1] 梁藹立:《九江縣玉兔山發掘一批古墓葬》,《江西歷史文物》1981 年第 1 期。

[2] 《宋書》卷 37《州郡三》,第 1144 頁。

磚出九江市永修縣楊家嶺軍山磚瓦廠的晉代磚室墓，飾網綫紋、對角幾何紋。[①]“雷天有”，可能爲工匠。

平固令磚

> 平固令。
>
> 壽六十歲功臣平固令。
>
> 府君。
>
> 度支（？）。

磚出贛州市興國縣永豐鄉馬良村山坡上的長方形單室券頂磚室墓，有長方形和刀形兩種，磚面壓印網格紋，端面飾錢紋。[②] 據銘文可知，墓主生前曾擔任平固令，平固轄屬于南康郡。另外，“度支（？）”也應是墓主生前擔任的官銜。

---

① 許智範：《樂平、永修、上高縣發現古墓葬》，《文物工作資料》1976 年第 1 期。

② 興國縣革命歷史博物館等：《興國縣發現東晉墓和南朝紀年墓》，《江西歷史文物》1984 年第 2 期。

"君□而富"磚

磚出宜春市宜豐縣潭山鎮肖家山斜坡上的磚室墓,側面飾車馬紋,正面壓印斜格紋。部分墓磚刻有銘文"君□而富"字樣。

永初二年(421)磚

　　永初二年吉。(側面)

磚出九江市修水縣三都董家圳券頂磚室墓,飾有網錢紋、籬笆紋,銘文隸書、反文。[1]

景平元年(423)胡氏磚

　　景平年胡。
　　胡氏立。

磚出贛州市贛縣儲潭鄉羅溪村上高自然村凸字形單室券頂磚室墓,有長

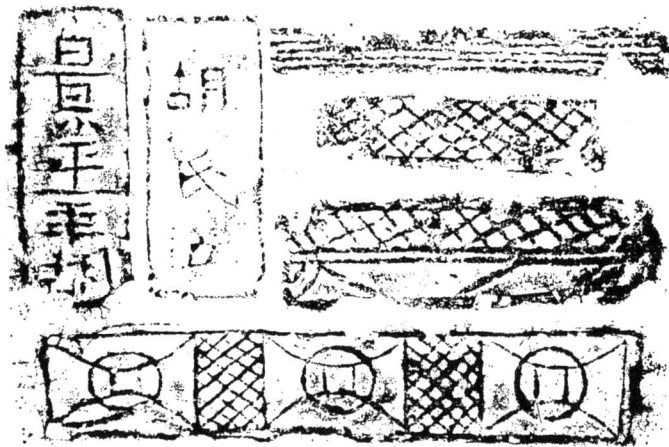

---

[1]　程應麟:《江西修水發現南朝墓》,《考古》1959 年第 11 期。

方形和楔形兩種，正面壓印細繩紋和網紋，側面飾有圈紋、錢紋、網紋和網錢紋，銘文楷書、陽文。該墓出土青瓷器 17 件，陶紡輪 1 件，黛硯 1 件。[1]

元嘉四年（427）磚

元嘉四年七月十日辛（壬？）……。

磚下部殘，出撫州市，殘長 30 厘米，寬 17 厘米，厚 4 厘米，銘文陽文、正書。[2] 元嘉四年七月朔，爲癸酉日，則七月十日當爲壬午。

元嘉七年（430）磚

宋元嘉七年。

宋元嘉七年胡氏。

……年大歲庚午。

---

[1] 贛州地區博物館、贛縣博物館：《贛縣儲潭發現南朝宋墓》，《江西歷史文物》1987 年第 2 期；
贛州地區博物館、贛縣博物館：《江西贛縣南朝宋墓》，《考古》1990 年第 5 期。

[2] 黎旭、吳坤龍編著：《古磚經眼録·江西篇》，第 74 頁。

胡氏。

　　磚出贛州市贛縣儲潭村上高自然村荷樹棟腳下北側 2 號磚室墓,側面與一端分別凸印錢紋和正書銘文。[①] 上録"景平元年"(423)磚有"胡氏立",此磚文中亦有"胡氏"。

元嘉九年（432）磚

　　元嘉九年太歲壬申□月立翟氏之神墓。

　　磚出吉安市峽江縣,其他情況不詳。據銘文可知,墓主爲翟氏。

① 　贛縣博物館:《贛縣發現南朝宋墓》,《江西文物》1989 年第 1 期;賴斯清:《江西贛縣南朝宋墓的清理》,《考古》1996 年第 1 期。

元嘉九年（432）磚

元嘉九年六月造。（側面）

磚出宜春市上高縣泗溪鎮潘家村 1 號磚室墓，飾有網錢紋和蕉葉紋。紀年磚位于墓底。[①]

元嘉十三年（436）磚

宋故太歲庚酉元嘉十三，張氏之靈□。（側面）

磚出吉安市峽江縣，其他情況不詳。元嘉十三年（436）太歲在丙子，非庚酉，磚文誤。

---

① 羅戎：《上高縣清理三座南朝墓》，《江西歷史文物》1983 年第 4 期。

元嘉二十六年（449）磚

宋元嘉廿六年太歲己丑七月乙丑朔三日丁卯立。

磚出撫州市，長 34 厘米，寬 17 厘米，厚 6 厘米，銘文陽文、正書。[1] 元嘉二十六年（449）七月，正是乙丑，則“朔三日”乃是丁卯，磚文無誤。

元嘉二十七年（450）磚

元嘉廿七年。（端面）

磚出樟樹市山前鄉塘源熊村的 3 號、4 號和 9 號磚室墓，飾錢紋和交叉幾何紋的組合紋，銘文反書。[2]

---

[1]　黎旭、吳坤龍編著：《古磚經眼錄·江西篇》，第 75 頁。

[2]　清江縣博物館：《清江縣山前南朝墓》，《江西歷史文物》1981 年第 1 期；《江西清江山前南朝墓》，《文物資料叢刊》第 8 輯，第 68～72 頁。

孝建元年（454）磚

孝建元年甲午歲。

磚出宜春市上高縣泗溪鎮墓田村的券頂磚室墓，飾網錢紋，其他情況不詳。[1] 劉宋孝武帝孝建元年，正是歲在甲午。

大明六年（462）磚

大明六年歲在壬寅十一月□□□□。（側面）

磚出贛州市興國縣永豐鄉馬良村新樟生産隊禾鐮腦山坡上的凸字形券頂磚室墓，平面壓印網結紋，端面飾錢紋，側面飾魚紋，銘文陽文、正書。[2] 銘文"十一月"後四字，無法辨認，似有"作"字。

---

[1] 許智範:《樂平、永修、上高縣發現古墓葬》,《文物工作資料》1976 年第 1 期。

[2] 興國縣革命歷史博物館等:《興國縣發現東晉墓和南朝紀年墓》,《江西歷史文物》1984 年第 2 期。

泰始六年（470）聶氏磚

泰始六年，聶。

磚出樟樹市東南 8 公里潭埠地區的 3 號磚室墓，飾網狀錢紋和纏枝紋，銘文正書。[1]

元徽元年（473）磚

磚出贛州市南康區橫寨鄉橫寨中學的券頂磚室墓，側面紋飾有四出錢紋、交叉紋、交叉四出錢組合紋以及葉脉紋。銘文有"元徽元""黃"等。[2]

永明二年（484）磚

甲子歲永明二年□月……。（側面）

磚出贛州市興國縣永豐鄉馬良村塘窩子山岡上的凸字形券頂磚室墓，長

---

[1] 江西省博物館考古隊：《江西清江南朝墓》，《考古》1962 年第 4 期。

[2] 黃衛國：《南康橫寨南朝墓》，《南方文物》2001 年第 4 期；黃衛國：《江西南康市橫寨鄉發現南朝墓》，《考古》2005 年第 10 期。

32.5 厘米,寬 15.5 厘米,厚 6 厘米,側面錢紋,銘文正書。①

永明六年（488）磚

　　磚出樟樹市山前鄉塘源熊村的 12 號券頂磚室墓,紀年銘文"永明六年"
4 字。②

永明十年（492）磚

　　磚出樟樹市山前鄉塘源熊村的 5 號券頂磚室墓,紀年銘文"永明十年"
4 字。③

---

① 興國縣革命歷史博物館等:《興國縣發現東晉墓和南朝紀年墓》,《江西歷史文物》1984 年第
　 2 期。

② 清江縣博物館:《清江縣山前南朝墓》,《江西歷史文物》1981 年第 1 期;清江縣博物館:《江
　 西清江山前南朝墓》,《文物資料叢刊》第 8 輯,第 68～72 頁。

③ 清江縣博物館:《清江縣山前南朝墓》,《江西歷史文物》1981 年第 1 期;《江西清江山前南朝
　 墓》,《文物資料叢刊》第 8 輯,第 68～72 頁。

永明十一年（493）京兆皮氏磚

　　齊永明十一年立墓。

　　京兆皮氏。

　　磚出吉安市吉安縣長塘鎮屋場村南齊券頂磚室墓,有長方形和刀形兩種。長方形磚兩塊,一塊平面一邊飾繩紋,一邊素面,左側素面,右側上下各飾蓮瓣紋一朵,中爲"萬世大吉"四字,上端爲"京兆皮氏"4字,下端爲網錢紋。另一塊平面相同,上端飾8個同心圓紋,均勻排列,下端爲網錢紋,右側銘文"齊永明十一年立墓"。刀形磚飾網錢紋。[①] "京兆皮氏"即京兆郡皮氏縣,當是墓主的本籍或郡望。

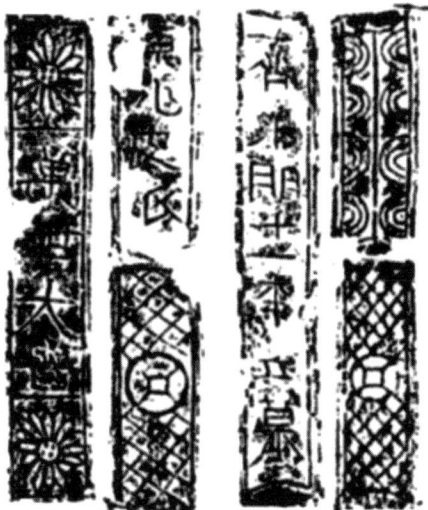

建武三年（496）磚

　　建武三年作。（端面）

　　磚出樟樹市山前鄉塘源熊村的6號券頂磚室墓,飾網錢和交叉幾何紋的

---

① 　許智範:《吉安縣發現南朝齊墓》,《文物工作資料》1975年第5期;平江、許智範:《江西吉安南朝齊墓》,《文物》1980年第2期。

組合紋，銘文陽文、正書。[1]

建武四年（497）磚

齊建武四年七月……。

---

[1]　清江縣博物館：《清江縣山前南朝墓》，《江西歷史文物》1981 年第 1 期；《江西清江山前南朝墓》，《文物資料叢刊》第 8 輯，第 68～72 頁。

磚出贛州市贛縣區白鷺鄉官村營後背壟山脚下的 4 座磚室墓,側面有同心圓、圓蓮花、圓葉脉、圓錢和車輪等紋飾,平面壓印斜方格紋。銘文還有"方,建武四年"、"建武四年"、"方凌"、"凌鈍"、"利小"和"中栓"等。[①] "方"、"方凌"和"中栓",表示的應是墓磚形制和其在墓中的位置。

天監九年(510)磚

> 天監九年太歲庚寅次氏。(側面)
>
> 北岳三洞先主萬氏所製。(側面)

磚出九江市永修縣馬口公社愛華大隊紅旗生產隊(今馬口鎮愛華村)的一座券頂磚室墓,長 30.5 厘米,寬 15.4 厘米,厚 5.4 厘米,其中紀年銘文磚端面錢紋,[②]未見拓片圖影。梁洪生釋"次"字爲"况",認爲"北岳三洞先主"當作"北岳三洞先生"。[③] 東晉《太極真人敷靈寶齋戒威儀諸經要訣》曰:

> 學士若能棄世累,有遠游山水之志,宗極法輪,稱先生。常坐高座讀經,教化愚賢,開度一切學人也。假令本命寅卯,屬東方二辰,稱東岳先生。四方效此。辰戌、丑未生,稱中岳先生。[④]

梁洪生據此認爲"北岳"是依"先生"生辰年份的干支與八卦方位對應而來,可從。磚銘由道人萬氏爲墓主"次"氏所製,體現出一定的宗教含義。不僅如此,萬氏在史書中亦有記載,也是道巫的身份。《南史·袁昂傳》附其子"袁君正"曰:

> 爲豫章内史。性不信巫邪,有師萬世榮稱道術,爲一郡巫長。君正在

---

① 薛翹:《贛縣南朝齊墓》,《江西歷史文物》1982 年第 4 期。

② 楊厚禮:《永修縣發現南朝梁墓》,《江西歷史文物》1981 年第 1 期。

③ 梁洪生:《考古資料中的唐以前江西姓氏考察》,《江西文物》1991 年第 2 期。此外相關論述,參見孫齊:《唐前道觀研究》,山東大學博士學位論文,2014 年;姜望來:《唐前五岳先生小考》,"中國中古史的史實與想像"國際學術研討會會議稿,2017 年。

④ 《道藏》第 9 册,北京:文物出版社、上海:上海書店、天津:天津古籍出版社,1988 年,第 872 頁中欄。

郡小疾，主簿熊岳薦之。師云："須疾者衣爲信命。"君正以所著襦與之，事竟取襦，云："神將送與北斗君。"君正使檢諸身，于衣裏獲之，以爲亂政，即刑于市而焚神。一郡無敢行巫。[①]

墓磚所出地離豫章郡不遠。可見當時在豫章郡一帶活躍著萬氏等道教世家，擁有不少信衆，如郡主簿熊岳和墓主及其家庭成員"次"氏。

天監十六年（517）磚

梁天監十六年大歲丁酉十二月。（刀形磚側面）

磚出贛州市興國縣永豐鄉凌源村山岡上的長方形單室券頂磚室墓，有長方形和刀形兩種，長方形磚主要爲花紋磚，刀形磚主要爲紀年磚。銘文正書。該墓出土數件青瓷器。[②]

---

① 《南史》卷 26《袁昂傳》附其子"袁君正"，北京：中華書局，1975 年，第 716 頁。
② 興國縣革命歷史博物館等：《興國縣發現東晉墓和南朝紀年墓》，《江西歷史文物》1984 年第 2 期。

大同三年（537）磚

梁大同三年。（端面）

……等奉營會（?）堂。（端面）

磚出樟樹市東南8公里的潭埠地區的4號券頂磚室墓，飾網錢紋、蓮瓣紋和纏枝紋，銘文正書。[①]

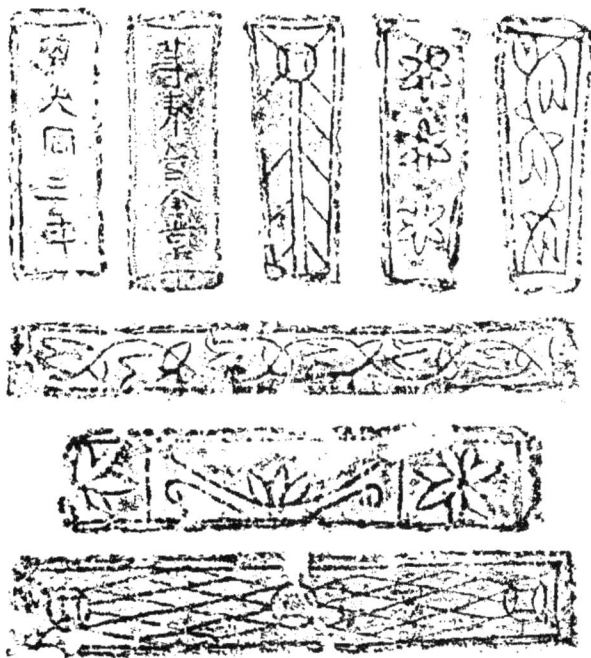

大同七年（541）磚

梁大同七年八月。

磚出贛州市寧都縣石上公社池布大隊（今石上鎮池布村）塘泥排村後山磚

---

① 江西省博物館考古隊：《江西清江南朝墓》，《考古》1962年第4期。

室墓,有長方形和刀形兩種,飾斜方格紋和錢紋等。銘文正書,間有界格。[①]

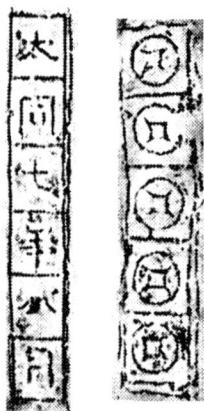

大同磚

磚出贛州市于都縣城關二小南朝磚室墓,一端有半圓圈紋和幾何形紋,另一端有銘文"大同"。隨葬品僅存一件青瓷鉢。[②] "大同"應是年號。

至德二年（584）磚

至德二年。

大利。

磚出樟樹市經樓鎮江背村西山坡的券頂磚室墓,平面素面無紋,側面模印車輪紋、網格紋,銘文反書。[③]

---

① 唐昌僕:《寧都發現南朝梁墓》,《文物工作資料》1973 年第 11 期。
② 萬幼楠:《于都縣發現南朝墓葬》,《江西歷史文物》1981 年第 3 期。
③ 付東根:《清江縣經樓南朝紀年墓》,《江西歷史文物》1983 年第 4 期;清江縣博物館:《江西清江經樓南朝紀年墓》,《文物》1987 年第 4 期。

壬元磚

磚出贛州市于都縣嶺背鄉水頭村附近山頭 1 號磚室墓,有斧形磚、子母口

磚和長方形磚。子母口磚中的"拜迎圖"磚，花紋爲模印剔地淺浮雕式。左邊一軺車，車上乘二人，車前一導騎。右邊五人，前一人跪伏在地，身下一方框內置一對食器；中二人躬身施禮，下方有隸書"壬元"二字；後二人似爲侍女，抬一物，下有一尊。[①] "壬元"或爲"壬午"。

桂氏龍磚

　　磚出清江市洋湖鎮東面一綿延 3 里長的青山塴 6～8 號單室券頂磚室墓，飾錢紋、網格紋等，反書銘文"桂氏龍"3 字。[②]

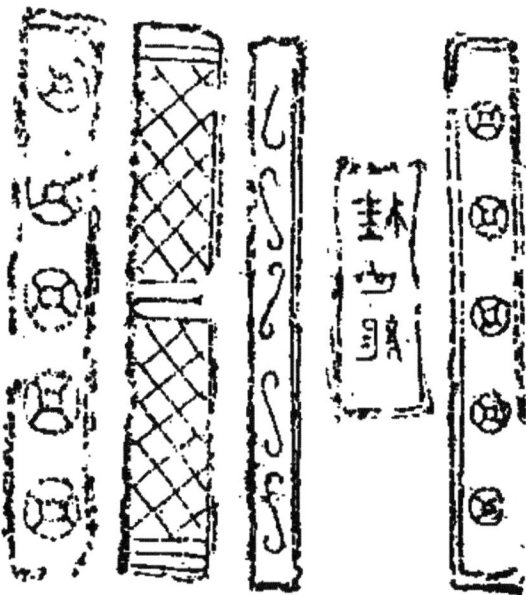

僮家君□磚

　　僮家君□。（端面）

---

①　萬幼楠：《江西于都發現漢畫像磚墓》，《文物》1988 年第 3 期。

②　彭適凡：《清江洋湖發掘四座南朝墓》，《文物工作資料》1964 年第 2 期；江西省文物管理委員會：《江西清江洋湖晉墓和南朝墓》，《考古》1965 年第 4 期。

　　磚出上饒市鄱陽(波陽)縣,長 33 厘米,寬 15 厘米,厚 5.5 厘米,側面飾錢紋。學者推測此墓磚屬于東晉中後期。[1]

① 鄧道煉:《波陽古磚研究》,政協波陽縣委員會文史資料研究委員會編:《波陽文史資料》第11 辑,1996 年,第 80~81 頁。

廣東省

永平十年（67）磚

永平十年/正月□三日。/（磚面）

磚出廣州市增城區石灘圍嶺東漢墓，長 37.5 厘米，寬 17.2 厘米，厚 5.2 厘米。銘文濕刻兩行，隸書。[1]

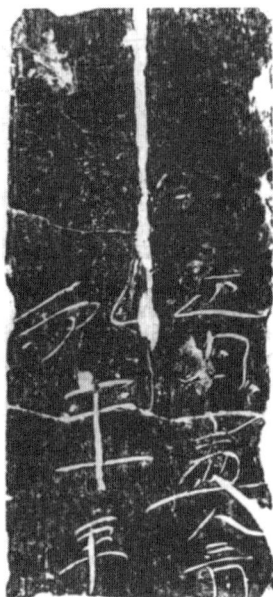

① 廣州市文物考古研究所編：《銖積寸累——廣州考古十年出土文物選萃》，北京：文物出版社，第 14 頁；伍慶禄、陳鴻鈞：《廣東金石圖志》，北京：綫裝書局，2015 年，第 492 頁。

建初元年（76）磚

建初元年七月十四日甲寅治磚。（楔形磚側面）

凡四百卅六杯。（端面）

四百。（端面）

文冢。（磚面）

富貴。（磚面）

　　磚出廣州東郊麻鷹岡 2 號（《廣州漢墓》編號爲 M5041）漢代磚室墓，有長方形、刀形和楔形三種類型，青灰色。此墓由甬道、前室和棺室組成，墓門口接斜坡形墓道，棺室後設壁龕。"建初元年"銘文磚位于棺室券拱後端正中位置，銘文刻劃隸書，"文冢"和"富貴"銘文戳印，磚面飾手印紋、幾何紋等。出土塢堡、陶竈、侍俑和熏爐等隨葬器物。[1]

[1]　廣州市文物管理委員會：《廣州動物園東漢建初元年墓清理簡報》，《文物》1959 年第 11 期；廣州市文物管理委員會、廣州市博物館編：《廣州漢墓》（上），北京：文物出版社，1981 年，第 377～383 頁。

建初五年（80）磚

建初五年八月十一日造治此，宜官秩。（側面）

磚出廣州市小北蟹岡漢代 5060 號東漢磚室墓，青灰色。銘文隸書，位于棺室後端券頂正中間。①

永元八年（96）磚

永元八年十月。

磚出佛山市郊瀾石鎮漢墓，銘文隸書。②

---

① 廣州市文物管理委員會、廣州市博物館編：《廣州漢墓》（上），第 381～382 頁。
② 伍慶禄、陳鴻鈞：《廣東金石圖志》，第 495 頁。

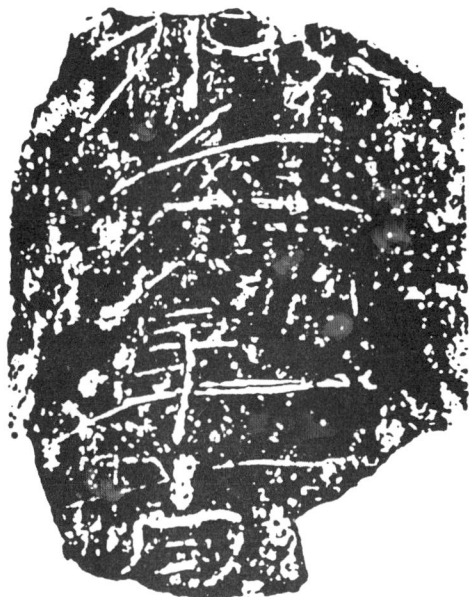

永元九年（97）磚

永元九年九月二日，/馮□埋古中。/（磚面）

永元九年甘溪造，萬歲富昌。（磚面）

甘溪竈，九年造。（磚面）

皆君子兮。（磚面）

　　磚出廣州市秄魚岡 5065 號東漢雙棺室墓，青灰色。"永元九年九月"磚刻劃于磚面，"永元九年甘溪造"、"九年造"和"君子兮"磚銘文戳印，隸書。[①] 同範磚銘，還出土于廣州橫枝岡漢墓。銘文"甘溪"和"甘溪竈"，表明"甘溪"是一處專門的燒磚窯廠。

---

①　廣州市文物管理委員會、廣州市博物館編：《廣州漢墓》(上)，第 381～382 頁。

永元十二年（100）磚

　　永元十二年。

　　磚出廣州市番禺區鐘村鎮，多有掌印和指印。[1]

永元十四年（102）磚

　　永元十四年□月，仁壽和百萬。
　　宜官。

　　磚出廣東韶關西河漢墓，長 36 厘米，寬 20 厘米，厚 7 厘米。銘文模印，篆書。另有吉語磚，分別是"大吉昌子孫長"和"大吉君宜官"，長 39 厘米，寬 17 厘米，厚 8 厘米。[2]

---

[1]　蔡德銓：《番禺縣文物志·東漢墓磚》，番禺縣文物普查辦公室，1988 年，第 18 頁。
[2]　《廣東韶關西河漢墓發掘》，《考古》1981 年第 2 期；伍慶禄、陳鴻鈞：《廣東金石圖志》，第 498 頁。

永元十五年（103）磚

永元五年十月□□□□□府元□□□□。

永元十五年八月廿九日，三男子。

番禺都亭長陳誦。

書［史］誦。

美氏作。

番禺。

尹具。

成。

磚出廣州市番禺區鐘村鎮屏山二村村頭岡 19 號多室磚室墓，多青灰色，長 36～38 厘米，寬 22～26 厘米，厚 5.5 厘米，出土紋飾、文字和刻劃符號 75 塊，其中此處著録的銘文，刻劃于磚面，隨墓出土陶耳罐、陶碗、陶熏爐、陶器蓋和瑪瑙珠等 20 件隨葬品。[①] 同墓所出的"永元五年"的刻劃銘文磚，和"永元十

---

① 廣州市文物考古研究所、番禺博物館：《廣東番禺市屏山東漢墓發掘報告》，《考古學集刊》14，北京：文物出版社，2004 年，第 161～189 頁；廣州市文物考古研究所、廣州市番禺區文管會辦公室編：《番禺漢墓》，北京：科學出版社，2006 年，第 114～115、185～186 頁。

五年"紀年磚字迹不一,且"永元五年"紀年磚磚面上再壓印一手掌印,下端用粗棍或手指寫一較大的"賀"字。"永元五年"磚應是永元十五年營墓時對舊磚的再利用。"都亭",當是番禺縣城所在之亭。"書史誦",即都亭長陳誦。他當是墓主,生前曾擔任番禺縣書史、都亭長。

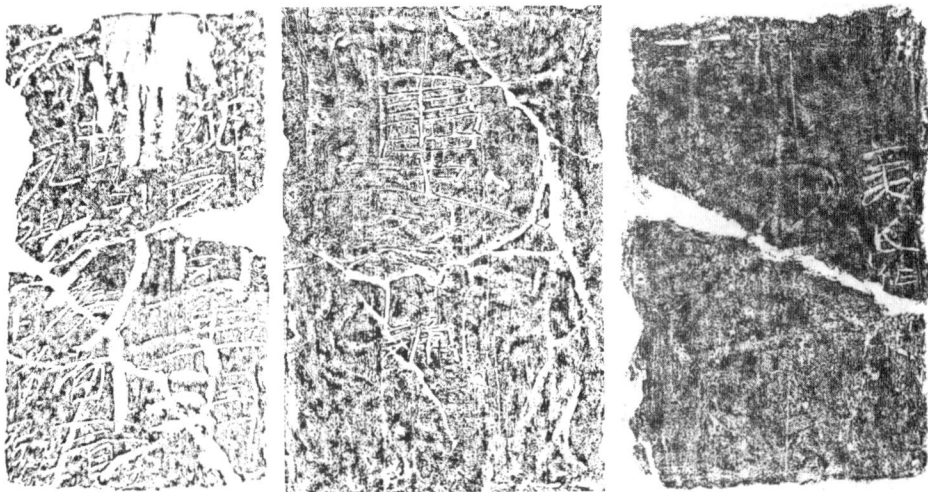

永元十六年（104）磚

永元十六年三月作，東冶橋北陳次華竈。

磚出廣州漢墓，銘文模印、隸書。[1] "陳次華竈"應是工匠陳次華的燒磚窰坊。

永初二年（108）磚

永初二年□□作。

磚出韶關市曲江漢墓，楔形，長 31 厘米，寬 16 厘米。銘文模印，隸書、反文。[2]

---

① 伍慶禄、陳鴻鈞：《廣東金石圖志》，第 498 頁。
② 伍慶禄、陳鴻鈞：《廣東金石圖志》，第 499 頁。

永初五年（111）磚

番禺男，/永初五年十月/□子。/（刀形磚磚面）

永初五年(九六日月廿)[九月廿六日]。（刀形磚磚面）

□辛酉十月(郭用廿七日)[廿七日郭用]。（刀形磚磚面）

用(?)九具。（長方形磚磚面）

九具。（長方形磚磚面）

爾鳥□只□亘□□□元柒□□。

載君行。（長方形磚磚面）

相見相見見。

□壹□磬爲□子之期會□泉相聲。（長方形磚磚面）

□□子□□□□二□土。（長方形磚磚面）

朱。（長方形磚磚面）

勿分侖。（長方形磚磚面）

母子。（長方形磚磚面）

告方。（長方形磚磚面）

□仟。（長方形磚磚面）

九布。（長方形磚磚面）

　　磚出廣州市番禺區鐘村鎮屏山二村杉岡南側 29 號磚室墓,多青灰色,長 36 厘米,寬 18 厘米,厚 5～6 厘米,出土紋飾、文字和符號共 169 塊,此處著録的銘文刻劃于磚面。[①] "辛酉十月"磚上尚有一"郎"字。該墓出土陶雙耳鼓腹罐、細頸瓶和玻璃珠等器物。刻畫銘文較爲雜亂,除紀年外,有些銘文如"載君行""子之期會",似有用意,而其他銘文像是工匠隨意書寫。

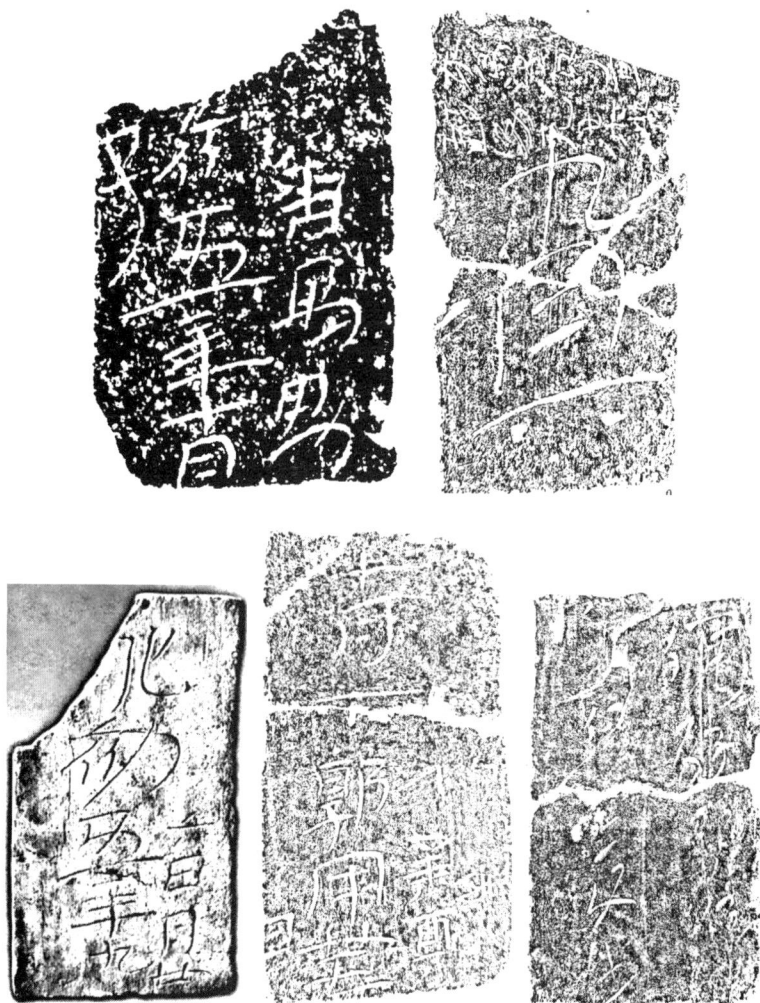

---

① 廣州市文物考古研究所、廣州市番禺區文管會辦公室編:《番禺漢墓》,第 97～101 頁;廣州市文物考古研究所、番禺博物館:《廣東番禺市屏山東漢墓發掘報告》,《考古學集刊》第 14 集,北京:文物出版社,2004 年,第 161～189 頁。

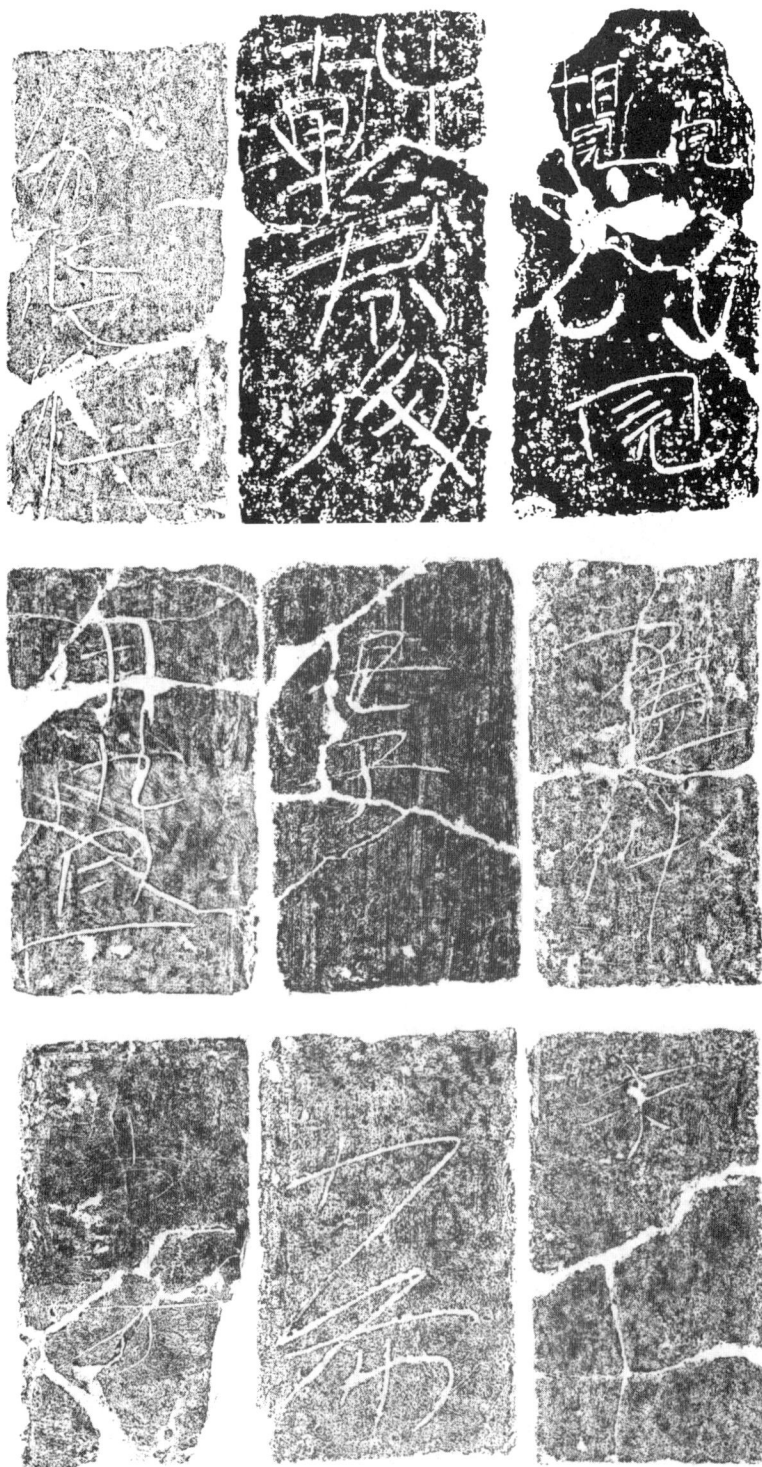

永和三年（138）磚

永和三年八月作此廓，宜子孫。（7 號墓）

前日去，不得言。（16 號墓）

大吉（羊）君宜官。（16 號墓）

大吉昌子孫長。（16 號墓）

大方。（16 號墓）

    磚出韶關市曲江區西河鎮東漢 7 號、16 號磚室墓，有長方形和楔形兩種，飾車馬紋、錢形紋等。隨葬品多出于前室和耳室兩處。[①] "廓"即"椁"；"大方"表示墓磚的類型；其他銘文是吉語。

建寧三年（170）磚

建寧三年造。

---

①   廣東省博物館：《廣東韶關市郊古墓發掘報告》，《考古》1961 年第 8 期。

磚出廣州市 5068 號東漢磚室墓，青灰色。銘文隸書，四周有界格。①

熹平四年（175）磚

熹平四年。

四年四月。

君宜官秩。

用官大吉。

大吉□□。

磚出廣州市東郊黄埔區大沙鎮姬堂村東南彭山 3 號晉代磚室墓，屬于舊磚新用。磚飾錢紋、幾何等各種組合圖案。此墓出土隨葬品豐富精美，據墓中出土謁牌，墓主爲“牙門將宣威將軍武猛都尉關内侯南海郡增城縣西鄉梁蓋”。②

---

① 廣州市文物管理委員會、廣州市博物館編：《廣州漢墓》（上），第 381～382 頁。
② 廣州市文物考古研究所：《廣州晉代考古的重要發現——黃埔姬堂晉墓》，《廣州文物考古集》，北京：文物出版社，1998 年，第 317～319 頁。

建安元年（196）磚

建安元年八月造。富貴昌，宜侯王。

磚出廣州漢墓，銘文篆書。①

建安四年（199）磚

建安四年立此□故□之。

磚出廣州，無具體出土地，廣州市文物考古研究所舊藏。②

---

① 伍慶祿、陳鴻鈞：《廣東金石圖志》，第 500 頁。
② 陳鴻鈞：《廣東出土漢晉南朝銘文磚述略》，廣州市文化廣電新聞出版局、廣州市文物博物館
學會編：《廣州文博》9，北京：文物出版社，2016 年，第 215～232 頁。

番禺大治歷磚

番禺大治歷。

大吉，番禺。

薛師。

磚出香港新界李鄭屋村東漢券頂磚室墓，楔形，長 40 厘米，寬 20 厘米，厚 5 厘米。“薛師”磚位于墓門左側和左室，僅二見。銘文模印、篆書。出土器物以陶質明器爲主，也有少量青銅殘器。[1]“大治”，可能即上録建初五年（80）磚文的“造治”之意。不過，饒宗頤認爲是吉語。

番禺令磚

□番禺令任順叩頭死罪、叩頭死罪。

---

[1] 廣州博物館、香港中文大學文物館：《穗港漢墓出土文物》，香港：香港中文大學文物館，1983 年，第 75 頁；伍慶禄、陳鴻鈞：《廣東金石圖志》，第 501 頁；饒宗頤：《李鄭屋村古墓磚文考釋》，《饒宗頤史學論著選》，上海：上海古籍出版社，1993 年，第 298～304 頁。

磚出廣州漢墓,銘文隸書,刻劃于磚面。[1] "任順"無考。

東漢"三年"磚

□□三年九□□日……。(側面)

磚出廣州東漢磚室墓,青灰色,銘文位于棺室後端券頂正中間,殘。[2]

---

① 伍慶禄、陳鴻鈞:《廣東金石圖志》,第 501 頁。
② 廣州市文物管理委員會、廣州市博物館編:《廣州漢墓》(上),第 381～382 頁。

根苗磚

根苗。（端面）

千秋萬歲。（端面）

磚出廣州 5086 號東漢磚室墓，青灰色。"根苗"二字反文。[1]

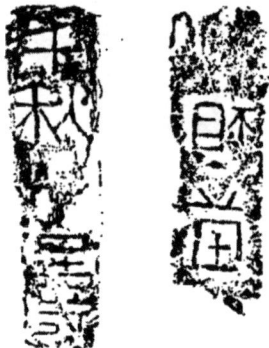

二苗磚

二苗。（磚面）

目□。（磚面）

好好好。（磚面）

磚出廣州市先烈路執信中學校内後側東漢單棺室磚室墓（《廣州漢墓》編號 5077），青灰色。該墓墓道斜坡形，由甬道、前室和後室組成。隨葬品散于前室各處，有陶屋、陶倉、四耳罐、三足釜、鐵器、銅器和瑪瑙珠等。[2]"好好好"銘文磚面上壓有手掌印。

---

① 廣州市文物管理委員會、廣州市博物館編：《廣州漢墓》（上），第 381～382 頁。

② 廣州市文物管理委員會、廣州市博物館編：《廣州漢墓》（上），第 381～382 頁。

治磚三百磚

治磚三百。

丈。

磚出廣州 5090 號東漢磚室墓,青灰色。此外,在 5069 號東漢磚室墓的陶壺頸部和壺蓋中,刻寫"梁""梁七""梁九"等文字,報告者認爲此墓的陶器大概是特地燒造的,其中"梁伯通"當是墓主名字。[1]

---

[1] 廣州市文物管理委員會、廣州市博物館編:《廣州漢墓》(上),第 380、382、395 頁。

黄氏磚

> 番禺巫黄昔。
>
> 黄苗。
>
> 九信□興□果。

　　磚出廣州市番禺區鐘村鎮屏山二村竹葉岡東側 32 號東漢長方形磚室墓，多青灰色，長 38 厘米，寬 18 厘米，厚 6 厘米。[①]　"昔"可能就是"苗"字。黄氏是番禺當地的巫師。此墓壁龕位于主室後壁中部，僅出土 1 件琥珀珠。

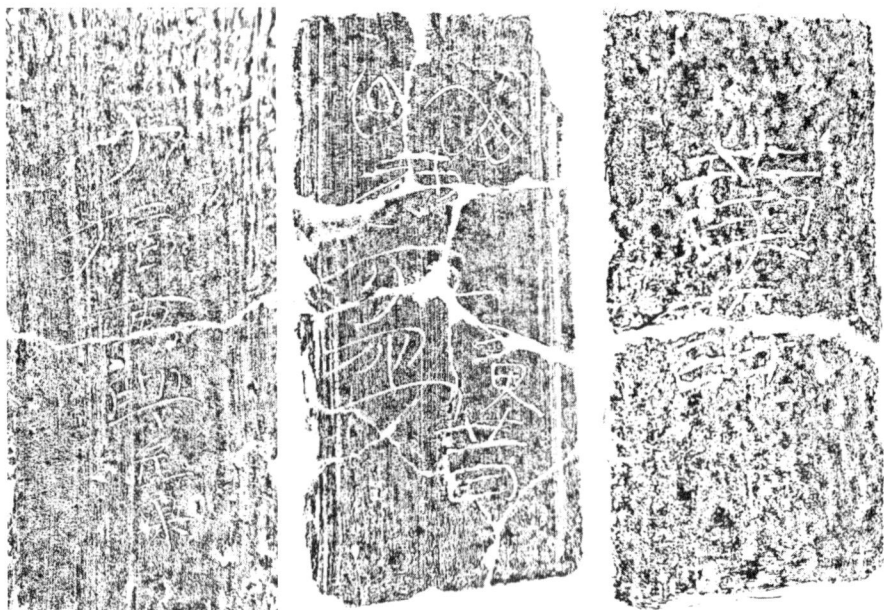

成孰磚

> 成孰。（長方形磚磚面）
>
> 于。
>
> 田。

---

① 廣州市文物考古研究所、廣州市番禺區文管會辦公室編：《番禺漢墓》，第 32～33、185～187 頁。

　　磚出廣州市番禺區鐘村鎮屏山二寸杉岡南部 25、26 號磚室墓,多青灰色,
長 36 厘米,寬 21 厘米,厚 5～6 厘米。25 號墓出土帶有文字、符號磚共 29 塊,
26 號墓出土有紋飾、文字和符號磚共 80 塊。隨葬品有陶雙耳罐、陶壺和陶耳
杯等。[1]

嘉禾五年（236）磚

　　　嘉禾五年三月人日造作,富貴宜□。

　　磚出廣州,現藏廣州博物館,銘文模印、隸書。[2]

---

①　廣州市文物考古研究所、廣州市番禺區文管會辦公室編:《番禺漢墓》,第 129～136 頁。
②　伍慶禄、陳鴻鈞:《廣東金石圖志》,第 508 頁。

甘露元年（265）磚

　　甘露元年伯辟。

　　磚出廣州，現藏廣州博物館，銘文模印、篆書。[1]　"辟"即"壁"字。

---

①　伍慶禄、陳鴻鈞：《廣東金石圖志》，第 508 頁。

嘉陵軍磚

嘉陵軍□元□拜□三十日。

磚出中山大學北校區南部 1 號前後雙室磚室墓。大部分磚面拍有手印，僅一塊磚面刻劃銘文。[1] 漢武都郡有"嘉陵道"，[2]"嘉陵軍"或與此有關。

泰始八年（272）磚

太始八年八月十六日作此壁。

---

① 廣州市文物考古研究院：《中山大學北校區磚室墓發掘簡報》，《廣州文博》8，北京：文物出版社，2015 年，第 67～94 頁。

② 《漢書》卷 28 下《地理志下》，第 1609 頁。

磚出梅州市梅縣區北門崗磚室墓,隨墓出土一件青釉瓷唾壺。① 此外,《廣東出土晉至唐文物》著録北門崗一帶出土一方"泰始十一年"紀年磚,具體情況不詳。②

太康七年（286）磚

磚出韶關市曲江區西河鎮磚室墓,《廣東出土晉至唐文物》著録"太康七年"紀年磚,隨墓出土陶犁田耙田模型,其他情況不詳。③

太熙元年（290）磚

太熙元年。

磚出廣州市沙河頂永福村廣州音樂專科學校晉券頂磚室墓,灰白色,飾幾何紋、斜方格紋。銘文位于後壁券頂楔形磚,長 38 厘米,寬 18 厘米,一端厚 2.6 厘米,另一端厚 4.5 厘米。銘文模印,篆書。墓内隨葬品置于前室和耳室,後

---

① 楊豪:《秦人漢人客家人》,北京:中國藝術出版社,2006 年,第 55 頁;陳鴻鈞:《廣東出土漢晉南朝銘文磚述略》,廣州市文化廣電新聞出版局、廣州市文物博物館學會編:《廣州文博》9,第 215～232 頁;廣東省博物館、香港中文大學文物館編:《廣東出土晉至唐文物》,香港:香港中文大學文物館,1985 年,第 66 頁。

② 廣東省博物館、香港中文大學文物館編:《廣東出土晉至唐文物》,第 138 頁。

③ 廣東省博物館、香港中文大學文物館編:《廣東出土晉至唐文物》,第 108 頁。

室僅有虎子、燈和兩件滑石猪。^①

元康二年（292）磚

    元康二年歲在壬子，西平周□。

    磚出廣州，具體出土地不詳。^② "西平"應指涼州西平郡。周氏或本籍西平，徙居嶺南。

元康三年（293）磚

    元康三年，黃氏冢。

---

① 廣州市文物管理委員會考古組：《廣州沙河頂西晉墓》，《考古》1985 年第 9 期。
② 陳鴻鈞：《廣東出土漢晉南朝銘文磚述略》，廣州市文化廣電新聞出版局、廣州市文物博物館學會編：《廣州文博》9，第 215～232 頁。

磚出韶關晉墓，銘文模印，隸書、反文。[①]"黃氏"即是墓主。

建始元年（301）磚

> 建始元年辛酉歲七月周家立。
> 建始元年（親）[辛]酉歲七月周家。
> 周家立。

磚出清遠市佛岡縣民安鎮上岳村山坡上的晉代券頂磚室墓，長方形，長 33～35 厘米，寬 18～19 厘米，厚 5～6 厘米。磚面拍印網格紋，部分磚側飾葉脉紋、葉脉與重方格組合紋、半重圈與錢形組合紋等。銘文正書。殘存的隨葬器物有陶器與青釉器兩種。[②]"建始"，報告者結合隨葬器物的年代，推斷屬于西晉趙王司馬倫僭位的年號。"周家"，或是指墓主家族。

---

① 伍慶禄、陳鴻鈞：《廣東金石圖志》，第 509 頁。
② 廣東省文物考古研究所、佛岡縣博物館：《廣東佛岡縣民安晉墓發掘簡報》，廣州市文物考古研究所、廣東省文物考古研究所、深圳市文物考古鑒定所編：《華南考古》2，北京：文物出版社，2008 年，第 282～289 頁。

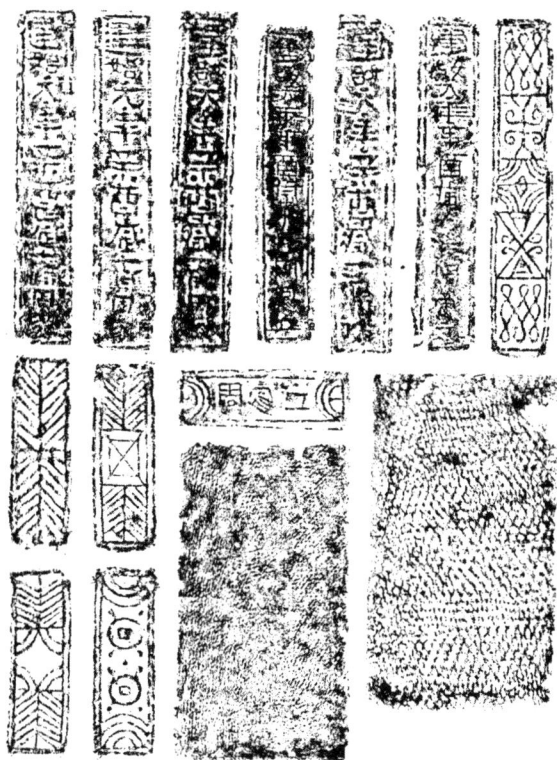

太安二年（303）磚

太安二年歲在癸亥五月立。

磚出韶關市曲江區西河鎮磚室墓，具體情況不詳。[①] 晉惠帝太安二年，歲在癸亥。

永興二年（307）磚

永興二年。

---

① 陳鴻鈞：《廣東出土漢晉南朝銘文磚述略》，廣州市文化廣電新聞出版局、廣州市文物博物館
學會編：《廣州文博》9，第 215～232 頁。

磚出廣州七星岡晉墓，具體情况不詳。①

永興磚

永興年，昌造。

磚出番禺，具體情况不詳，方志編纂者認爲屬于晉物。②

永嘉元年（307）磚

永嘉元年正月十五日，張秀士家作磚。
九百。

磚出廣州東郊黄埔區大沙鎮姬堂村東南彭山 2 號磚室墓，青灰色，磚側飾幾何紋，簡報未附拓片圖影。銘文見于封門、墓室墓壁。③"張秀士家"或暗示了製磚的張氏家族；"九百"二字標識墓磚的數量。

永嘉二年（308）磚

永嘉二年月日立，永吉利。

磚出廣州晉墓，銘文模印，隸書、反文。④

---

① 陳鴻鈞：《廣東出土漢晉南朝銘文磚述略》，廣州市文化廣電新聞出版局、廣州市文物博物館學會編：《廣州文博》9，第 215～232 頁。

② 同治《番禺縣志》卷 28《金石略一》，《中國方志叢書》，臺北：成文出版社，1967 年，第 353 頁下欄。

③ 廣州市文物考古研究所：《廣州晉代考古的重要發現——黄埔姬堂晉墓》，《廣州文物考古集》，第 316～317 頁。

④ 伍慶禄、陳鴻鈞：《廣東金石圖志》，第 510 頁。

永嘉三年（309）磚

永嘉三年四月廿日戊子于赤岸造。

磚出廣州市皇帝岡南朝墓，具體情況不詳。[①] 永嘉三年，歲在己巳，四月朔爲己巳日，則廿日確爲戊子。"赤岸"，指的就是皇帝岡，乃當時地名。

永嘉四年（310）磚

永嘉四年七月一日立。

咸康（？）三年。

---

① 陳鴻鈞：《廣東出土漢晉南朝銘文磚述略》，廣州市文化廣電新聞出版局、廣州市文物博物館學會編：《廣州文博》9，第 215～232 頁。

　　磚出韶關市郊勞動大學工地1號單室券頂磚室墓，①兩種銘文字體不同。銘文還見于韶關其他地區發掘的晉墓。此外，報告者還著録“五田五”“章氏”“覃父立”“平子”“王土田”等銘文，但没有明確指出這些銘文具體出自哪一墓葬。

永嘉四年（310）磚

　　　永嘉四年庚午歲六月卅日立。

　　磚出清遠連州市附城鎮龍口磚室墓，隨墓出土陶犁田耙田模型，其他具體情況不詳。②

---

① 楊豪：《廣東韶關市郊的晉墓》，中國社會科學院考古研究所：《考古學集刊》第1集，北京：中國社會科學出版社，1981年，第190～196頁。

② 廣東省博物館、香港中文大學文物館編：《廣東出土晉至唐文物》，第108頁。

永嘉五年（311）磚

永嘉五年歲在辛未，辟除不祥。（側面）

磚出廣州市西村大刀山建軍醫院，銘文在篆隸之間，兩面飾網格紋。[①]

永嘉五年（311）、六年（312）、七年（313）陳氏磚

永嘉五年陳仰所造。（側面）

永嘉六年壬申，皆壽萬年。（側面）

永嘉六年壬申，富且壽考。（側面）

永嘉六年壬申，子孫永昌。（側面）

永嘉六年壬申，宜子保孫。（側面）

子孫千億，皆壽萬年。（側面）

永嘉六年壬申，陳仲恕製作磚。（側面）

永嘉七年癸酉，皆宜價市。（側面）

陳。（端面）

陳仁。（端面）

陳計。（端面）

永嘉世，天下荒，余廣州，皆平康。（側面）

磚出廣州北站孖岡的凸字形券頂磚室墓，青灰色，銘文模印，隸書。少數墓磚飾有花紋。此墓爲夫婦合葬墓。[②] 此外，同治《番禺縣志》著録"永嘉六年壬申富且貴"和"永嘉六年壬申宜公侯王"紀年磚兩種，但不知具體出土地；[③]廣州西村大刀山建軍醫院出土"永嘉五年子孫千億皆壽萬年""永嘉六年壬申宜公侯王""永嘉六年壬申公侯永保萬年"等銘文磚。[④] 銘文中的"陳仰""陳仲恕"

---

① 鄧駿捷、劉心明編校：《汪兆鏞文集》，廣州：廣東人民出版社，2015 年，第 124 頁；同治《番禺縣志》卷 28《金石略一》，第 354 頁上欄。

② 麥英豪、黎金：《廣州西郊晉墓清理報導》，《文物參考資料》1955 年第 3 期。

③ 同治《番禺縣志》卷 28《金石略一》，第 354 頁上欄。

④ 鄧駿捷、劉心明編校：《汪兆鏞文集》，第 124～128 頁。

"陳仁""陳計"，當是造磚匠人，出自同一家族。

永嘉五年（311）陳氏磚

    永嘉五年歲在辛未，宜子保孫。（側面）

    永嘉五年陳仰所造。（側面）

    子孫千億，皆壽萬年。（側面）

    永嘉五年。（端面）

    永嘉五年所造。（側面）

    陳討。（磚面）

    陳仁。（磚面）

    磚出廣州西北郊桂花岡 2 號磚室墓，青灰色，有長方形和楔形兩種。此外，4 號磚室墓在楔形磚端面模印"遄藍海造"字樣，反書。[1] "陳討"和上述"陳仰"等人一樣，應是這一帶的造磚匠人。

---

① 廣州市文物管理委員會：《廣州市西北郊晉墓清理簡報》，《考古通訊》1955 年第 5 期。

永嘉六年（312）磚

永嘉六年六月立。

磚出清遠連州市附城鎮龍口 2 號磚室墓，隨墓出土陶甑爐模型器和陶舂米、簸穀米俑，其他具體情況不詳。[①]

永嘉六年（312）磚

永嘉六年壬申，皆壽百年。（側面）

永嘉六年壬申，富……。（側面）

永嘉六年壬申，宜子保孫。（側面）

永嘉六年壬申，永保萬年。（側面）

永嘉六年壬申，宜公侯、壽百年。（側面）

永嘉六年壬申，子孫百年。（側面）

磚 6 種，出廣州白雲山古墓、聚龍岡，銘文隸書。[②] 此 6 種磚同範甚多，如廣西梧州晉墓出土一方“永嘉六年壬申富且壽考”磚，[③]它們當是由同一窯坊燒製，這也說明當時廣州番禺一帶製磚行業和墓磚買賣的發達。

永嘉七年（313）磚

永嘉七年癸酉，皆宜君子。（側面）

永嘉七年癸酉，永保休祥。（側面）

永嘉七年癸酉，君子壽考。（側面）

永嘉七年癸酉，宜子亘孫。（側面）

永嘉七年癸酉，子孫君侯。（側面）

---

① 廣東省博物館、香港中文大學文物館編：《廣東出土晉至唐文物》，第 112 頁。

② 阮元主修，梁中民點校：道光《廣東通志·金石略》，廣州：廣東人民出版社，2011 年，第 41～42 頁；同治《番禺縣志》卷 28《金石略一》，第 354 頁下欄。

③ 梧州市博物館：《廣西梧州市晉代磚室墓》，《考古》1981 年第 3 期。

永嘉七年春，宜（孫子）[子孫]。（側面）

　　磚六種，可知的出土地有廣州南越王宮苑遺址、穗石頭岡南朝墓、越秀山鎮海樓和大刀山建軍醫院，[①]其中第四、五磚不知具體出土地。第六磚長九寸五分，寬四寸三分，厚一寸二分，磚面壓印方格紋。按《晉書・孝愍帝紀》，癸酉歲四月，晉愍帝即位，改元建興。[②] 則癸酉歲春，或在改元之前。故六磚皆稱"永嘉七年"。此六磚和上文著錄的廣州孖岡西晉墓中所出的"永嘉七年癸酉皆亦價市"銘文磚當是同一窑坊燒製出品。

"永嘉世"磚

永嘉世，天下荒，余廣州，皆平康。（廣州孖岡西晉墓、廣州西村大刀山）

永嘉中，天下灾，但江南，尚康平。（廣西梧州晉墓）[③]

永嘉世，天下灾，但江南，平且康。（廣州客村南朝墓）

永嘉世，天下灾，但江南，皆康平。（廣州客村南朝墓）

永嘉世，天下荒，余廣州，平且康。（廣州客村南朝墓）

永嘉世，天下荒，余吳土，盛且豐。（廣州客村南朝墓）

永嘉世，九州空，余吳土，盛且豐。（廣州客村南朝墓）[④]

永嘉世，九州荒……。（廣州聚龍岡）[⑤]

永嘉世，九州荒，余廣州，平且康。

永嘉世，九州空。（廣州承宣街雙門城墙）[⑥]

① 《南越宮苑遺址——1995、1997 年考古發掘報告》，北京：文物出版社，2008 年；伍慶禄、陳鴻鈞：《廣東金石圖志》，第 510 頁；同治《番禺縣志》卷 28《金石略一》，第 354 頁下欄；宣統《番禺縣續志》卷 33《金石志一》，《中國方志叢書》，臺北：成文出版社，1967 年，第 431 頁下欄；鄧駿捷、劉心明編校：《汪兆鏞文集》，第 124～128 頁。

② 《晉書》卷 5《孝愍帝紀》，第 126 頁。

③ 梧州市博物館：《廣西梧州市晉代磚室墓》，《考古》1981 年第 3 期。

④ 《廣州市文物志》編委會編著：《廣州市文物志》，廣州：嶺南美術出版社，1990 年，第 120～121 頁；汪兆鏞：《廣州城殘磚録》，賈貴榮、張愛芳選編：《歷代陶文研究資料選刊》下册，北京：北京圖書館出版社，2005 年，第 289 頁。

⑤ 阮元主修，梁中民點校：道光《廣東通志・金石略》，第 41 頁。

⑥ 汪兆鏞：《廣州城殘磚録》，賈貴榮、張愛芳選編：《歷代陶文研究資料選刊》下册，第 289～290 頁。

此類銘文磚甚多,著録和相關研究者還有陳鴻鈞、馬啓亮和李永生等學者。[1]

建興二年（314）磚

建興二年甲戌,皆封侯王。

磚出廣州市中山三路南側城墙遺址,銘文隸書。[2]《八瓊室金石補正》據趙之謙《補寰宇訪碑録》亦載此磚。[3] 此外,《嶺南金石拓本》著録一方"建興二年常宜侯王"紀年磚。[4]

---

[1] 陳鴻鈞:《廣東出土西晉"永嘉"銘文磚考》,《廣州文博》8,第254～268頁;馬啓亮:《廣東出土兩晉南朝墓磚銘文考察》,《肇慶學院學報》2013年第1期;李永生:《余吴土,盛且豐——磚銘所見西晉末年廣州的地方社會》,《〈文史哲〉青年學者工作坊暨第十二届中國中古史青年學者聯誼會論文集》,第119～135頁。

[2] 阮元主修,梁中民點校:道光《廣東通志·金石略》,第42頁;陳鴻鈞:《廣東出土漢晉南朝銘文磚述略》,廣州市文化廣電新聞出版局、廣州市文物博物館學會編:《廣州文博》9,第215～232頁。

[3] 陸增祥:《八瓊室金石補正》,北京:文物出版社,1985年,第49頁。

[4] 寶漢劍齋主人拓輯:《嶺南金石拓本》,陳建華、曹淳亮主編:《廣州大典》第39輯《史部·金石類》,廣州:廣州出版社影印本,2015年,第466頁。

建興四年（316）磚

建興四年作。（側面）

建興四年七月立作。（刀形磚側面）

建興四年四。（側面）

作此與衆异。（端面）

右。（端面）

孔子。（端面）

磚出廣州市沙河鎮獅子岡南麓東晉磚室墓。此墓由對稱的左右兩座墓室構成，當中以通道相連接。墓磚青灰色，有長方形、刀形和楔形三種類型。磚的正反兩面壓印斜方格紋，部分墓磚壓印手掌印。多數磚均印有紀年文字，又以"建興四年作"銘文最多，均印在三種磚朝裏的側面。右墓甬道左壁有"建興四年四"銘文一方，左墓棺室後壁有"作此與衆异"磚文一方。此外，有一磚在製坯時劃有"孔子"二字，一磚劃有"右"字，另一磚印有兩個四葉形花紋。銘文模印。出土遺物除了鐵刀、金髮釵等外，其餘全是陶器。[①]

---

① 廣州市文物管理委員會：《廣州沙河鎮獅子岡晉墓》，《考古》1961 年第 5 期。

大興二年（319）磚

大興二年七月三日造之。
周世。
周。
周夏師。

磚出廣州北郊流花橋西約二里的凸字形磚室墓，青灰色，一側飾幾何形花紋，個別的磚飾錢紋，部分銘文反書。此墓後壁近底處有"凸"字形的小龕，龕高僅12厘米。墓中同時出土"部曲督印"銅印一枚。[①] "周"或是墓主人的姓氏。

---

① 廣州市文物管理處：《廣州晉墓清理簡報》，《文物資料叢刊》第8輯，第60～64頁。

大興二年（319）磚

大興二年六月。

磚出深圳市寶安區西鄉鎮鐵仔山 6 號磚室墓，長 35～36 厘米，寬 14.5 厘米，厚 4～4.5 厘米。墓磚側面多模印網格紋、米字紋、菱格紋和祥雲紋等。此墓後壁中央有壁龕，墓底爲黃沙岩土，出土隨葬品有釉陶罐 4 件、釉陶鉢 2 件、鐵片 1 件、銀飾 1 件、珠飾 3 粒。一共發現 4 塊紀年磚，僅存一塊可以辨識。① 此外，廣州市文物考古研究所舊藏一塊大興二年紀年磚，銘文曰："大興二年癸酉□宜□。"②大興二年，歲在己卯，非癸酉。

---

① 深圳市文物管理委員會辦公室、深圳市博物館等:《深圳鐵仔山古墓群發掘簡報》，廣州市文物考古研究所、廣東省文物考古研究所、深圳市文物考古鑒定所編:《華南考古》2，第 292～293 頁。

② 陳鴻鈞:《廣東出土漢晉南朝銘文磚述略》，廣州市文化廣電新聞出版局、廣州市文物博物館學會編:《廣州文博》9，第 215～232 頁。

大興二年（319）磚

大興二年七月十四立作。（側面）

……九月十五日□□子八月廿……。（側面）

　　磚出韶關市武江區重陽鎮水口村北東風山 13 號凸字形券頂磚室墓，有長方形和楔形兩種。長方形磚又有銘文磚和葉脉紋磚兩類，銘文磚長 29 厘米，寬 14 厘米，厚 5 厘米，葉脉紋磚長 33 厘米，寬 16 厘米，厚 5.5 厘米。楔形磚爲素面，長 32 厘米，寬 16 厘米，厚 3.5～5 厘米，用于砌築券頂。①

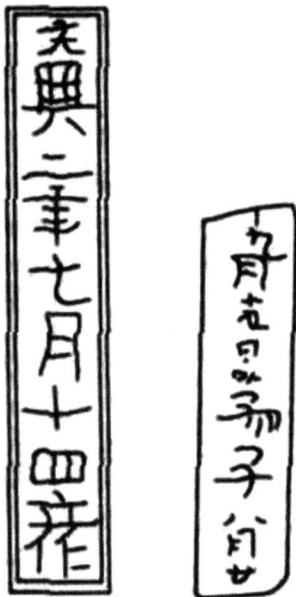

太寧二年（324）磚

太寧二年甲申八月一日造。（側面）

太寧二年甲申，宜子孫。（側面）

---

①　廣東省文物考古研究所、廣東韶關市曲江區：《廣東韶關市小茶山墓葬群發掘簡報》，《南方文物》2008 年第 2 期。

太寧二年歲甲申,宜子孫。(側面)

磚三種,出廣州西村大刀山建軍醫院的東晉磚室墓。[1]

太寧二年(324)磚

太寧二年十一月十二日丁亥,虎駙馬立。

磚出廣州西村晉磚室墓,銘文模印,隸書、反文。[2] "立"字,拓片圖影已無法辨認。據陳垣《二十史朔閏表》,二年十一月十二日,乃庚辰,非丁亥,磚文誤。"虎駙馬",或爲虎姓駙馬者。

---

[1] 鄧駿捷、劉心明編校:《汪兆鏞文集》,第127~128頁;胡肇椿:《發掘西村大刀山晉冢報告》,《考古學雜志》創刊號,1932年,第109~133頁。

[2] 伍慶禄、陳鴻鈞:《廣東金石圖志》,第512頁。

太寧二年（324）磚

□□□孫。

□□□宜子孫。

太□□□甲申宜□□。

太寧二年歲甲□□□。

□□□□申宜子孫。

太□□□甲申宜□□。

太寧二年歲甲□□□。

□□□□申宜子孫。

太寧二年□□□。

磚出深圳市寶安區西鄉鎮鐵仔山195號磚室墓，飾網格、菱形紋等。這些銘文位于16塊墓磚上，基本殘缺，不過完整的内容應是"太寧二年甲申宜子孫"。此外，在該處的19號磚室墓也發現了兩塊"太寧二年□□宜子孫"銘文。①

太寧三年（325）磚

泰寧三年太歲在乙酉五月壬申立，大吉昌。（側面）

泰寧三年正月十五日立。（側面）

吉且陽宜侯王。（側面）

高□□□廣州蒼梧廣信侯也。（磚面）

磚出肇慶市坪石岡券頂磚室墓，長方形磚長36～37厘米，寬16～17厘米，厚4.5～5.5厘米；楔形磚長37厘米，寬17厘米，厚3～4.5厘米；方磚長17厘米，寬16厘米，厚5～5.5厘米。墓磚側面或端面飾曲折紋、菱形紋。紀年

---

① 深圳市文物管理委員會辦公室、深圳市博物館等：《深圳鐵仔山古墓群發掘簡報》，廣州市文物考古研究所、廣東省文物考古研究所、深圳市文物考古鑒定所編：《華南考古》2，第291、294頁。

磚和吉語磚銘文模印、陽文，"廣信侯"磚僅見于一塊長方形磚的正面，陰文、隸書。此墓出土青瓷器、陶器、玻璃器、金器、銅器等隨葬品 50 件。[①] 太寧三年歲在乙酉，五月朔即丙寅，則"壬申"乃五月七日。據《晉書·地理志下》廣州"蒼梧郡"條下有廣信、高要縣，[②]則"高"下或可補一"要"字。譙國戴逵弟戴遂以軍功封廣信侯，位至大司農，[③]然不清楚戴遂是否遷居蒼梧。

咸和四年（329）磚

咸和四年/（端面）太歲在己丑七月三日立。/（側面）
伍天立。（端面）

磚出韶關市始興縣老虎嶺 5 號單室券頂磚室墓，長方形，長 32～33 厘米，寬 15～15.5 厘米，厚 5～5.5 厘米，有青磚和紅褐色磚兩種，飾太陽紋、圓圈葉脉紋、雙綫半圓圈紋、錢紋、菱紋等。銘文模印、陽文。隨葬品僅存一把鐵刀。[④]此外，《廣東出土晉至唐文物》著録始興縣頓岡上寨出土一方"咸和四年"紀年

---

① 廣東省文物考古研究所、肇慶市博物館：《廣東肇慶市坪石岡東晉墓》，《華南考古》1，北京：文物出版社，2004 年，第 249～252 頁。

② 《晉書》卷 15《地理志下》，第 467 頁。

③ 《晉書》卷 79《謝安傳》附"奕子玄傳"，第 2086 頁。

④ 始興縣博物館：《廣東始興縣老虎嶺古墓清理簡報》，《考古》1990 年第 12 期。

磚,隨墓所出一枚鸞鳳紋銅鏡,其他情況不詳。①

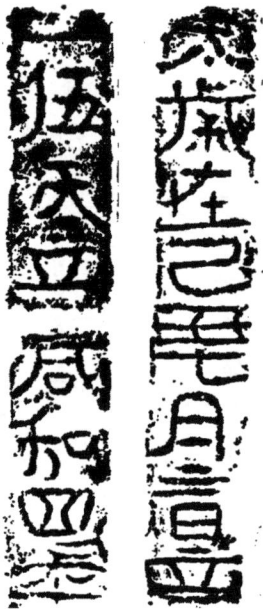

咸和六年（331）磚

惟晉咸和六年太歲在/辛卯孟秋八月上饗吉/日甲申,立此墳墓,良會/在參,富貴宜子孫,謹琢/甓以紀之。/

磚出肇慶市德慶縣大較村磚室墓,長 35 厘米,寬 18 厘米,厚 4.5 厘米,銘文隸書 5 行。② 晉成帝咸和六年,太歲在辛卯；八月朔爲己丑,該月無甲申,疑爲匠人誤植。

---

① 廣東省博物館、香港中文大學文物館編：《廣東出土晉至唐文物》,第 118 頁。
② 單小英：《從廣東出土的六朝磚銘看書體的發展演變》,文物出版社編：《第五屆中國書法史論國際研討會論文集》,北京：文物出版社,2002 年,第 205～213 頁。

咸康元年（335）磚

咸康元年八月,李氏立。（端面）

咸康元年八月。（端面）

　　磚出韶關市始興縣老虎嶺1號磚室墓,青灰色,製作規整,火候高。其中,紀年磚長32～33厘米,寬15～15.5厘米,厚6～6.5厘米,側面飾雙行交叉紋,銘文反書;楔形磚長31～31.5厘米,寬15～15.5厘米,背厚6～6.7厘米,刃厚3.8～4.8厘米,一側飾單行交叉紋,其他與紀年磚同。另外,有數塊刀形磚,在寬的一側用正書"咸康元年八月"紀年,另一側素面,刃部飾單行交叉紋。墓磚在建造墓室時,紋飾朝室内,素面磚均鋪墓底。隨葬品破壞嚴重。[①] 李氏,或爲墓主姓氏。

---

① 　始興縣博物館:《廣東始興縣老虎嶺古墓清理簡報》,《考古》1990年第12期。

咸康七年（341）磚

咸康七年八月。

磚出韶關市郊三座不同地區的單室券頂磚室墓，同出"永和三年七月十四日"墓磚銘文，銘文皆反書。[1]

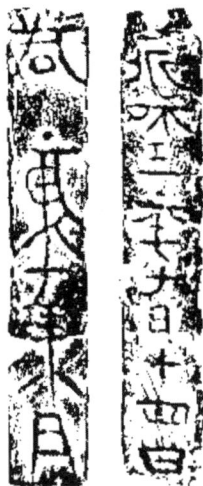

---

① 楊豪：《廣東韶關市郊的晉墓》，《考古學集刊》第 1 集，北京：中國社會科學出版社，1981 年，第 190～196 頁。

咸康八年（342）磚

咸康八年七月十八日,孝子李立。（側面）

咸康八年七月廿日,孝子鄧立作。（側面）

建元一年七月十日。（側面）

□康。

磚出韶關市曲江河邊廠 1 號长方形磚室墓,青灰色,有長方形和楔形兩種。磚面壓印斜方格紋,側面有葉脉紋,銘文模印。隨葬品置于羨道。[1] 該墓由咸康八年孝子爲父母所建,"李""鄧",或有一誤。"建元元年"磚可能是下葬的日期。此外,《廣東出土晉至唐文物》著録韶關西河鎮狗子嶺墓出土"咸康八年八月作寢"紀年磚,另有一枚銅神獸鏡。[2]

---

① 廣東省文物管理委員會:《廣東曲江東晉、南朝墓簡報》,《考古》1959 年第 9 期。

② 廣東省博物館、香港中文大學文物館編:《廣東出土晉至唐文物》,第 118 頁。

建元元年（343）磚

建元一年七月十日。（側面）

永和二年八月十日立作。（側面）

磚出韶關市曲江區西河鎮 10 號長方形券頂磚室墓，有長方形和刀形兩種，飾葉脉紋，銘文模印、隸書，其中"永和二年"磚銘反文。隨葬品主要是陶器。[1]

建元二年（344）磚

建元二年閏月立作。

磚出韶關市武江區西河鎮糖寮村磚室墓，楔形。銘文模印，隸書、反文。[2]

---

[1] 廣東省博物館：《廣東韶關市郊古墓發掘報告》，《考古》1961 年第 8 期。

[2] 《廣東韶關市武江區糖寮村東晉墓清理簡報》，《廣東文物》2006 年第 1 期。

建元二年閏月,乃是八月甲辰。

建元二年(344)磚

建元二年七月□□。(赤土嶺 13 號墓)
建元二年。(赤土嶺 7 號墓、皇沙死蛇嶺 5 號墓)

磚出韶關市始興縣赤土嶺 7 號、13 號和皇沙死蛇嶺 5 號竪穴磚室墓。大部分長方形磚側面印有多種的半重圈紋和方格對角綫交叉紋,少數復綫菱形紋、錢紋和花瓣紋等。刀形磚多葉脉紋。部分長方形磚的一面有葉脉紋和錢紋、繩紋。銘文陽文、模印。除了紀年銘文,這一帶的晉墓中還出土"潭""黄""李""徐""田""齊""平""明""吉""光"等字。其中一些字如"徐""田"比較潦草,報告者推測很有可能爲工匠姓氏。[①]

---

① 廣東省博物館:《廣東始興晉—唐墓發掘報告》,《考古學集刊》第 2 集,北京:中國社會科學出版社,1982 年,第 113～114、133 頁。

建元二年（344）磚

　　太安樂宜，建元二年。

　　磚出韶關市曲江區西河鎮東晉券頂磚室墓，銘文正書。[1] 此外，在湞江區韶南大道 3 號長方形磚室墓中，亦有“太安樂宜”文字磚，文字兩端飾有車輪紋。[2] 可見“太安樂宜”是這一帶墓葬常用的吉語。

永和三年（347）磚

　　永和三年八月作此廓，宜子孫。（刀形磚端面）

　　磚出韶關市郊 7 號、16 號磚室墓，有長方形和刀形兩種。長方形磚側主

---

① 楊豪：《秦人漢人客家人》，第 58 頁。
② 韶關市博物館：《廣東韶關市湞江區東晉南朝墓》，《考古學集刊》第 21 集，北京：科學出版社，2019 年，第 26～33 頁。

要是紋飾和吉語,紋飾有絢形紋、車馬紋,吉語有"大吉羊君宜官""大吉昌子孫
長",其他還有"大方""前日去不得言"銘文。刀形磚除了銘文外,還飾錢紋。
此墓出土陶器、青釉器、五銖錢和鐵棺釘等。[①] "永和三年"銘文反書,"廓"即
"椁"字。

隆和元年（362）磚

> 隆和元年劉子製作。
>
> 隆和元年八月潭氏。
>
> 平子。
>
> 區王。
>
> 鄭。
>
> 升平四年。

  磚出韶關市醫療器械廠建築工地磚室墓。"劉子""平子"和"鄭",當是匠
人;"潭氏"或爲墓主姓氏。

---

① 廣東省博物館:《廣東韶關市郊古墓發掘報告》,《考古》1961 年第 8 期。

太和六年（371）磚

泰和六年□月十九日作壁。

磚出韶關市始興縣赤土嶺 12 號竪穴磚室墓，銘文隸書、反文。[①]

太元二年（377）磚

泰元二年宜□。

太安樂宜。

磚出韶關市郊黄金村 1 號單室券頂磚室墓，銘文上下飾錢紋，正書。[②]“太安樂宜”，應是吉語。此外，該墓磚銘文還見于韶關其他地區的晉墓中。可見，這些墓磚應是從附近的磚窰坊直接訂購的。

---

① 廣東省博物館：《廣東始興晉—唐墓發掘報告》，《考古學集刊》第 2 集，第 113～114 頁。

② 楊豪：《廣東韶關市郊的晉墓》，《考古學集刊》第 1 集，第 190～196 頁。

太元十一年（386）磚

泰元十一年十月一日□□。

磚出潮州市歸湖區塘鋪鄉烏石嶺磚室墓，長 38 厘米，寬 15 厘米，厚 5 厘米，銘文隸書。隨墓出土一些青釉陶器。[1]"□□"可能是一"起"字。

---

[1]　伍慶禄、陳鴻鈞:《廣東金石圖志》,第 521 頁。

太元十一年（386）磚

泰元十一年十月九日立。

磚出廣州市中山三路城墻遺址，具體情況不詳。①

太元十一年（386）磚

泰元十一年十二月廿六日造此辟。

磚出韶關，銘文反書，其他情況不詳。② "辟"即"壁"字。

---

① 陳鴻鈞：《廣東出土漢晉南朝銘文磚述略》，廣州市文化廣電新聞出版局、廣州市文物博物館
學會編：《廣州文博》9，第215～232頁。
② 廣東省博物館、香港中文大學文物館編：《廣東出土晉至唐文物》，第65頁。

太元十九年（394）磚

泰元十九年立壁。（端面）

磚出肇慶市高要羅建村，長一尺四寸，寬六寸二分，厚二寸三分，兩面飾網紋，銘文反書。[1]

太元二十年（395）磚

泰元廿年乙未八月十七日。（側面）

磚出陽江市東山北麓東晉長方形券頂磚室墓，磚面飾菱形紋。墓葬分前後二室，隨葬品破壞嚴重。[2]

解夫人墓磚

甄壽亡親/（正面）解夫人墓。/（反面）

磚出廣州市下塘獅帶岡4號晉代券頂磚室墓，胎質灰黄，火候不高，銘文

---

① 彭泰來：《高要金石略》卷1，《石刻史料新編》第2輯，臺北：新文豐出版公司，1979年，第11403頁。
② 林尚知：《陽江早期的古墓葬》，《陽江文史》第17期，1998年。

刻劃，兩面刻，楷書，兼具隸意。墓室破壞嚴重。報告者認爲該墓很有可能屬于東晉晚期。[1]《晉書·解系傳》附其弟"解育傳"曰："結弟育，字稚連，名亞二兄。歷公府掾、太子洗馬、尚書郎、衛軍長史、弘農太守，與二兄俱被害，妻子徙邊。"此處"解夫人"不知是否即解育妻子。

"主人"磚

磚出韶關市始興縣赤土嶺村晉磚室墓，均爲長方形，以青灰色居多，飾葉脉、菱形、半圓和雙綫菱紋等。磚側有"主人""名時""徐""十"銘文。隨葬器物多置墓室前端，銅、鐵、銀、珠飾在中部發現。[2]

□元三年磚

　　　□元三年立。（端面）
　　　方。

磚出韶關市始興縣老虎嶺 6 號磚室墓，爲長方形青灰磚，製作規整，有薄

---

① 　廣州市文物管理委員會：《廣州市下塘獅帶岡晉墓發掘簡報》，《考古》1996 年第 1 期。
② 　始興縣博物館：《廣東始興縣晉、南朝、唐墓清理簡報》，《考古》1990 年第 2 期。

釉，火候高。磚側飾雙綫半圓圈紋，銘文陽文、正書。報告者根據墓葬形制、隨葬品，推測該墓爲晉墓。[1]"□元"很有可能爲"太元"。

"田"字磚

磚出廣州市先烈南路大寶岡 3 號凸字形磚室墓，紅黃色，有長方形和刀形兩種。墓葬前室砌有方形大祭臺，出土器物不多，多置于祭臺上。磚面斜方格印紋或斜行欄栅印紋，有的磚側印陽文"田""曰"字樣。[2]

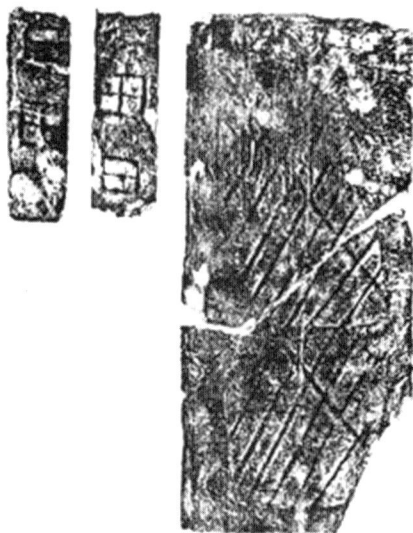

---

[1] 始興縣博物館：《廣東始興縣老虎嶺古墓清理簡報》，《考古》1990 年第 12 期。

[2] 廣州市文物考古研究所：《廣州市先烈南路漢晉南朝墓葬》，廣州市文物考古研究所編：《羊城考古發現與研究》(一)，北京：文物出版社，2005 年，第 65～67 頁。

"□□校興子"磚

磚出韶關市始興縣繅絲廠 4 號磚室墓,飾有雙綫半圓圈紋、單綫半圓圈菱角紋、圓圈十字紋和葉脉紋等。其中一種斜綫紋刀形磚正底面均拍印細繩紋,刀部有"□□校興子"銘文,隷書反文,陽文。隨葬品有四耳陶罐、陶碗、陶杯和鐵刀等 19 件。除 2 件陶罐碎片散見于東室前端及中部外,其餘器物均出自西室。鐵刀置于中部,其餘見于磚柱基旁。[①]

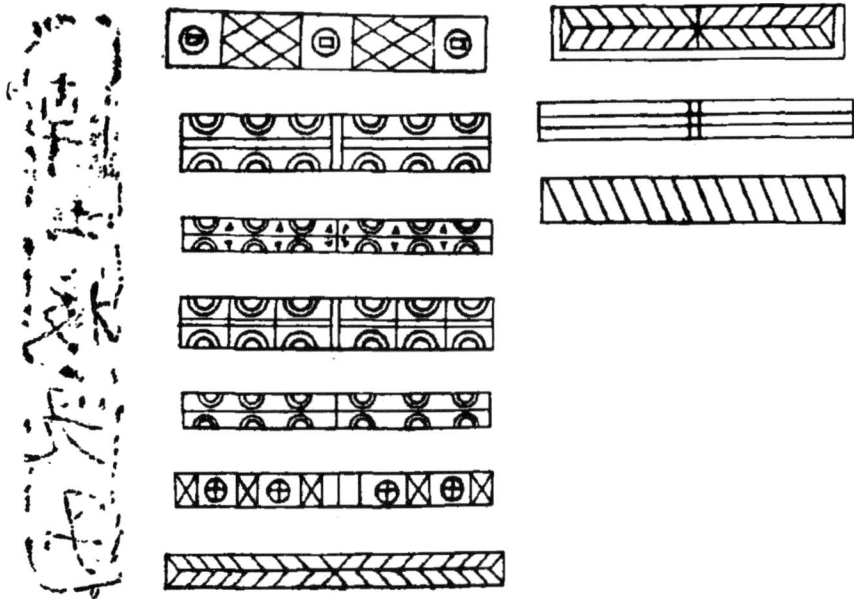

永初三年（422）磚

永初三年□□作。

磚出韶關市曲江區河邊廠 3 號長方形磚室墓,青灰色,有長方形和楔形兩種。銘文位于長方形磚側面的上半部,下半部飾葉脉紋。"□□",有學者釋作

---

① 廖晉雄:《廣東始興縣繅絲廠東晉南朝墓的發掘》,《考古》1996 年第 6 期。

"平□",[①]疑是"七月"。此外,2 號和 6 號磚室墓雖没有紀年文字,但分别發現了"朱武子"的刻劃銘文和"大公作之"的反書模印銘文。三墓出土遺物幾乎全是青釉陶器。[②]

景平元年（423）磚

景平元年作。

磚出韶關市曲江區馬垻鎮南華寺 15 號長方形券頂磚室墓,青灰色、紅色,楔形,飾葉脉紋、錢紋,銘文模印,楷書、反文。墓室兩壁分别砌有壁龕,内置小碗作爲燈盞。[③]

---

① 楊豪:《秦人漢人客家人》,第 58 頁。
② 廣東省文物管理委員會:《廣東曲江東晉、南朝墓簡報》,《考古》1959 年第 9 期。
③ 廣東省博物館:《廣東曲江縣南華寺南朝墓發掘簡報》,《考古》1983 年第 7 期。

元嘉三年（426）磚

元嘉三年七月十八日造。

磚出清遠連州市附城鎮龍口南朝 10 號券頂磚室墓，銘文模印、反書，四周有邊框。①

---

① 廣東省博物館、香港中文大學文物館編：《廣東出土晉至唐文物》，第 63～67 頁。

元嘉四年（427）磚

元嘉四年歲丁卯□月十日立。

磚出陽江市髻山 3 號券頂磚室墓。墓中出土青瓷鷄首壺、滑石猪等物品。[1] 劉宋文帝元嘉四年，歲在丁卯。

元嘉八年（431）磚

元嘉八年九月一日。

磚出韶關市曲江區西河鎮船蓬形券頂磚室墓，銘文模印、正書。磚側飾葉脉紋、對稱格子紋、對稱輪形紋、雙菱魚狀紋和雙魚紋等紋飾。[2]

---

① 林尚知:《陽江早期的古墓葬》,《陽江文史》第 17 期,1998 年。

② 楊豪:《廣東韶關市郊的南朝墓》,《考古學集刊》第 3 集,北京:中國社會科學出版社,1983 年,第 155 頁。

元嘉八年（431）磚

元嘉八年辛未歲十一月廿日作。

元嘉八年辛未作之。

八月四日己丑作之。

八月六日辛卯作之。

八月八日壬辰作之。

　　磚出雲浮市新興縣東城鎮虎曼山西北坡券頂磚室墓，有長方形和楔形兩種，其中，長方形磚長 34 厘米，寬 17 厘米，厚 5～5.5 厘米；楔形磚長 34 厘米，寬 17 厘米，厚 3.5～5.5 厘米。長方形磚平面壓印菱格紋，側面多模印長方格與錢紋，楔形磚厚薄兩端模印長方格紋，側面模印梯形紋。墓磚大都爲紅褐色，少量爲紅色和灰色，飾有菱形紋。除元嘉八年紀年磚外，墓中還發現“元嘉十二年乙亥歲作之”的磚文。隨葬品主要放置于主室靠過道處，有青瓷罐、碗、壺等 22 件,另有銅盆和金飾件各 1 件。[①] 元嘉八年八月朔爲己卯,則四日爲壬午,六日爲甲戌,八日爲丙子,但和銘文完全不合,因此銘文"八月四日""八月六日"和"八月八日"并非屬于元嘉八年。再則八月六日若是辛卯日,八日當是癸巳日,而非壬辰。我們注意到墓中另有元嘉十二年磚文,其年八月朔爲丙戌日,四日恰是己丑,六日爲辛卯,因此"八月四日""八月六日"二磚乃屬于元嘉十二年,而"壬辰"或是工匠誤植。

元嘉九年（432）磚

元嘉九年(任)[壬]申歲立此壁。

其年廣州使君孔記。

元嘉九年歲在(任)[壬]申八月廿日造立□□。

元嘉九年歲在(任)[壬]申八月十日造立此。宜得富貴。

其年使君孔立□。

與其年使君孔□□。

磚六種,出肇慶市高要羅建村北河頭山古墓,銘文反書。此墓另出地券,但具體情況不詳。[②]《宋書·文帝紀》元嘉六年七月己酉,"以尚書左丞孔默之

① 古運泉:《廣東新興縣南朝墓》,《文物》1990 年第 8 期;伍慶禄、陳鴻鈞:《廣東金石圖志》,第525 頁。

② 彭泰来:《高要金石略》卷 1,《石刻史料新編》第 2 輯,第 11403 頁上～下欄。

爲廣州刺史”；《宋書·范曄傳》附“孔熙先傳”曰：“初（魯國）熙先父默之爲廣州刺史，以贓貨得罪下廷尉，大將軍彭城王義康保持之，故得免。”[1]銘文“廣州使君孔”即是孔默之。墓主可能是廣州僚佐或當地文士，故孔默之爲其墓撰寫銘文題記。

元嘉十二年（435）磚

元嘉十二年歲□□月□□。（側面）

磚出鶴山市古老鎮下六管理區大岡 2 號長方形券頂磚室墓，長方形，長 30～32 厘米，寬 15 厘米，厚 5 厘米。部分磚面壓印菱格紋，紀年銘文祇有一塊。[2]

元嘉十七年（440）磚

宋元嘉十七年庚辰立磚，吕氏記。（側面）

以辛巳歲鑿壙，吉。（側面）

六合。（端面）

大吉。（端面）

---

① 《宋書》卷 5《文帝紀》，第 78 頁；《宋書》卷 69《范曄傳》附“孔熙先傳”，第 1820 頁。
② 鄧宏文：《廣東鶴山市大岡發現東晉南朝墓》，《考古》1999 年第 8 期。

　　磚出韶關市西河齒輪廠附近的磚室墓,青灰色。墓磚一面飾網格紋,另一面素面。銘文正書,四周有界格。而"以辛巳歲鑿曠吉"磚銘,四周無界格。[1]元嘉十七年,歲在庚辰,燒製墓磚,第二年即"辛巳歲",鑿冢墓。"呂氏"身份不確,或是墓主家屬。

元嘉十八年(441)磚

　　元嘉十八……。

　　磚殘,出韶關市曲江區馬壩鎮南華寺 11 號長方形券頂磚室墓,楔形。銘文模印,隸書、反文。此墓出土 2 件滑石豬。[2] 此外,報告提到"周氏"銘文磚,但沒有交代是否屬于 11 號墓。

大明四年(460)磚

　　大明四年。

　　磚出揭陽市仙橋街道平林村赤嶺口凸字磚室墓,青灰色,銘文斜印于一塊楔形磚上,周邊飾幾何紋,另一面壓印花朵紋飾。墓室左右兩壁有對稱用 5 塊斜豎磚砌成的假直櫺窗,靠近棺室兩側起曲尺形磚柱,砌成雙層拱門,墓室四

① 　毛芳:《韶關發現南朝劉宋紀年銘文磚》,《文物》1998 年第 9 期。
② 　廣東省博物館:《廣東曲江南華寺古墓發掘簡報》,《考古》1983 年第 7 期;伍慶禄、陳鴻鈞:《廣東金石圖志》,第 525 頁。

角均砌磚柱，以加固券頂及裝飾作用。①

大明九年（465）磚

大明九年八月□作之。

磚出清遠市連南瑤族自治縣三江鎮券頂磚室墓，銘文反書。②

---

① 廣東省博物館等:《廣東揭陽東晉南朝唐墓發掘簡報》,《考古》1984 年第 10 期。
② 楊豪:《秦人漢人客家人》,第 58 頁。

義嘉元年（泰始二年，466）磚

義嘉元年吉日。

磚出肇慶市德慶馬墟 7 號券頂磚室墓，同出"大明年造"紀年磚。[1]《宋書·
劉子勛傳》曰："泰始二年正月七日，奉子勛爲帝，即僞位于尋陽城，年號義嘉元
年。"又《宋書·明帝紀》泰始二年春正月下曰："廣州刺史袁曇遠、益州刺史蕭
惠開、凉州刺史柳元怙并同叛逆。"[2]則泰始二年廣州刺史袁曇遠叛逆時，推奉
劉子勛爲帝。銘文"義嘉元年"正是當時劉子勛所建僞號的直接證據。

建元三年（482）買地券磚

建元三年二月廿一/日甲□，宏光□□買/地一丘，雲山之陽，東/極龜
坎，西極玄壇，/南極岡頭，北極淤/□，值錢三千貫，當/日付畢，天地爲證，
五/行爲任。張執。/

---

① 古運泉：《德慶縣馬墟公社古墓葬發掘簡報》，《廣東文博》1985 年第 1 期。
② 《宋書》卷 80《孝武十四王傳·劉子勛》，第 2060 頁；《宋書》卷 8《明帝紀》，第 156 頁。

磚出廣東，[①]建元三年二月廿一日，乃辛亥日，"甲"當是"辛"之誤。"雲山"，即"白雲山"。

建元四年（482）磚

建元四年。

磚出河源市和平縣彭寨鎮墩頭村大丘面山 13 號南朝券頂磚室墓，長 30 厘米，寬 14 厘米，厚 5 厘米。墓葬分前後室，隨葬品僅存 1 件破碎的青瓷杯。磚面飾斜方格紋，側面花紋。銘文模印，隸書、反文。[②]

---

① 寶漢劍齋主人拓輯：《嶺南金石拓本》，陳建華、曹淳亮主編：《廣州大典》第 39 輯《史部·金石類》，第 461 頁。録文參見陳鴻鈞：《廣東出土漢晉南朝銘文磚述略》，廣州市文化廣電新聞出版局、廣州市文物博物館學會編：《廣州文博》9，第 215～232 頁。

② 廣東省文物考古研究所、和平縣博物館：《廣東和平縣晉至五代墓葬的清理》，《考古》2000 年第 6 期。

永明十一年（493）磚

永明十一年□□立。（側面）

　　磚出韶關市乳源縣侯公渡區健民鄉虎頭嶺南坡 3 號磚室墓，以紅色爲主，少量青灰色，有長方形和楔形兩種，其中長方形磚長 31 厘米，寬 15 厘米，厚 5 厘米。銘文位于長方形磚側面，模印隸書。紋飾有葉脉紋和雙棱車輪紋。墓內隨葬品置于主室和甬道交接處。[①]

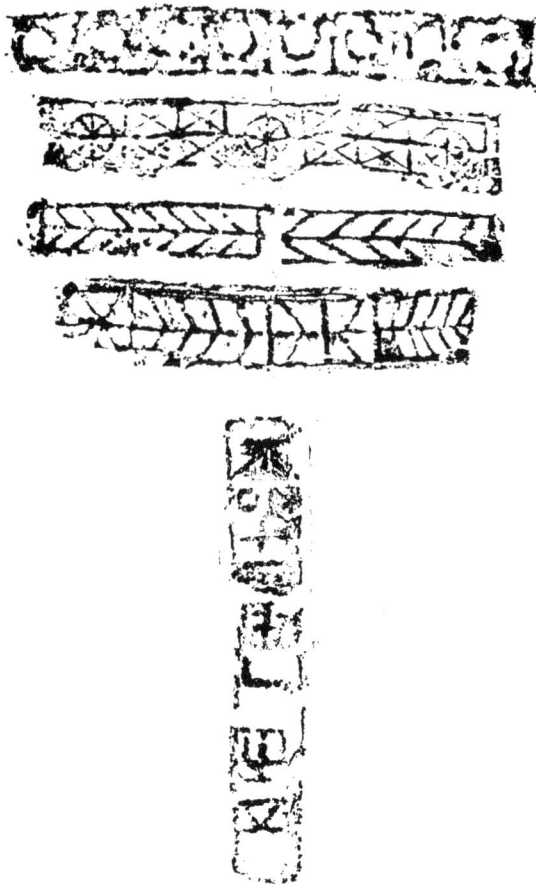

---

①　韶關市文物管理辦公室、乳源縣博物館:《廣東乳源縣虎頭嶺南朝墓清理簡報》,《考古》1988 年第 6 期。

建武二年（495）磚

建武二年一亥歲。

磚出韶關市仁化縣董塘鎮南朝磚室墓，銘文模印，隸書。[1] "一亥"即"乙亥"。

建武四年（497）磚

建武四年大□。

磚出英德市淘洸鎮石墩嶺長方形磚室墓，長 32 厘米，寬 16 厘米，厚 6 厘米。磚側飾葉脉紋，銘文模印，四周有邊框。[2] "大□"，有學者釋作"大國"。[3]

---

[1]　伍慶禄、陳鴻鈞：《廣東金石圖志》，第 531 頁。

[2]　廣東省文物管理委員會、華南師範學院歷史系：《廣東英德、連陽南齊和隋唐古墓的發掘》，《考古》1961 年第 3 期。

[3]　陳鴻鈞：《廣東出土漢晉南朝銘文磚述略》，廣州市文化廣電新聞出版局、廣州市文物博物館學會編：《廣州文博》9，第 215～232 頁。

永元元年（499）磚

　　齊永元一年大歲己卯。

　　磚出英德市洺洸鎮石墩嶺長方形磚室墓，長 32 厘米，寬 16 厘米，厚 6 厘米。磚側飾葉脉紋，銘文模印，四周有邊框。[①] 齊東昏侯永元元年，歲在己卯。

---

① 　廣東省文物管理委員會、華南師範學院歷史系：《廣東英德、連陽南齊和隋唐古墓的發掘》，《考古》1961 年第 3 期。

永元二年（500）磚

永元二年六……。

磚出廣州，具體情況不詳。[1]

天監六年（507）磚

天監六年，故將卜之□。

磚出廣州，銘文模印，楷書。[2]"故將"銘文，或暗示由墓主故將爲其營墓。

---

① 陳鴻鈞：《廣東出土漢晉南朝銘文磚述略》，廣州市文化廣電新聞出版局、廣州市文物博物館學會編：《廣州文博》9，第 215～232 頁。

② 寶漢劍齋主人拓輯：《嶺南金石拓本》，陳建華、曹淳亮主編：《廣州大典》第 39 輯《史部·金石類》，第 465 頁；伍慶禄、陳鴻鈞：《廣東金石圖志》，第 533 頁。

六輿磚

六輿。

磚出韶關市曲江區馬壩鎮南華寺 14 號長方形券頂磚室墓,銘文反書。[1]

太壬磚

太壬。

磚出韶關市曲江區馬壩鎮南華寺 16 號凸字形券頂磚室墓,銘文上部飾葉脉紋。[2]

---

[1]　廣東省博物館:《廣東曲江南華寺古墓發掘簡報》,《考古》1983 年第 7 期。
[2]　廣東省博物館:《廣東曲江南華寺古墓發掘簡報》,《考古》1983 年第 7 期。

未□相磚

未□相。

磚出四會市清塘鎮白沙管理區六巷村綏江北岸 1 號磚室墓,青灰色,飾菱格紋、葉脉紋。銘文發現于一塊長方形磚上,陰刻行書。①

---

① 廣東省文物考古研究所、肇慶市文化局、肇慶市博物館、四會市博物館:《廣東肇慶、四會市六朝墓葬發掘簡報》,《考古》1999 年第 7 期。

廣西壯族自治區

永平十六年（73）磚

永平十六年作。（側面）

十六年。（側面中部）

磚出桂林市興安縣西南 25 公里的溶江鎮蓮塘行政村石馬坪古墓群 20 號東漢長方形磚室墓。墓上有饅頭形封土堆，墓磚青灰色，長 32～32.5 厘米，寬 14.5～16 厘米，厚 4～5 厘米。磚側飾交叉方格紋。"十六年作"銘文四周有界格，"十六年"銘文位于磚側中部，上、下部壓印半邊同心圓紋。隨葬品置于墓室前端，計有陶瓮、陶壺、雙耳罐、鐵釜和銅碗等。①

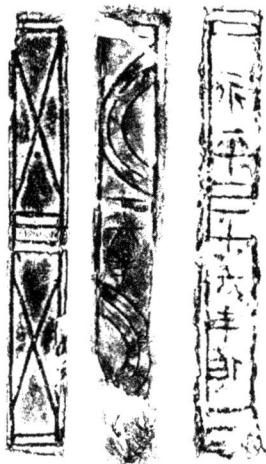

---

① 廣西壯族自治區文物工作隊、興安縣博物館：《興安石馬坪漢墓》，廣西自治區博物館編：《廣西考古文集》，北京：文物出版社，2004 年，第 241 頁。

熹平五年（176）磚

熹平五年六月作宜□□。（側面）
□平五年六月□□。（側面）
熹平五年。（端面）
熹平元年。（端面）

磚徵集于欽州市靈山縣新圩鎮塘墩村，出于九都嶺古墓，青灰色，長 28.5 厘米、寬 13.5 厘米、厚 5.5 厘米。銘文陽文、反書，飾交叉綫紋等。此外，在古文村徵集一塊"熹平五年七月□□□□"銘文磚，紅褐色，長 28 厘米，寬 14 厘米，厚 5 厘米。銘文陽文、反書。[①]

永嘉六年（312）磚

永嘉六……／……日己卯[作]（化）。／

[①] 王永璉：《廣西靈山縣發現東漢紀年磚》，《考古》2002 年第 9 期。

富且貴。

磚殘,出賀州市鐘山縣紅花鄉西嶺東麓磚室墓,有長方形和楔形兩種,磚面壓印網格紋。該墓破壞嚴重,隨葬品主要是瓷器。① "永嘉六"下當有一"年"字。"作",報告者釋作"化",誤。

永嘉六年(312)磚

永嘉六年……。

磚出賀州市鐘山縣,具體情況不詳。②

莫龍編侯磚

永和六年大歲庚戌莫龍編侯之墓。(側面)

磚出梧州市蒼梧縣多賢鄉鳳凰山,魯迅藏有拓片。③ 鄧建英《玉照堂詩鈔‧龍編侯祠》下自注曰:"乾隆庚子,梧之鳳凰山土陷,見陰道如小巷,然附近居民

---

① 莫測境:《廣西鐘山縣發現一座西晉紀年墓》,《考古》1988 年第 7 期。
② 莫測境:《廣西鐘山縣發現一座西晉紀年墓》,《考古》1997 年第 7 期。
③ 北京魯迅博物館編:《魯迅藏拓本全集‧磚文卷》,杭州:西泠印社出版社,2016 年,第 186 頁。

循之入。道盡得堂，石案横陳，上置寶鏡、銅瓶各一，中列三門，磚封甚固，乃藏棺處也。四壁每磚露文，云‘永和六年太歲庚戌莫龍編侯之墓’。”①謝啓昆《粤西金石略》“晉龍編侯墓磚文”曰：“漢晉皆有‘永和’之號，庚戌則東晉穆帝六年也。是時，林邑人范文攻日南、九真，交阯用兵。莫氏當以戰功得侯，然名字事迹于史無所考。龍編，漢縣，隸交阯郡，吴士燮爲交阯太守，後封龍編侯。”②范文反叛事，《晉書·四夷傳》謂永和四年林邑人范文“又襲九真，害士庶十八九。明年，征西督護滕畯率交廣之兵伐文于盧容，爲文所敗，退次九真。其年，文死，子佛嗣”。③ 相關研究，參見劉昕《俟堂藏“莫龍編侯磚”考》。④

---

① 鄧建英：《玉照堂詩鈔》，參見曾賽男《鄧建英〈玉照堂詩鈔〉校注》，廣西大學碩士學位論文，2002 年。

② 謝啓昆：《粤西金石略》卷 1，《石刻史料新編》第 1 輯第 17 册，第 12471 頁上欄；楊翰：《粤西得碑記》，《石刻史料新編》第 2 輯第 15 册，第 11439 頁上～下欄。

③ 《晉書》卷 97《四夷傳·林邑國》，第 2546～2547 頁。

④ 劉昕：《俟堂藏“莫龍編侯磚”考》，吕金成主編：《印學研究》第 12 輯，北京：文物出版社，2018年，第 89～94 頁。

周師磚

周師。

磚出桂林市興安縣西南 25 公里的溶江鎮蓮塘行政村石馬坪古墓群 7 號磚室墓。墓上有封土堆,使用的封土爲黄土。墓室狹長,墓磚有兩種,一種長 32.5 厘米,寬 17.5 厘米,厚 6 厘米,側面拍印幾何紋;另一種 31.5 厘米,寬 16.5 厘米,厚 6 厘米,側面模印反文"周師"二字。該墓早年被盗,衹出土一些殘碎的陶片。[①]

周掾磚

史周掾機(執?)下□萬界。

侍者。

磚出貴港市孔屋嶺東漢墓群的一座大型 T 字型多室合葬磚室墓,銘文位

---

① 　廣西壯族自治區文物工作隊、興安縣博物館:《興安石馬坪漢墓》,廣西壯族自治區博物館
　　編:《廣西考古文集》,北京:文物出版社,2004 年,第 240 頁。

于後室南北兩壁兩塊磚上，隸書。該墓隨葬品多放置在前室的西北角，還有兩組陶器有序放于左後室内的北壁和南壁下。[①] "機"，可能爲"執"字。

陳氏磚

磚出北海市盤子嶺 26 號東漢磚室墓，有清灰色、褐色，壓印"陳"字，飾有方格紋、網紋、手印紋、回紋、葉脉紋和菱形紋等幾何形紋飾。此外，在該墓群的 20 號、28 號墓葬墓磚中，有"夫出""關"和"壽"字。[②]

---

① 廣西壯族自治區文物工作隊、貴港市文物管理所：《廣西貴港市孔屋嶺東漢墓》，廣西文物考古研究所編：《廣西考古報告集（1991—2010）》，北京：科學出版社，2012 年，第 472~484 頁。

② 廣西壯族自治區文物工作隊：《廣西北海市盤子嶺東漢墓》，《考古》1998 年第 11 期。

湖北省

"建元卅"殘磚

建元卅……。

磚出宜昌市長陽土家族自治縣,劉戀琦認爲建元卅年即漢武帝元鼎六年。[1]

元封二年（前 109）磚

元封二年,大吉。

磚出荆州市清荆南道署放生池内,銘文隸書。[2] 該磚可能不是墓磚,存疑。

---

[1] 劉戀琦:《荆南萃古編》,《石刻史料新編》第 2 輯第 10 册,第 7572 頁。
[2] 劉戀琦:《荆南萃古編》,《石刻史料新編》第 2 輯第 10 册,第 7573 頁。

建武殘磚

　　建武廿□/□月廿日□。/

　　磚無具體出土地，劉懋琦謂曹氏藏。磚下部殘，銘文隸書、雙行。[1] "月"字前，《湖北金石志》補一"七"字；"日"字後，《湖北金石志》補一"造"字。[2]

---

① 劉懋琦：《荆南萃古編》，《石刻史料新編》第 2 輯第 10 册，第 7574 頁。
② 張仲炘：《湖北金石志》卷 2，《石刻史料新編》第 1 輯第 16 册，第 11951 頁。

建武三十一年（55）磚

建武卅一年九月廿（十）八日。（側面）

　　磚出長江西陵峽區秭歸香溪鎮香溪河右岸樂圍山2號岩壙磚室墓，現藏于秭歸縣博物館，長33厘米，寬5.5厘米，飾幾何紋、菱形紋等，磚文反書。[1]

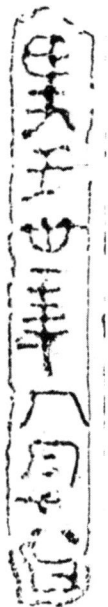

建武中元二年（57）磚

建武中元二年。

　　磚無具體出土地，劉懋琦謂劉氏藏。[2]《續漢書·祭祀志上》曰："大赦天

①　湖北省文物考古研究所：《秭歸馬槽嶺與孔嶺東漢墓發掘簡報》，國務院三峽工程建設委員會辦公室編：《湖北庫區考古發掘報告》第2卷，北京：科學出版社，2005年，第472頁；李應蘭、彭川編著：《長江三峽漢代圖文磚》，重慶：重慶大學出版社，2015年，第23頁。
②　劉懋琦：《荊南萃古編》，《石刻史料新編》第2輯第10冊，第7574頁。

下，以建武三十二年爲建武中元元年。"①又《後漢書·東夷傳》"倭傳"曰："建武中元二年，倭奴國奉貢朝賀，使人自稱大夫，倭國之極南界也。光武賜以印綬。"②

永平磚

永平二年作。

永平六年。

永平六年七月。

永平六年二月造作。

磚出宜都城東。③"永平六年七月"之"七"字反書，"永平六年二月造作"磚文圍有對稱幾何紋。

---

① 參見范曄《後漢書》，第 3170 頁。

② 《後漢書》卷 85《東夷傳》，第 2821 頁。

③ 劉懋琦：《荆南萃古編》，《石刻史料新編》第 2 輯第 10 冊，第 7576～7578 頁。

永平二年（59）磚

永平二年七月作。

磚無具體出土地，[①]銘文反書。

永平七年（64）磚

永平七年五月十九日作。

---

① 張仲炘：《湖北金石志》卷 2，《石刻史料新編》第 1 輯第 16 冊，第 11951 頁。

磚無具體出土地，劉懋琦謂劉氏藏。[1] 銘文反書。

永平七年（64）磚

永平七年七月十一日，作甓。

磚無具體出土地，"作甓"二字反書，"甓"當即"甓"。[2]

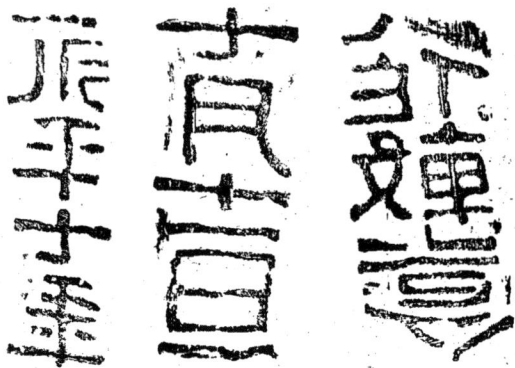

永平九年（66）磚

永平九年爲王母起冢。

何史受千歲，後世子孫長相保護。

磚出宜昌宜都，銘文篆書、反文。《爾雅·釋親》曰："父之妣爲王母。"則"王母"乃其孫爲祖母作冢。劉懋琦謂"何史受"，作者姓名，并舉宜都境内有元嘉何墓、泰始何孝廉夫人桑氏墓爲證。[3]

---

① 劉懋琦：《荆南萃古編》，《石刻史料新編》第 2 輯第 10 册，第 7732 頁。

② 劉懋琦：《荆南萃古編》，《石刻史料新編》第 2 輯第 10 册，第 7579～7580 頁。

③ 劉懋琦：《荆南萃古編》，《石刻史料新編》第 2 輯第 10 册，第 7581～7583 頁。

永平十年（67）磚

永平十年九月廿日造。

磚無具體出土地，劉懋琦謂李氏、劉氏藏。[1] 銘文反書。

---

① 劉懋琦：《荊南萃古編》，《石刻史料新編》第 2 輯第 10 册，第 7585 頁。

永平十年（67）磚

永平十年十月十一日。

　　磚出宜都市陸城鎮 3 號長方形券頂磚室墓。據發掘報告,這座墓葬是一座西晉墓。報告者認爲該紀年屬于西晉時期,有誤。[①] 西晉永平年號,歷時僅三個月,此紀年磚當屬于東漢時期。在營建 3 號墓時,使用了東漢墓中的舊磚。

永平十一年（68）磚

永平十一年八月作。

　　磚無具體出土地,劉懋琦謂朱氏、劉氏藏。[②]

① 宜昌地區博物館、宜都縣文化館：《湖北宜都發掘三座漢晉墓》,《考古》1988 年第 8 期。
② 劉懋琦：《荊南萃古編》,《石刻史料新編》第 2 輯第 10 册,第 7583 頁。

永平十一年（68）磚

永平十一年九月造作。

磚無具體出土地，劉懋琦謂劉氏藏。[1] 銘文反書。

永平十二年（69）磚

永平十二年九月。
永平十二年九月造。

磚出宜都城東，劉懋琦謂劉氏、朱氏等藏。[2]

永平十六年（73）磚

永平十六年七月作。

---

① 劉懋琦：《荊南萃古編》，《石刻史料新編》第 2 輯第 10 冊，第 7732 頁。
② 劉懋琦：《荊南萃古編》，《石刻史料新編》第 2 輯第 10 冊，第 7584 頁；張仲炘：《湖北金石志》
　 卷 2，《石刻史料新編》第 1 輯第 16 冊，第 11951 頁。

磚無具體出土地，下部微殘，劉懋琦謂黄氏、劉氏藏。①

永平十八年（75）磚

永平十八年……。

磚出宜都城東，下部殘，劉懋琦謂曹氏藏。②

永平十八年（75）磚

永平十八年。

磚出宜都市陸城鎮解放村劉家屋場 14 號單室券頂磚室墓，長 37～39 厘米，寬 19 厘米，厚 5～6 厘米，飾菱形紋，紀年銘文位于楔形磚端面。隨葬器物主要位于墓室前端，以陶倉、罐爲主。和該墓相鄰的其他 4 座墓，大體也屬于

---

① 劉懋琦：《荆南萃古編》，《石刻史料新編》第 2 輯第 10 册，第 7587 頁。
② 劉懋琦：《荆南萃古編》，《石刻史料新編》第 2 輯第 10 册，第 7587 頁；張仲炘：《湖北金石志》卷 2，《石刻史料新編》第 1 輯第 16 册，第 11951 頁。

東漢前期。[1]

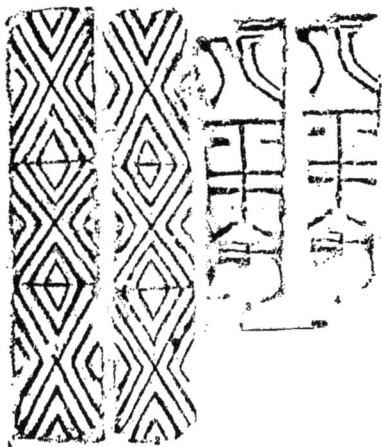

建初磚

建初元年作。

建初二年。

建初二年七月……。

建初二年七月廿日造。

建初二年九月廿日。

---

[1]　宜昌地區博物館、宜都縣文化館:《湖北宜都縣劉家屋場東漢墓》,《考古》1987 年第 10 期。

磚出宜昌宜都。“建初元年作”“建初二年七月廿日”銘文反書。

元和二年（85）磚

元和二年。

九月造作。

磚無具體出土地，劉懋琦謂朱氏、周氏等藏。[①]

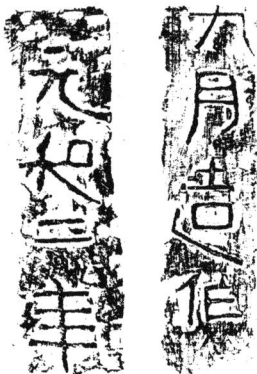

元和四年（87）磚

元和四年。

磚無具體出土地，劉懋琦謂劉氏藏。[②]

---

① 劉懋琦：《荆南萃古編》，《石刻史料新編》第 2 輯第 10 册，第 7591～7592 頁。
② 劉懋琦：《荆南萃古編》，《石刻史料新編》第 2 輯第 10 册，第 7591 頁。

章和二年（88）磚

章和二年九月作。

磚出宜都城南，劉懋琦謂楊氏、黃氏等藏。[①] 銘文四周有界格。

永元元年（89）磚

永元元年。

磚無具體出土地，劉懋琦謂黃氏藏。[②]

---

① 劉懋琦：《荊南萃古編》，《石刻史料新編》第 2 輯第 10 冊，第 7593 頁；張仲炘：《湖北金石志》
卷 2，《石刻史料新編》第 1 輯第 16 冊，第 11951 頁。
② 劉懋琦：《荊南萃古編》，《石刻史料新編》第 2 輯第 10 冊，第 7594 頁。

永元五年（93）磚

永元五年/四月十三作。/

磚出宜都城東，劉懋琦謂楊氏、朱氏等藏。[1]

---

[1] 劉懋琦：《荆南萃古編》，《石刻史料新編》第 2 輯第 10 冊，第 7594 頁；張仲炘：《湖北金石志》卷 2，《石刻史料新編》第 1 輯第 16 冊，第 11951 頁。

永元八年（96）磚

永元八年。

永元八年七月十日。

磚無具體出土地，劉懋琦謂黃氏、朱氏等藏。[1]"月"字在大字側，"日"字象形。

永元十年（98）磚

永元十年造作。

項 亦 吳。（端面）

磚無具體出土地，劉懋琦謂朱氏藏。"項 亦 吳"反書，劉懋琦認爲是作磚之人，[2]可從。

---

[1]　劉懋琦：《荊南萃古編》，《石刻史料新編》第 2 輯第 10 冊，第 7595～7596 頁。

[2]　劉懋琦：《荊南萃古編》，《石刻史料新編》第 2 輯第 10 冊，第 7599～7600 頁。

永元十二年（100）磚

永元十二年三月十二日黄帀牢。（側面）

永元十二年三月十二日黄帀作牢。（側面）

二磚出自恩施土家族苗族自治州巴東縣官渡口鎮西瀼口村 3 號凸字形券頂磚石合構墓和車上村另外一座磚石合構墓，青灰色，飾菱形、捲雲、雙龍、魚、鳥、花草、斜綫紋及其組合紋樣等。銘文磚一位于墓室右側轉角處。該墓爲多人合葬墓，所存隨葬品不多，計有陶耳杯、人俑、案、銅釵、戒指、錢幣及料珠等 20 餘件。此外，在 4 號墓楔形磚側面模印"廣山明光大吉"。[1] 銘文磚二所在的墓葬爲主妾合葬墓，盜擾嚴重，飾魚紋、幾何紋和花瓣紋等。[2] "黄帀作牢"，張明達釋作"黄雅南"，《巴東西瀼口古墓群發掘情况》已辨其誤。[3] "帀"即"師"，黄帀當即營墓之工師。基本一致的銘文磚出自此二墓中，表明這是一批同時燒製的墓磚。

---

① 廣西壯族自治區文物工作隊：《巴東西瀼口古墓葬 2000 年發掘簡報》，國務院三峽工程建設委員會辦公室、國家文物局編著：《湖北庫區考古報告集》第 1 卷，北京：科學出版社，2003 年，第 255～256 頁。

② 張明達：《巴東發現東漢紀年墓》，《江漢考古》1980 年第 1 期。

③ 鄂西自治州博物館：《巴東西瀼口古墓群發掘情况》，國家文物局三峽工程文物保護領導小組湖北工作站編：《三峽考古之發現》，武漢：湖北科學技術出版社，1998 年，第 357～360 頁。

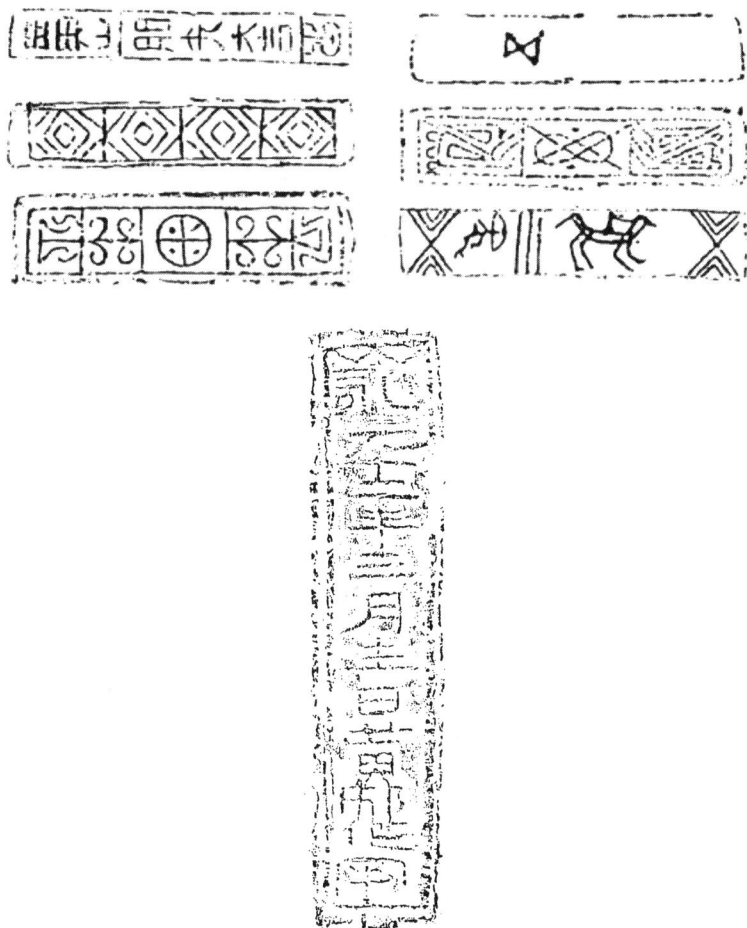

永元十二年（100）磚

　　永元十二年。

　　磚出十堰市鄖縣城南老幸福院 18 號東漢土坑磚室墓，飾繩紋、三角形紋等。該墓僅出土隨葬品銅錢、銅飾各 1 件。[1]

──────────

[1]　南水北調中綫水源有限責任公司、湖北省移民局、湖北省文物事業管理局編著：《鄖縣老幸福院墓地》，北京：科學出版社，2007 年，第 72、129、131 頁。

永元十三年（101）磚

永元十三年/八月杜少賵作。/

　　磚出宜都城東，劉懋琦謂朱氏、劉氏等藏。[1] 張仲炘認爲"杜少"爲姓名，而
"賵"字，"所以送死者，其以賵造作冢"。另一種可能，"杜少賵"爲姓名。

---

① 劉懋琦：《荆南萃古編》，《石刻史料新編》第 2 輯第 10 册，第 7601 頁；張仲炘：《湖北金石志》
　　卷 2，《石刻史料新編》第 1 輯第 16 册，第 11952 頁。

永元十三年（101）磚

永元十三年/八月作。/

磚無具體出土地，劉懋琦謂朱氏、周氏等藏。[1] 銘文兩行、隸書。

永元十六年（104）磚

永元十六/年十月□樊。/

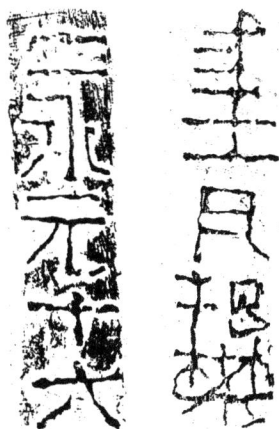

---

[1] 劉懋琦：《荊南萃古編》，《石刻史料新編》第 2 輯第 10 册，第 7602 頁。

磚無具體出土地，劉懋琦謂朱氏藏。[①]"樊"字上一字似"楊"。

永元十六年（104）磚

永元十六年造。

磚出宜都城南，劉懋琦謂李氏、朱氏等藏。[②]

永元十六年（104）磚

永元十六年九月作。

磚出宜都城南，銘文四周有界格。[③]

---

① 劉懋琦：《荆南萃古編》，《石刻史料新編》第 2 輯第 10 册，第 7597～7598 頁。

② 劉懋琦：《荆南萃古編》，《石刻史料新編》第 2 輯第 10 册，第 7602 頁；張仲炘：《湖北金石志》卷 2，《石刻史料新編》第 1 輯第 16 册，第 11952 頁。

③ 劉懋琦：《荆南萃古編》，《石刻史料新編》第 2 輯第 10 册，第 7603 頁；張仲炘：《湖北金石志》卷 2，《石刻史料新編》第 1 輯第 16 册，第 11952 頁。

延平元年（106）砖

延平元年六月。

延平元年/七月四日造。/

延平元年八月谷旦。

"延平元年七月"磚出宜都沙灣，①三磚應出自不同的墓葬。"延平元年七月"磚銘文兩行、反書。"永平元年八月"磚文中的"谷旦"二字，即"穀旦"，很少見于其他磚文。

永初元年（107）磚

　　　永初元年□/月廿日帀廇作。/（端面）

磚無具體出土地，銘文反書，分別位于磚室二端面上。"帀"即"師"，"廇"即"廟"。"廇"乃師之名，當是造磚或起冢工匠。

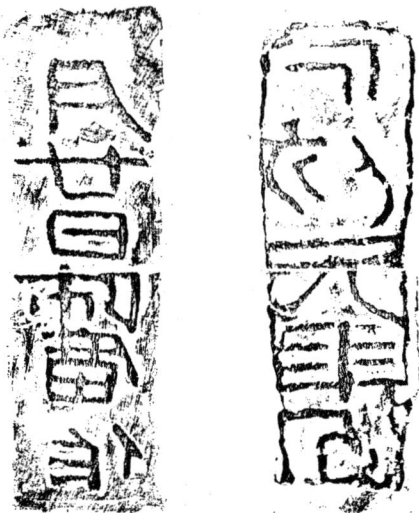

永初元年（107）磚

　　　永初元年。

磚出宜都城南，銘文反書。②

---

① 張仲炘：《湖北金石志》卷2，《石刻史料新編》第1輯第16册，第11953頁。
② 張仲炘：《湖北金石志》卷2，《石刻史料新編》第1輯第16册，第11953頁。

永初二年（108）磚

永初二年七月□造作。

磚無具體出土地，劉懋琦謂朱氏藏。[1] 銘文反書。

永初七年（113）磚

永初七年九月作。

---

[1] 劉懋琦：《荆南萃古編》，《石刻史料新編》第 2 輯第 10 册，第 7607 頁。

磚無具體出土地，銘文反書。①

元初五年（118）磚

　　元初五年十月造。

　　磚無具體出土地，劉懋琦謂朱氏、周氏藏。② 銘文反書。

元初六年（119）磚

　　元初六年七月一日由君造。

　　磚出宜都城東，劉懋琦謂朱氏、周氏藏。③ 銘文反書。"由君"或是墓主，或是出資建墓者。

---

① 劉懋琦：《荆南萃古編》，《石刻史料新編》第 2 輯第 10 册，第 7608 頁。
② 劉懋琦：《荆南萃古編》，《石刻史料新編》第 2 輯第 10 册，第 7609～7610 頁。
③ 劉懋琦：《荆南萃古編》，《石刻史料新編》第 2 輯第 10 册，第 7609～7610 頁。

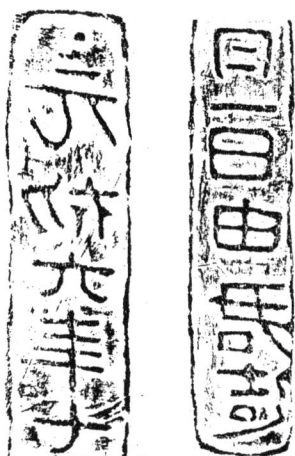

建光元年（121）磚

建光元年造。

建光元年八月七日作。

磚無具體出土地，劉戀琦謂朱氏、劉氏藏。二磚應出自不同的墓葬，其中
"建光元年八月七日作"銘文反書。

延光四年（125）磚

延光四年七月，駱□。

延光四年七月，駱平公作。

大吉昌，駱公。

大吉。

磚出宜昌前坪包金頭 14 號墓，飾對稱菱形紋。該墓爲石室墓，銘文出自墓葬後室的鋪地磚。在後室右側有一紅漆棺木，棺内隨葬有玉珠、瑱、銀戒指和錢幣等。此外，在墓道口上還出土銅印一枚，印文"張躬"二字，[①]由此説明該墓墓主是張躬。磚文"駱公"即駱平，應當不是造磚工匠。這組銘文來自于墓室的鋪地磚，很有可能是舊磚再利用。

---

① 長辦庫區處紅花套考古工作站：《湖北宜昌前坪包金頭東漢、三國墓》，《考古》1990 年第 9 期。

陽嘉元年（132）磚

陽嘉元年八月作此。（側面）

陽嘉元年 西 陵□/府 君……。/（側面）

　　磚出十堰市房縣城關鎮亂葬岡 3 號磚室墓，長 35 厘米，寬 16 厘米，厚 6 厘米。銘文位于墓壁、封門磚和鋪地磚中。該墓出土陶器、銅器等 11 件。[1] "八月作此"磚文正書，"西陵"磚文二行反書。"西陵"磚字迹磨泐嚴重，但"陵"字上當是"西"字，"君"上爲"府"字，"府"字上或是"良"字，不確定。西陵，江夏郡轄縣。[2] 則墓主生前或是西陵縣的長官。

陽嘉二年（133）磚

陽嘉二年向師作。

①　湖北省博物館：《湖北房縣的東漢、六朝墓》，《考古》1978 年第 5 期。
②　《續漢書·郡國志四》，見范曄《後漢書》，第 3480 頁。

磚無具體出土地，劉懋琦謂劉氏藏。[1] "向師"，即是造磚營墓的工師。

陽嘉磚

　　陽嘉二年七月。

　　陽嘉三年造。

"陽嘉二年"磚出宜都城西，銘文反書。劉懋琦謂黃氏、朱氏等藏。[2]

①　劉懋琦：《荆南萃古編》，《石刻史料新編》第 2 輯第 10 册，第 7733～7734 頁。

②　劉懋琦：《荆南萃古編》，《石刻史料新編》第 2 輯第 10 册，第 7613～7614 頁；張仲炘：《湖北
　　金石志》卷 2，《石刻史料新編》第 1 輯第 16 册，第 11953 頁。

本初元年（146）磚

本初元年閏月作。（側面）

磚出十堰市房縣城關鎮二龍岡 2 號磚室墓，長 38.5 厘米，寬 17 厘米，厚 7 厘米。銘文磚發現于封門墻中。該墓盜擾嚴重，僅出土陶罐、銅鏡和銅弩機三件。[1] 本初元年，乃閏六月。

永壽磚

永壽三年作。

永壽四年造(?)作。

"永壽三年"磚出宜都城南，劉懋琦謂李氏、余氏和劉氏藏。[2] "永壽四年"磚文反書，在"永"字上飾魚紋。

---

① 湖北省博物館：《湖北房縣的東漢、六朝墓》，《考古》1978 年第 5 期。

② 劉懋琦：《荆南萃古編》，《石刻史料新編》第 2 輯第 10 册，第 7615～7616 頁；張仲炘：《湖北金石志》卷 2，《石刻史料新編》第 1 輯第 16 册，第 11953 頁。

建寧二年（169）磚

建寧二年一月作。（側面）

磚出十堰市房縣城關鎮亂葬岡 2 號磚室墓，長 36 厘米，寬 14.5 厘米，厚 5.5 厘米。銘文位于墓壁、封門墻和墓室淤土中的墓磚側面，飾鳥、魚圖案。此墓盜擾嚴重，僅出土陶鉢、銅刀和銅錢三件器物。[①]

熹平二年（173）磚

熹平二年。

磚出宜都城東，劉懋琦謂朱氏、周氏藏。[②]

---

① 湖北省博物館：《湖北房縣的東漢、六朝墓》，《考古》1978 年第 5 期。

② 劉懋琦：《荆南萃古編》，《石刻史料新編》第 2 輯第 10 册，第 7617 頁；張仲炘：《湖北金石志》卷 2，《石刻史料新編》第 1 輯第 16 册，第 11953 頁。

熹平五年（176）磚

熹平五年。（側面）

磚出十堰市房縣城關鎮亂葬岡 1 號磚室墓，長 38 厘米，寬 16.5 厘米，厚 6 厘米。銘文磚位于墓壁。此外，在封門磚中還發現一塊文爲"陽嘉元年八月作此"的紀年磚，形制、大小和亂葬岡 3 號墓所出墓磚完全一樣，[①]説明此磚是 1 號墓主人下葬封門時利用 3 號墓的舊磚。

---

① 湖北省博物館：《湖北房縣的東漢、六朝墓》，《考古》1978 年第 5 期。

"七年九月"磚

　　□□七年九月四日，馬。（端面）

　　磚出丹江口市均縣鎮關門岩村丹江口水庫西岸吳家溝 1 號土坑豎穴磚室墓，飾幾何紋。原報告未附該磚文拓片圖影，報告者認爲該墓是東漢墓。[1]

日南太守磚

　　磚出當陽市脚東鄉一座漢代磚室墓，銘文有"日南太守""日南太守冢"。[2]

永安四年（261）磚

　　永安四年十一月八日造□。（側面）
　　　　□作□長尺六廣八寸。（側面）

　　磚出鄂州市石山鄉塘角頭村 2 號多室磚室墓，長 37～39 厘米，寬 17～18 厘米，厚 6.5 厘米，飾幾何紋、繩紋和龍虎紋等，銘文上部有飾圓餅圖案的"日""月"二字。墓葬形制特殊，由前堂、後室加一個長方形單室聯結而成。[3] 比

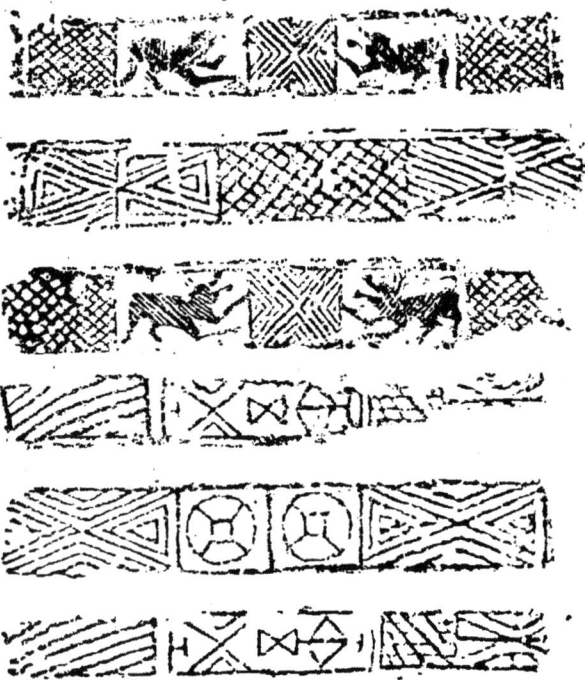

---

[1]　湖北省文物局等編著：《湖北南水北調工程考古報告集》（第二卷），北京：科學出版社，2013年，第 102 頁。

[2]　陳上岷：《當陽縣發現日南太守墓》，《文物參考資料》1958 年第 2 期。

[3]　湖北省文物考古研究所、鄂州市博物館：《湖北鄂州塘角頭六朝墓》，《考古》1996 年第 11 期。

較難得的是該墓磚文記載了當時制磚的尺寸。

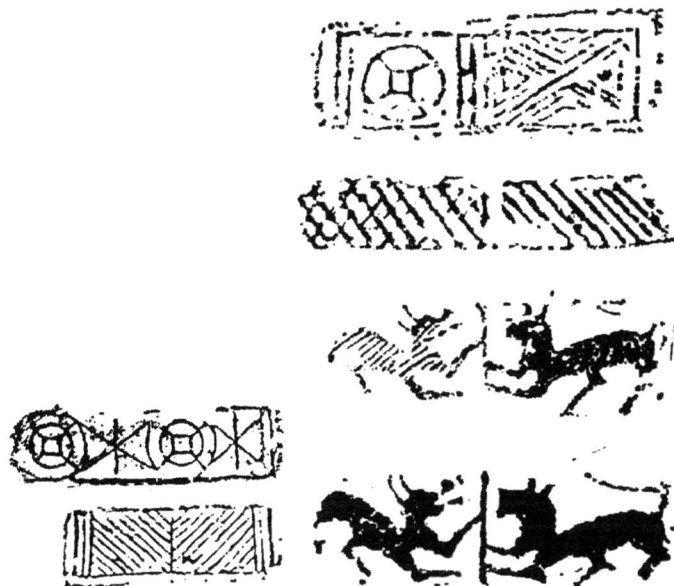

甘露二年（266）磚

[甘]露二年八月十日(造)。

　　磚出十堰市鄖縣安陽鎮李營村 2 號券頂磚室墓，銘文位于封門墙中間一塊殘磚上。該墓出土五銖銅錢一枚、殘陶片數塊。[1]

鳳凰三年（274）磚

　　　　鳳皇三年立。（磚面）

　　　　富貴。（側面）

　　　　吳鳳皇三年。（磚面）

　　　　大吉陽、宜侯王、富貴昌。（側面）

　　磚二種，出宜都城南。二磚同出一墓，劉懋琦謂朱氏、劉氏藏。[2]

泰始三年（267）磚

　　　　泰始三年□□。

　　　　泰始三年九月□。

　　　　皋（樂？）元（云？）。

---

[1]　山西大學歷史學院考古系：《鄖縣李營墓群》，湖北省文物局主編：《湖北省南水北調工程重要考古發現Ⅱ》，北京：文物出版社，2010 年，第 233、237 頁。

[2]　劉懋琦：《荊南萃古編》，《石刻史料新編》第 2 輯第 10 册，第 7620～7621 頁；張仲炘：《湖北金石志》卷 2，《石刻史料新編》第 1 輯第 16 册，第 11970 頁。

　　磚出丹江口市均縣鎮黄家槽村雷家陂魏晉磚室墓群,飾粗綫同心菱形花紋、細綫同心菱形花紋、細綫對頂三角紋、繩紋、雙乳突紋和雙太陽紋等。銘文陽文隸書,其中"泰始三年□□"磚數量較多,出自 3、6、9 和 12 號墓葬;"㫋元"磚出自 3、6 和 9 號墓葬,報告者猜測爲製磚者姓名;"泰始三年九月□"磚出自 9 號墓葬。此外,其他幾座墓如 8 號、24 號墓出土兩塊紀年磚,分别是"□平五年張氏□"和"□平三年張氏造",位于側面,端面有"位至三公"四字。[①] 磚文模糊,"平"字前一字,可能是"嘉"字,"嘉平"是曹魏曹芳的第二個年號;"張氏造"不通,懷疑此後還有文字。

5

---

①　青海省文物考古研究所:《丹江口雷陂墓地晉、明清墓葬發掘簡報》,湖北省文物局等編著:《湖北南水北調工程考古報告集》(第二卷),第 146～154 頁。

泰始八年（272）、九年（273）陶帳座銘文

泰始八年作窄好。

泰始九年作燭□衣□好也。

燭、登。

銘文出自老河口市李樓辦事處 1 號多室磚室墓的陶帳座上，陰刻。"窄"，報告者認爲就是陵墓之意。[1]

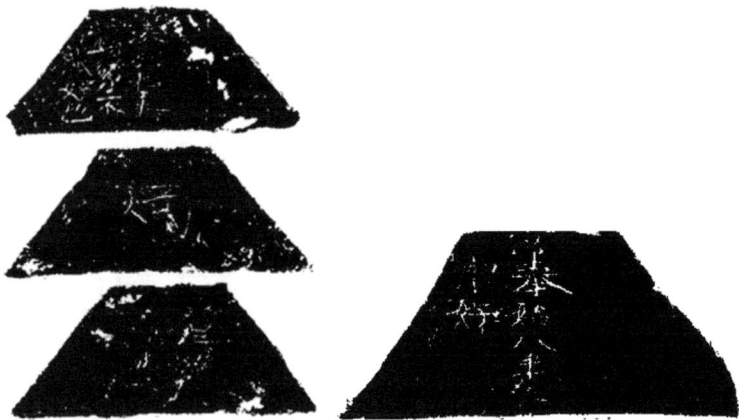

咸寧元年（275）磚

咸寧元年九月五日作。

---

[1] 老河口市博物館：《湖北老河口市李樓西晉紀年墓》，《考古》1998 年第 2 期。

砖出十堰市郧县五峰乡肖家河村喬家院墓群的一座西晉砖室墓,長 36 厘米,寬 16 厘米,厚 6 厘米。銘文砖位于墓室北壁的西北角。該墓爲雙棺合葬墓,出土隨葬器物有銅鏡、碗和耳杯等。①

太康元年（280）砖

太康元年下邳淮浦舍人徐。（側面）

太康元年下邳淮浦舍人徐氏。（側面）

砖出武漢市新洲區舊街鎮西南 1 公里的得勝山南部月亮塘東面的長方形單室券頂砖室墓,大小不一,紋飾組合多樣,主要有龍、虎、玄武圖案和幾何、葉脉花紋等,分布于側面和端面,紀年銘文有正書陽文和反書陽文兩種。此外,

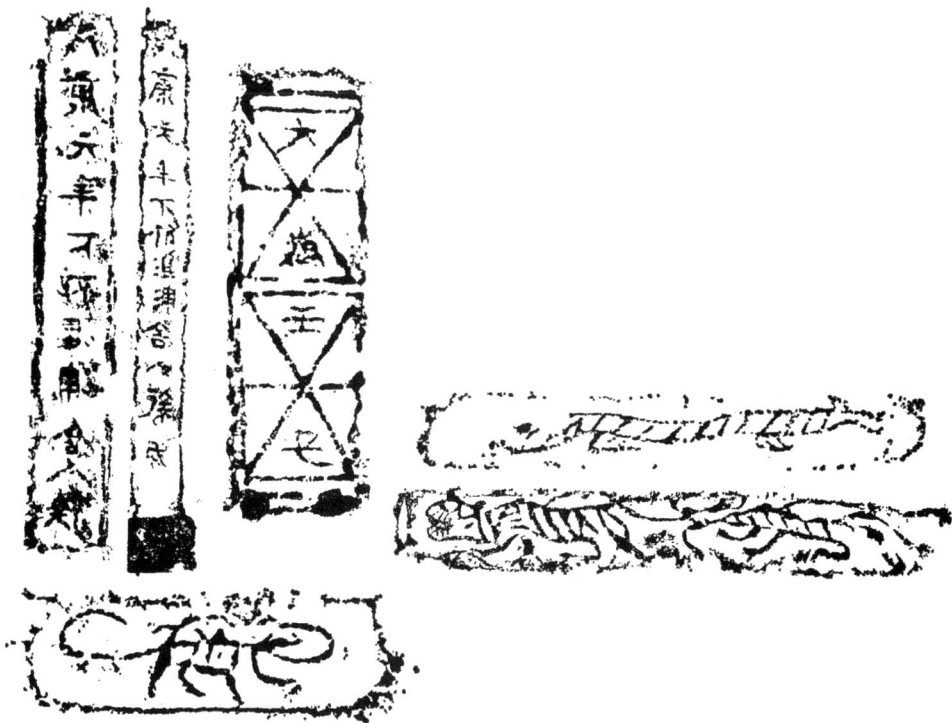

---

① 湖北省文物考古研究所:《郧縣喬家院墓群 2008 年的發掘》,湖北省文物局主編:《湖北省南水北調工程重要考古發現 II》,第 216～217 頁。

在相鄰的另一墓中出土"太歲壬子"銘文磚,報告者推斷可能是元康二年(292)的墓磚。[①]"淮浦"二字,原報告未識別,後經學者考證,爲西晉太康元年(280)下邳郡屬縣。[②]"舍人",將軍府、王國舍人,學者認爲徐氏生前擔任的是下邳國的舍人。磚文"下邳淮浦"應是徐氏的籍貫,否則若是下邳國的舍人,應直接在"下邳"下跟隨"舍人",因此徐氏擔任的可能不是下邳國的"舍人"。聯繫到墓主葬于武漢新洲區(弋陽郡西陵縣)這一點,他生前任職的是南陽、汝南國舍人或將軍府舍人,後客居于弋陽郡西陵縣一帶。再進一步考慮,徐氏更有可能是東吳遺民,太康元年滅吳後降晉。他生前已久居西陵,月亮塘東面的家族墓地或許也能證明這一點。

太康三年（282）磚

大康三年作。（側面）

大康三年八月作。（側面）

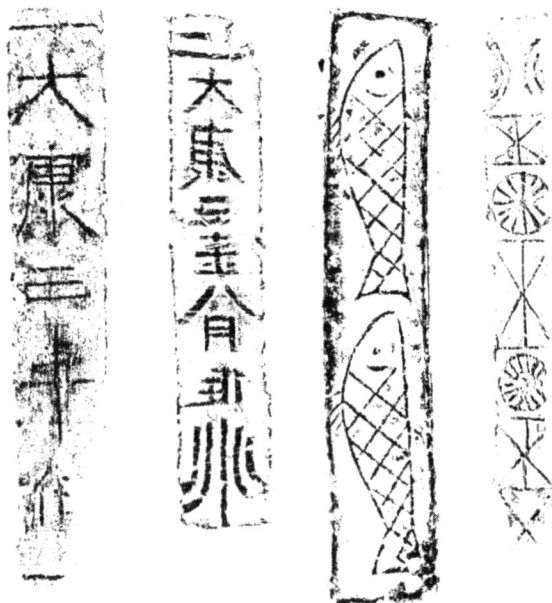

---

① 王善才、胡金豪:《湖北新洲舊街鎮發現兩座西晉墓》,《考古》1995 年第 4 期。

② 周曉陸:《西晉太康元年下邳淮浦磚銘跋》,《考古》1996 年第 5 期。

磚出十堰市鄖縣楊溪鋪村 4、6 號帶斜坡墓道券頂磚室墓。出于 4 號墓的
紀年磚,長 36.5 厘米,寬 14.5 厘米,厚 6.5 厘米;出于 6 號墓的紀年磚,長 30.5
厘米,寬 14.5 厘米,厚 6.5 厘米。磚飾雙魚紋、圓圈紋等,"大康三年作"銘文正
書,"大康三年八月作"銘文反書。[①]

元康四年（294）磚

元康四年九月大歲甲寅,晉故中郎汝南馮氏造。（側面）

磚出黃岡市黃梅縣濯港鎮劉坑村松林咀山南坡 1 號雙凸字形磚室墓,長
方形,青灰色,長 36～37 厘米,寬 17.5～18 厘米,厚 5.5～6 厘米。磚面飾繩
紋,側面和端面模印對稱三角紋,銘文位于墓壁和券頂處幾塊磚的側面,模印

---

① 北京大學考古文博學院:《鄖縣楊溪鋪遺址 2012 年度考古發掘報告》,湖北省文物局等編著:
《湖北南水北調工程考古報告集》(第六卷),北京:科學出版社,2015 年,第 221～227 頁。

陽文、反書。該墓出土器物有青瓷器、陶器和銅器 34 件。墓主馮氏，籍貫汝南郡（國）。墓葬所在地，爲西晉廬江郡尋陽縣轄境。則馮氏生前由汝南南遷至廬江尋陽，客居于當地。馮氏生前官秩爲"中郎"，當是從事中郎之省稱。《晉書‧職官志》謂"諸公及開府位從公加兵者，增置司馬一人，秩千石。從事中郎二人，秩比千石"。[①] 進一步説明了墓主馮氏生前很有可能是鎮守尋陽的將帥的掾屬。

元康六年（296）磚

元康六年十月十一日□□。

磚無具體出土地，劉懋琦謂劉氏藏。[②] 銘文反書。

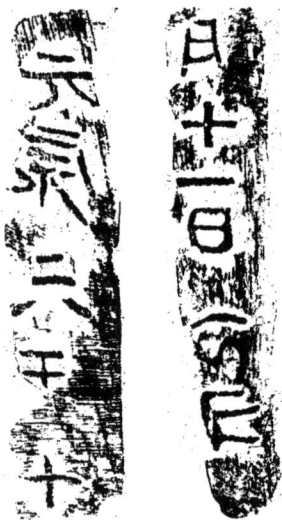

元康九年（299）磚

元康九年（側面）/七月廿六日。/（磚面）

---

① 《晉書》卷 24《職官志》，第 727 頁。
② 劉懋琦：《荆南萃古編》，《石刻史料新編》第 2 輯第 10 册，第 7723～7724 頁。

　　磚出丹江口市土臺鄉(今龍山鎮)戈餘溝村丹江口水庫東岸玉皇廟 4 號磚室墓,主要有長方形、方形和楔形磚三種。一種長方形磚長 38.5 厘米,寬 16厘米,厚 6.5 厘米,側面有"元康九年"隸書銘文,磚面有"七月廿六日"隸書銘文,其中"元康九年"四字分別框以圓圈,"七月"和"廿六日"分置于兩個圓圈内,圈外飾菱形紋。此外,該墓還出土"嘉平二年(250)"墓磚一塊,發現于封門墙中部,爲一殘半磚。此磚當是二次利用。[①]

元康磚

　　　　元康□□□二日作。

　　　　元康九年大吉羊。

　　　　元康九年,杜文改葬。

　　磚無具體出土地,劉巘琦謂朱氏、劉氏藏。[②] 三磚出自不同墓葬,其中"元

---

① 　湖北省文物考古研究所等:《丹江口市玉皇廟漢晉墓發掘簡報》,《江漢考古》2001 年第 1期。

② 　劉巘琦:《荆南萃古編》,《石刻史料新編》第 2 輯第 10 册,第 7623～7625 頁。

康九年杜文改葬"磚文反書。杜文可能是墓主，也可能是墓主的親屬。

永康元年（300）磚

永康元年九月廿日作。

永康元年庚 申 二日作。

磚無具體出土地，劉懋琦謂朱氏、周氏等藏。[1] "永康元年庚 申 "磚文反書。

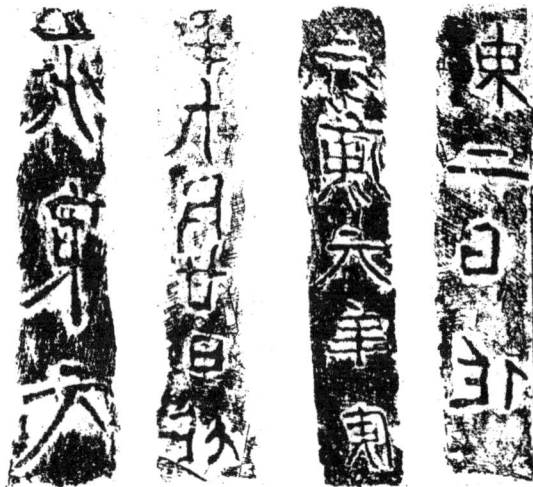

---

① 劉懋琦：《荆南萃古編》，《石刻史料新編》第 2 輯第 10 册，第 7627～7628 頁。

永寧元年（301）磚

永寧元年八月一日。

永寧元年八月一日作。

永寧元年八月九日作。

磚出宜都城南，劉懋琦謂朱氏、劉氏等藏。[1] 三磚同出一墓，銘文反書。

永寧元年（301）磚

永寧元年九月，江□□。

磚無具體出土地，劉懋琦謂朱氏、劉氏藏。[2] 銘文反書，"江"下一字，左邊是"由"，右邊是"工"。劉懋琦從字體上判斷此磚乃晉磚。

① 劉懋琦：《荊南萃古編》，《石刻史料新編》第 2 輯第 10 册，第 7629～7630 頁；張仲炘：《湖北金石志》卷 3，《石刻史料新編》第 1 輯第 16 册，第 11976～11977 頁。

② 劉懋琦：《荊南萃古編》，《石刻史料新編》第 2 輯第 10 册，第 7630～7631 頁。

永寧二年（302）磚

永寧二年十月八日□陳墓冢。（側面）

磚出武穴市石佛寺鎮胡壟村毛家美垸西南邊 2 號土坑磚室墓，青灰色，長32 厘米，寬 15 厘米，厚 5 厘米。銘文陽文、隸書。墓磚端面飾交叉幾何紋，磚

面壓印繩紋。隨葬器物有四系青瓷罐、青瓷盞和鐵刀等物品。[①] "陳"即墓主姓氏。

永興二年（305）磚

> 永興二年三月十日造金氏墓。（側面）

磚出赤壁市赤壁山東面赤壁大戰陳列館基建工地的單室券頂磚室墓，青灰色，飾人面紋、四出五銖銅錢紋和梯形紋等，磚面飾斜條細繩紋。除墓頂爲楔形磚外，其他均爲長方形磚。長方形磚長 34 厘米，寬 17 厘米，厚 4.5 厘米。銘文反書。該墓出土隨葬文物 18 件，其中陶瓷器置放在墓室前部的享堂和甬道内，金銀器和其他質料的物品散存墓室中、後部的棺床上。[②] 墓主金氏。

永嘉三年（309）磚

> 永嘉三年。

① 湖北省文物考古研究所、黄岡市博物館等：《湖北武穴毛家美西晉唐宋墓清理簡報》，《江漢考古》2018 年第 4 期。

② 蒲圻赤壁西晉考古發掘隊：《蒲圻赤壁西晉紀年金氏墓》，《江漢考古》1992 年第 4 期。

磚無具體出土地，劉懋琦謂劉氏藏。①

建興三年（315）磚

建興三年造。

磚出宜昌宜都城南。劉懋琦曰："隸法古樸，非晉時所能，乃侯官侯亮時所作。"②蜀漢亦有建興年號，不過宜都郡當是東吳所掌控。

咸康四年（338）磚

咸康四年，西陽令邛造。

磚無具體出土地，劉懋琦謂程氏、周氏等藏。③ 西陽縣，西陽郡轄縣，治今湖北黃岡市東北。《宋書·州郡三》郢州"西陽太守"欄曰："晉惠帝又分弋陽爲西陽國，屬豫州。"④"邛"可能爲西陽令的姓氏。

---

① 劉懋琦：《荊南萃古編》，《石刻史料新編》第 2 輯第 10 册，第 7633～7634 頁。
② 劉懋琦：《荊南萃古編》，《石刻史料新編》第 2 輯第 10 册，第 7618 頁；張仲炘：《湖北金石志》卷 2，《石刻史料新編》第 1 輯第 16 册，第 11969 頁。
③ 劉懋琦：《荊南萃古編》，《石刻史料新編》第 2 輯第 10 册，第 7725～7726 頁。
④ 《宋書》卷 37《州郡三》，第 1127 頁；胡阿祥編著：《宋書州郡志匯釋》，合肥：安徽教育出版社，2006 年，第 189 頁。

咸康六年（340）砖

咸康六年七月十八日，姓王。（侧面）

车渚作。（端面）

宜得好。（端面）

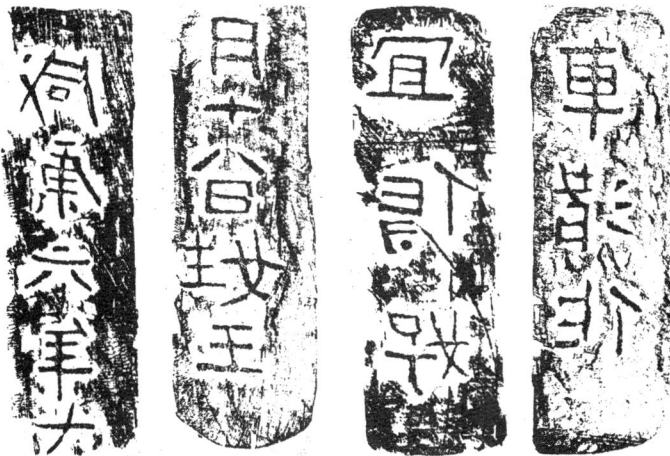

磚無具體出土地，劉懋琦謂程氏、周氏等藏。[1] 銘文反書，墓主應是王氏，而"車渚"是造磚營墓的工匠。據下文"建元二年"磚亦有"車渚"姓名，可知"車渚"應是這一帶的造磚匠人。

建元二年（344）磚

建元二年，車渚□。（側面）
宜子孫。（端面）

磚無具體出土地，劉懋琦謂劉氏藏。[2] "車渚"見上文著録"咸康六年"磚。

永和元年（345）磚

永和元年，尹冢。

磚出宜都城東，劉懋琦謂朱氏、周氏等藏。[3] "尹"即墓主姓氏。

---

① 劉懋琦：《荆南萃古編》，《石刻史料新編》第 2 輯第 10 册，第 7727～7728 頁。
② 劉懋琦：《荆南萃古編》，《石刻史料新編》第 2 輯第 10 册，第 7729～7730 頁。
③ 劉懋琦：《荆南萃古編》，《石刻史料新編》第 2 輯第 10 册，第 7635～7636 頁；張仲炘：《湖北金石志》卷 3，《石刻史料新編》第 1 輯第 16 册，第 11979 頁。

永和元年（345）磚

> 永和元年七月十五日立。（側面）
>
> 永和元年七月十五日造。（側面）
>
> 永和元年立磚墓可。（側面）
>
> 永和元年利子孫日月誌（記）之。（側面）
>
> 買者亦吉，賣者亦好。（側面）
>
> 上官參軍。（端面）
>
> 劉［侯］（佳）。（端面）
>
> 大吉陽。（端面）
>
> 宜子孫。（端面）

　　磚出枝江市馬店鎮拽車廟 2 號券頂磚室墓，青灰色，有長方形和楔形兩種，銘文位于長方形磚的側面和端面，飾繩紋、波浪紋、幾何紋和葉脈紋等。銘文除"買者亦吉"反書外，一律正書。墓室前端有祭臺，隨葬品有青瓷器、漆器等。① 墓主"劉侯"，報告者釋作"劉佳"，誤。"侯"字當是墓主死後的尊稱。"上

---

① 　宜昌地區博物館、枝江縣博物館：《湖北枝江縣拽車廟東晉永和元年墓》，《考古》1990 年第 12 期。

官參軍",《後漢書·陳寵傳》附其子"陳忠傳"李賢注云"上官謂郡府也"。[1] 則
"上官參軍"或是郡府掾屬。

永和三年（347）磚

永和三年，氾（范？）□□□□。

磚無具體出土地，下殘，劉懋琦謂劉氏藏。"□□□□"，劉懋琦補出"氏大
吉陽"四字。[2] "氾"字疑爲"范"字。

永和四年（348）磚

永和四年九月三日壬午立，陽且吉。

① 《後漢書》卷 46《陳寵傳》，第 1559 頁。
② 劉懋琦：《荊南萃古編》，《石刻史料新編》第 2 輯第 10 册，第 7731 頁。

磚無具體出土地，劉懋琦謂朱氏、周氏等藏。[1] 銘文正書，字體拙樸。

永和五年（349）磚

永和五 年 大歲在己酉，晉夷道令上都里留府君之 墓 。

---

[1]　劉懋琦:《荆南萃古編》,《石刻史料新編》第 2 輯第 10 册，第 7635～7636 頁。

砖出宜昌宜都城东，刘懋琦谓朱氏、刘氏藏。[①] 夷道县，宜都郡辖县。"上都里"为夷道县下所编制的乡里，乃墓主留府君的里籍。

永和六年（350）砖

永和六年八月己巳朔，司州河内轵县郭氏造墓。

砖出宜都，刘懋琦谓刘氏藏。[②] 墓砖有两种，一种省"河内"之"内"字。《晋书·地理志上》"司州"末尾曰："元帝渡江，亦侨置司州于徐，非本所也。后以弘农人流寓寻阳者侨立为弘农郡。又以河东人南寓者，于汉武陵郡屖陵县界上明地侨立河东郡，统安邑、闻喜、永安、临汾、弘农、谯、松滋、大戚八县。并寄居焉。永和五年，桓温入洛，复置河南郡，属司州。"[③]墓主郭氏，盖是居于宜都一带的侨民，死后便葬于当地。

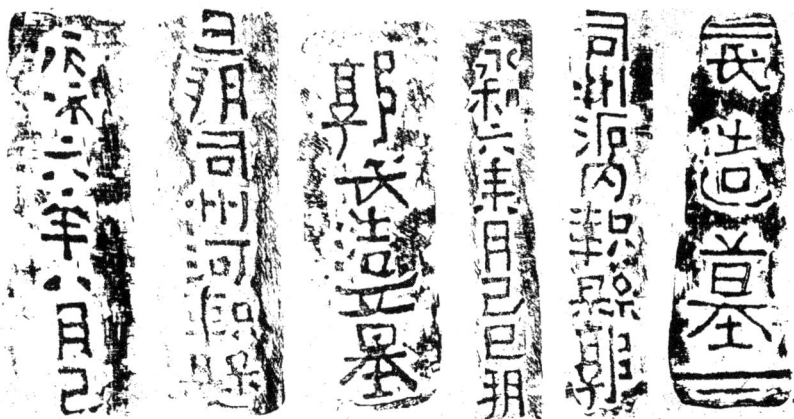

永和六年（350）砖

永和六年，吉阳。

---

① 刘懋琦：《荆南萃古编》，《石刻史料新编》第 2 辑第 10 册，第 7636～7638 页；张仲炘：《湖北金石志》卷 3，《石刻史料新编》第 1 辑第 16 册，第 11979 页。

② 刘懋琦：《荆南萃古编》，《石刻史料新编》第 2 辑第 10 册，第 7735～7738 页。

③ 《晋书》卷 14《地理志上》，第 418 页。

磚出宜都城東，銘文正書。①

永和八年（352）磚

永和八年。

磚出枝江城西，劉懋琦謂曹氏藏。②

永和九年（353）磚

永和九年八月立。

磚無具體出土地，劉懋琦謂朱氏、劉氏藏。③

---

① 張仲炘：《湖北金石志》卷3，《石刻史料新編》第1輯第16冊，第11979頁。
② 劉懋琦：《荆南萃古編》，《石刻史料新編》第2輯第10冊，第7639頁；張仲炘：《湖北金石志》卷3，《石刻史料新編》第1輯第16冊，第11979頁。
③ 劉懋琦：《荆南萃古編》，《石刻史料新編》第2輯第10冊，第7639頁。

永和十一年（355）砖

永和十一年七月庚扶阳□。

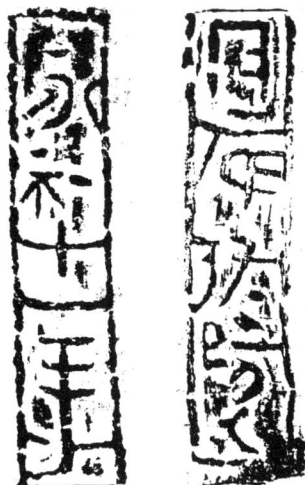

磚出枝江城西。① "扶"，張仲炘録作"柞"。《宋書·州郡二》南豫州南譙太守下有扶陽令，謂"前漢屬沛，後漢、《晉太康地志》并無"。② 據此銘文，則東晉時仍置扶陽。

升平元年（357）磚

升平元年立。

磚無具體出土地，劉懋琦謂劉氏藏。③

升平二年（358）磚

升平二年九月三日，宜都程氏造立。

磚出宜昌宜都，劉懋琦謂朱氏、劉氏藏。④ 銘文反書，"程"氏是墓主還是造

---

① 劉懋琦：《荊南萃古編》，《石刻史料新編》第 2 輯第 10 册，第 7640～7641 頁；張仲炘：《湖北金石志》卷 3，《石刻史料新編》第 1 輯第 16 册，第 11979 頁。
② 《宋書》卷 36《州郡二》，第 1073 頁。
③ 劉懋琦：《荊南萃古編》，《石刻史料新編》第 2 輯第 10 册，第 7644 頁。
④ 劉懋琦：《荊南萃古編》，《石刻史料新編》第 2 輯第 10 册，第 7643～7644 頁。

磚工匠，不好判斷。

太和元年（366）磚

泰和元年磚。

磚無具體出土地，劉懋琦謂朱氏、周氏藏。[1]

---

[1]　劉懋琦：《荆南萃古編》，《石刻史料新編》第 2 輯第 10 冊，第 7645 頁。

太和三年（368）磚

泰和三年作磚。

磚無具體出土地，劉戀琦謂朱氏、周氏藏。[①] 銘文反書，和"泰和元年磚"字體相似，或是同出一個工匠、燒造者之手。

太和三年（368）磚

泰和三七月作。（端面）

大富陽。（端面）

磚無具體出土地，劉戀琦謂朱氏、黄氏等藏。[②] 銘文反書。

---

① 劉戀琦：《荆南萃古編》，《石刻史料新編》第 2 輯第 10 册，第 7645 頁。
② 劉戀琦：《荆南萃古編》，《石刻史料新編》第 2 輯第 10 册，第 7646 頁。

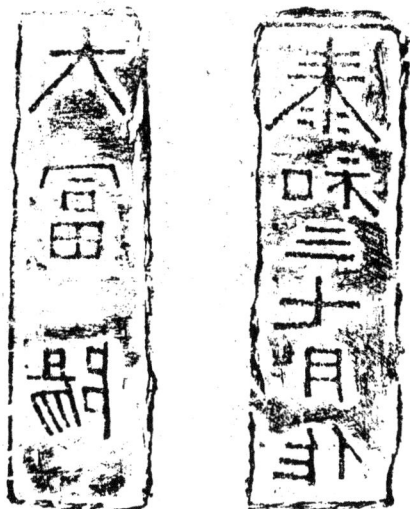

太和三年（368）楊參軍磚

泰和三年七月，南陽楊興祚起作此磚。（側面）

諫議、太中二大夫楊參軍之靈。卜宜（側面）/宅兆于此山。靈（端面）/歸于地，魂歸于（端面）/天。宫室窄密，足支（側面）/萬年。大子臨壙，號思呼（端面）/天：神祇安樂，受考萬年。（端面）/

前龍驤參軍。（端面）/

利後世。（端面）

大吉陽。（端面）

磚出宜都城西，銘文反書，文字模印在不同磚的側面和端面，但可連讀。劉懋琦謂此墓主人或是楊佺期昆季曾任龍驤參軍歿而葬于此。[1] 據《晉書·孝武帝紀》，楊佺期曾任龍驤將軍。且《晉書·楊佺期傳》謂隆安三年（399）楊佺期敗亡被桓玄所殺，"弟思平，從弟尚保、孜敬，俱逃于蠻。劉裕起義，始歸國，歷位州郡"。[2] 則墓主"楊參軍"和楊佺期或許沒有關係。"楊興祚"是墓主之子，或是磚文"大子"之姓名。"宫室窄密"之"密"，《爾雅注疏·釋山第十一》

曰："山如堂者，密。"①

---

① 郭璞注，邢昺疏：《爾雅注疏》卷 7《釋山第十一》，《十三經注疏整理本》，北京：北京大學出版社，2000 年，第 234 頁。

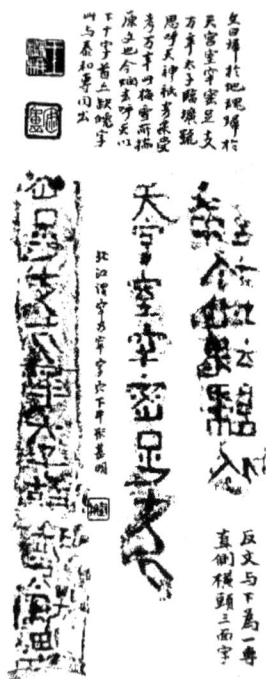

太和四年（369）磚

　　泰和四年胡氏造。（側面）

　　磚出恩施土家族苗族自治州巴東縣官渡口鎮西瀼口村西南老屋場 3 號土壙豎穴券頂磚室墓，青灰色，長 38.8 厘米，寬 17.2 厘米，厚 5.6 厘米，飾葉脉紋、斜綫紋和菱形紋等，銘文模印、反書。[①]

---

① 黑龍江省文物考古研究所：《巴東老屋場墓群發掘簡報》，國務院三峽工程建設委員會辦公室、國家文物局編著：《湖北庫區考古報告集》（第一卷），第 232 頁。

咸安二年（372）磚

晉咸安二年十一月六日。

磚無具體出土地，劉懋琦謂李氏藏。①

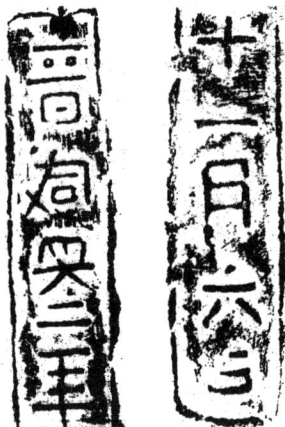

太元四年（379）磚

泰元四年。

宜子孫。

安樂。

何貴。

磚出武昌曬潮堤、任家灣、通湘門外、何家壟、姚家嶺、街道口等土場，具體情況不詳。②

---

① 劉懋琦：《荆南萃古編》，《石刻史料新編》第 2 輯第 10 册，第 7655 頁。
② 藍蔚：《武漢在防汛中的文物發現》，《考古通訊》1955 年第 2 期。

太元五年（380）磚

泰元五年七月十日□□回昌里宋顯。（側面）

　　磚出宜昌市秭歸縣泄灘鄉陳家灣村三組南部 5 號單室豎穴券頂磚室墓，青灰色，長 38 厘米，寬 17 厘米，厚 6 厘米，側面飾直綫、折綫構成的幾何紋，銘文模印反書，位于墓壁上。該墓出土少量隨葬品，有青瓷唾壺 1 件、青瓷鉢 2 件、青瓷盤 3 件、銅環 1 件、滑石豬 1 件和五銖銅錢 2 枚。"回昌里"前二字模糊，可能爲"印（邱?）鄉"。"宋顯"當是墓主，"回昌里"是他生前的里居所在。

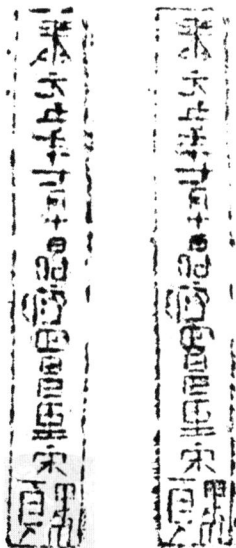

隆安三年（399）磚

隆安三年。（端面）
大吉陽。（端面）

　　磚出枝江市 4 號單室券頂磚室墓，青灰色，長 32 厘米，寬 16 厘米，厚 4～5 厘米。磚面印有斜繩紋，端面或側面有幾何紋。該墓後壁中部有一磚柱，中部有小壁龕。此外，在 4 號墓東面的 3 號磚室墓中，出土一枚六面銅印章，顯示其墓主人是玉（王?）義之。①

元興元年（402）磚

元興元年。

磚出宜都城東，劉懋琦謂朱氏藏。②

---

① 姚家港古墓清理小組：《湖北枝江姚家港晉墓》，《考古》1983 年第 6 期。

② 劉懋琦：《荆南萃古編》，《石刻史料新編》第 2 輯第 10 册，第 7657 頁；張仲炘：《湖北金石志》卷 3，《石刻史料新編》第 1 輯第 16 册，第 11980 頁。

義熙五年（409）磚

義熙五年己……。（端面）

襄陽張西 陵 ……。（端面）

　　磚下部殘，出宜都城東，劉懋琦謂李氏、劉氏藏。[1]　墓主當是張西 陵 ，籍貫襄陽，寓居于宜都一帶。"西 陵 "當指西陵郡，墓主曾擔任過西陵太守。《晉書·安帝紀》義熙八年（412）十二月，"以西陵太守朱齡石爲建威將軍、益州刺史，帥師伐蜀"。[2]　從時間上判斷，朱齡石或即是墓主張氏的後任。

義熙五年（409）磚

義熙五年。

太歲乙卯。

---

[1]　劉懋琦：《荆南萃古編》，《石刻史料新編》第 2 輯第 10 册，第 7658 頁；張仲炘：《湖北金石志》卷 3，《石刻史料新編》第 1 輯第 16 册，第 11980 頁。

[2]　《晉書》卷 10《安帝紀》，第 263 頁。

磚無具體出土地，劉懋琦謂朱氏、黄氏藏。[1] 義熙五年乃己酉年，而磚作
"乙卯"，誤。

義熙十年（414）磚

　　義熙十年。

　　上□大中銓。

_____

① 劉懋琦:《荆南萃古編》,《石刻史料新編》第 2 輯第 10 册，第 7659～7660 頁。

磚出宜都沙灣，劉懋琦謂曹氏、劉氏藏。"大中銓"，劉懋琦猜測是官秩，[①]
應該不是。它表示的是墓磚形制。

義熙十年（414）磚

義熙十年太歲在寅。

晉□太守趙。

磚出宜都，劉懋琦謂朱氏、黃氏藏。[②] 銘文反書。"晉"下一字，劉懋琦作
"盲"。經比對可知，此字當是"原"的異體字。晉原郡，《晉書·地理志上》"益
州"末云："桓溫滅蜀，其地復爲晉有，省漢原、沈黎而立南陰平、晉原、寧蜀、始
寧四郡焉。咸安二年，益州覆没于苻氏。太元八年，復爲晉有。隆安二年，又
立晉熙、遂寧、晉寧三郡云。"[③]則晉原郡乃永和三年（347）桓溫滅蜀後所析置。
《宋書·州郡志四》益州"晉原太守"條曰："李雄分蜀郡爲漢原，晉穆帝更名。"[④]
這正是《晉書·地理志》所記桓溫析置晉原郡事。趙氏生前曾擔任晉原太守，
則説明太元八年（383）後，蜀地仍有晉原郡。

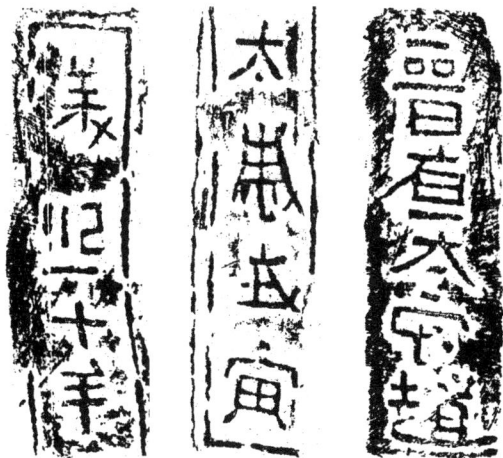

---

① 劉懋琦：《荊南萃古編》，《石刻史料新編》第 2 輯第 10 冊，第 7659～7660 頁；張仲炘：《湖北
金石志》卷 3，《石刻史料新編》第 1 輯第 16 冊，第 11980 頁。

② 劉懋琦：《荊南萃古編》，《石刻史料新編》第 2 輯第 10 冊，第 7661～7662 頁。

③ 《晉書》卷 14《地理志上》，第 440 頁。

④ 《宋書》卷 38《州郡四》，第 1138 頁。

義熙十一年（415）磚

義熙十一年太歲乙卯。

磚出宜都城東,劉懋琦謂劉氏、周氏藏。[1] 晉安帝義熙十一年,太歲在乙卯。

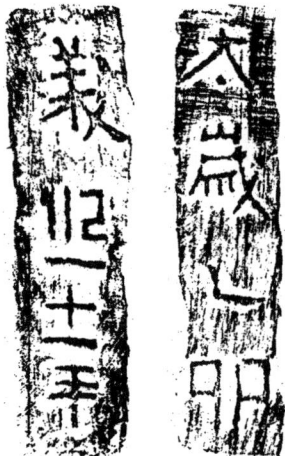

李子見磚

此靈狗位中牛頭場。（側面）
李子見。（側面）

磚出宜昌市枝江縣百里洲鎮高山村巫回臺東晉券頂磚室墓,有長方形和斧形磚兩種,其中長方形磚長 36 厘米,寬 18 厘米,厚 6 厘米。每磚有"五珠"錢幣形花紋,有些磚的一側也有"五"字形、"回"字形等幾何形花紋。"此靈狗位"銘文位于後室券頂正中間的一塊斧形磚的側面,"李子見"刻于其旁邊一塊磚的側面。銘文先刻于磚坯上,再燒製而成。[2] "此靈狗位"是工匠咒罵墓主而書寫的文字,"李子見"當是墓主姓名。

---

① 劉懋琦:《荆南萃古編》,《石刻史料新編》第 2 輯第 10 册,第 7661～7662 頁;張仲炘:《湖北金石志》卷 3,《石刻史料新編》第 1 輯第 16 册,第 11980 頁。
② 宜昌地區博物館:《湖北枝江巫回臺東晉墓的發掘》,《江漢考古》1983 年第 1 期。

此靈狗位中牛頭場

吴郡喻侯磚

　　吴郡喻侯。（長方形磚側面）
　　左將軍。（長方形磚側面）
　　孝子唯二月暮立。（楔形磚側面）

　　磚出荆州市公安縣城南的冢子堆凸字形磚室墓，有長方形和楔形兩種，飾

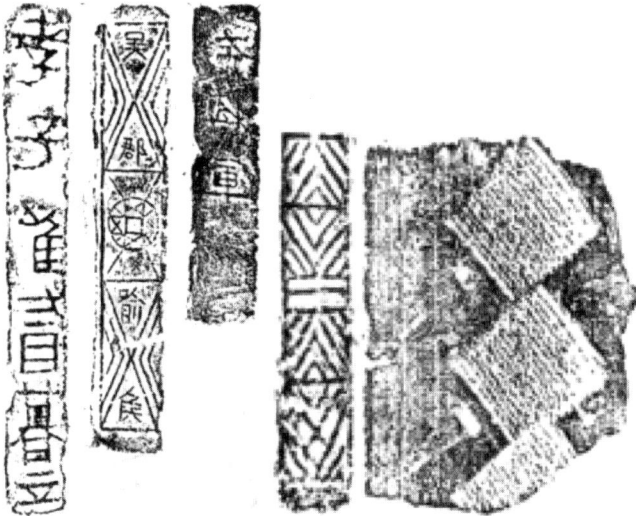

錢紋、幾何紋和麻布紋等，銘文隸書。① "喻侯"，爲喻姓封侯者，生前還曾擔任左將軍。"吴郡"應是墓主的籍貫。"喻"，浙江、安徽一帶出土的磚文，又作"俞"字。

永初二年（421）磚

永初二年歲辛酉。

磚無具體出土地，劉懋琦謂朱氏、周氏等藏。②

永初三年（422）磚

宋永初三 年 □／都王吴妃之□。／

磚出宜都城東龍窩，③下殘，銘文兩行，每行六字。《宋書·武帝紀下》永初

---

① 荆州專區博物館：《公安縣發現一座晉墓》，《文物》1966 年第 3 期。
② 劉懋琦：《荆南萃古編》，《石刻史料新編》第 2 輯第 10 册，第 7665 頁。
③ 張仲炘：《湖北金石志》卷 3，《石刻史料新編》第 1 輯第 16 册，第 11982 頁。

元年(420)六月乙亥,"彭城公義隆爲宜都王"。[1] 此"都"上可補一"宜"字。

元嘉元年（424）磚

　　元嘉元年。

　　磚出宜都城東,銘文正書。[2]

元嘉三年（426）磚

　　元嘉三年劉氏。（端面）

　　磚出荆州市紀南區郢東鄉黃山村磚室墓,青灰色,銘文位于長方形磚的端面,其側面多飾青龍、白虎圖案。墓葬盜擾嚴重,殘留隨葬器物有瓷器、陶器和錢幣等。[3]"劉氏",無法判斷是營墓造磚的工匠還是墓主。

---

①　《宋書》卷 3《武帝紀下》,第 53 頁。

②　張仲炘:《湖北金石志》卷 3,《石刻史料新編》第 1 輯第 16 冊,第 11982 頁。

③　江陵縣文物局:《江陵黃山南朝墓》,《江漢考古》1983 年第 2 期。

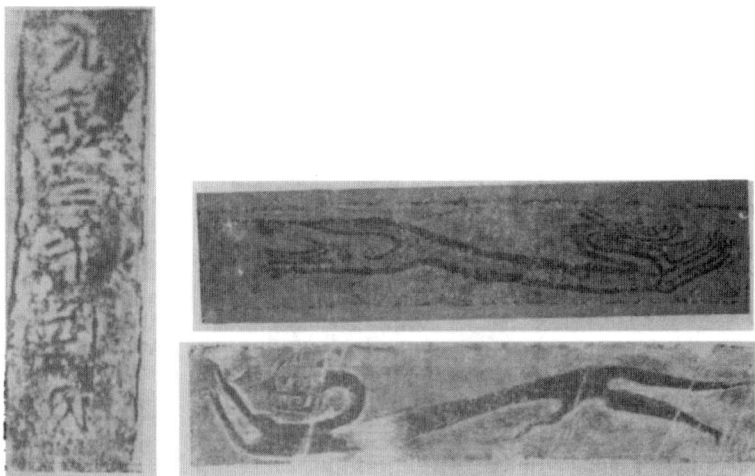

元嘉十年（433）磚

元嘉十年。

磚無具體出土地，劉懋琦謂李氏、朱氏等藏。[1]

---

① 劉懋琦：《荆南萃古編》，《石刻史料新編》第 2 輯第 10 册，第 7668 頁。

元嘉二十二年（445）磚

元嘉廿二年乙酉歲，宜都夷道何墓。

磚出宜都城西，劉懋琦謂朱氏、劉氏藏。[1] 劉懋琦還著録一方殘磚，上斷，下方殘磚銘曰："……月十九日何墓。"[2]二磚或許出自同一墓地。

元嘉二十五年（448）磚

元嘉廿五年，郡功曹吴吉堂。

磚出宜都城東龍窩，劉懋琦根據"吉堂"的表達謂此磚乃功曹吴公築室所造之磚。[3] 這一判斷并不正確。墓磚中也有類似"吉堂""壽壙"這樣的表達，以示生前建墓之吉兆。

---

① 劉懋琦：《荆南萃古編》，《石刻史料新編》第 2 輯第 10 册，第 7667～7668 頁。

② 劉懋琦：《荆南萃古編》，《石刻史料新編》第 2 輯第 10 册，第 7701 頁。

③ 劉懋琦：《荆南萃古編》，《石刻史料新編》第 2 輯第 10 册，第 7669～7670 頁；張仲炘：《湖北金石志》卷 3，《石刻史料新編》第 1 輯第 16 册，第 11982 頁。

元嘉二十七年（450）磚

宋元嘉廿七年六月太歲庚寅，朱長寧。

磚出武漢市武昌區東郊水果湖附近 101 號單室券頂墓，長 35 厘米，寬

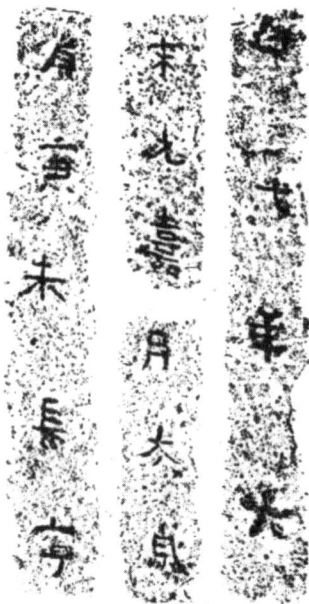

16.5厘米,厚5～6厘米,面飾斜繩紋,銘文陽文、隸書。值得注意的是在水果湖附近的周家大灣孝建二年(455)墓中也出土了相同的銘文"朱長寧",則"朱長寧"很可能是造磚工匠的姓名。

孝建元年（454）磚

孝建元年歲在午八月四日,韓/法立爲祖公母父母兄妹造。/(側面)
韓。（端面）
遼西韓。（端面）

　　磚出襄樊市高新技術產業開發區團山鎮鄧城村、韓家岡村韓岡三座南朝單室券頂墓,有長方形和楔形兩種,其中長方形磚長35厘米,寬15厘米,厚5厘米;楔形磚長35厘米,寬15厘米,厚5～7厘米。磚飾繩紋,側面模印銘文兩行,另端面模印"韓"或"遼西韓"文字。其中,"韓"字銘文磚主要用在墓門的上方,明確標識該家族爲韓姓;"遼西韓"銘文磚少量用于墓門,多數用于墓室內。報告者根據墓內遺留骸骨判斷24號墓應屬于韓法立兄妹的墓葬;47號墓居東南,位于最前方,屬于韓法立祖公母的墓葬;位于中間、規模較大的46

號墓乃是韓法立父母的墓葬。[1] "遼西韓"是韓氏的郡望，三墓同時營建于當地的"韓冢"，看來是韓法立有意將此處作爲韓氏的家族葬地。

孝建二年（455）磚

孝建二年六月。

朱長寧。

磚出武漢市武昌區東北郊周家大灣 206、270 號單室券頂墓，飾魚紋和四出錢形紋，銘文陽文、隸書。該二墓形制結構、出土遺物和墓磚的大小、紀年磚上的文字等，都基本相同，可見二墓營建于同一時期。此外，此二墓左右兩壁各有三個壁龕，後壁還有一個壁龕。[2] "朱長寧"，還見于上文元嘉二十七年（450）磚文。

---

① 襄樊市考古研究所：《湖北襄樊市韓岡南朝"遼西韓"家族墓的發掘》，《考古》2010 年第 12 期。

② 湖北省博物館：《武漢地區四座南朝紀年墓》，《考古》1965 年第 4 期。

孝建磚

　　□建三□。

　　磚出十堰市鄖縣楊溪鋪鎮楊溪村二組 27 號長方形帶斜坡墓道的券頂磚室墓,該墓破壞嚴重。報告者推測"□建"爲劉宋"孝建"年號。[①]

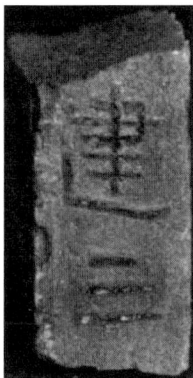

永光元年（465）磚

　　永光元年太歲乙巳□□。

　　磚出十堰市鄖縣柳陂鎮遼瓦村 4 號凸字形土坑磚室墓,有長方形和楔形兩種,其中,長方形磚長 36 厘米,寬 18 厘米,厚 6 厘米;楔形磚長 36 厘米,寬 18 厘米,厚 3～6 厘米。多數墓磚飾有紋飾,磚面壓印繩紋,側面和端面飾菱形紋、葉脉紋、半環紋、魚紋、乳釘紋和蓮花紋等。銘文磚位于在甬道緊靠墓室的内層券頂正中,銘文陽文、楷書,但不知位于側面還是磚面。該墓出土鐵棺釘 12 枚、銀手鐲 2 件,棺内東部出土銀釵 2 件、銅鏡 1 件。[②] 永光元年,劉宋前

---

①　南京大學歷史系考古學及博物館學專業:《鄖縣楊溪鋪遺址發掘簡報》,湖北省文物局等編著:《湖北南水北調工程考古報告集》(第四卷),北京:科學出版社,2014 年,第 290～292 頁。

②　曹昭、周青等:《湖北鄖縣遼瓦店子遺址發現兩座南朝墓葬》,《考古》2016 年第 4 期。

廢帝劉子業年號。

泰始四年（468）磚

泰始四年。

磚無具體出土地，劉懋琦謂劉氏藏。[1] 銘文反書。

泰始五年（469）磚

宋泰始五年太歲己酉，宜都夷道何孝廉夫人桑氏神墓。

---

[1] 劉懋琦：《荆南萃古編》，《石刻史料新編》第 2 輯第 10 册，第 7671 頁。

磚出宜都城東龍窩，[①]何氏蓋爲夷道當地的大姓。

永明九年（491）磚

齊永明九年，李冢。

磚出荆州市石首縣。[②] "李冢"，即李氏家墓。

① 劉懋琦:《荆南萃古編》,《石刻史料新編》第 2 輯第 10 册,第 7672～7673 頁；張仲炘:《湖北金石志》卷 3,《石刻史料新編》第 1 輯第 16 册,第 11982 頁。
② 劉懋琦:《荆南萃古編》,《石刻史料新編》第 2 輯第 10 册,第 7675～7676 頁。

永明九年（491）磚

齊永明九年造。（長方形磚端面）

胡。（楔形磚端面）

　　磚青灰、紅褐色，出孝感市孝昌縣沙窩管理區夏廟村 2 座南朝長方形磚室墓，有長方形和楔形兩種。長方形磚長 37 厘米，寬 18 厘米，厚 6 厘米；楔形磚長 37 厘米，寬 18 厘米，外側厚 6 厘米，內側厚 4 厘米。磚面飾繩紋，側面飾幾何紋、草花紋和斜方格紋等。紀年銘文位于墓磚端面，"胡"字銘文位于楔形磚端面，皆楷書、陽文。[1]

永明十年（492）磚

　　□□□十年太歲壬申九月甲寅朔（?）三日□辰，新城尹氏造。

　　齊永明十年太歲壬申九月甲……。

　　□□□□□太歲壬申九月甲寅朔（?）三日丙（?）……。

　　磚出十堰市房縣軍店鎮郭家莊磚室墓，微殘，青灰色，長 38～39 厘米，寬 17～18 厘米，厚 5.5～6 厘米。少量磚側面模印斜繩紋和菱形幾何紋，蓮花圖案飾于磚面。銘文磚位于墓壁兩側，共 6 塊。該墓盜擾嚴重，

---

① 　湖北省文物考古研究所：《孝昌古墳岡墓地的發掘》，《江漢考古》1999 年第 3 期。

殘存瓷器、銀釵、鎏金簪、銅鐲和鐵剪刀等隨葬器物。[①] "新城"即南新城郡。《南齊書·州郡下》梁州"南新城郡"轄有房陵、綏陽、昌魏、祁鄉、閬陽和樂平六縣,[②]墓葬所在的房縣即南新城郡房陵縣。

永明磚

　　永明年六月。(側面)

　　磚出大冶市茗山鎮瓦窑塘村 1 號券頂磚室墓,銘文位于長方形磚側面。磚飾魚紋、錢紋、斜方格紋、曲綫紋和葉脉紋等。墓葬破壞嚴重,出土遺物殘缺不全。[③]

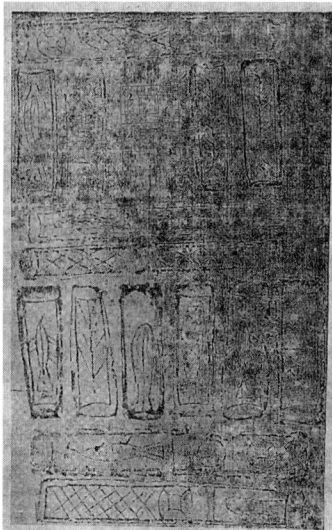

建武三年（496）磚

　　齊建武三年太歲丙子六月癸巳朔十一日癸卯,前大司馬豫章王西中郎、永嘉二王府參軍事、宋隆太守武昌郡武昌縣都鄉新市里史孚尅,今月

---

①　房縣博物館:《房縣郭家莊南齊紀年墓發掘簡報》,《江漢考古》1992 年第 3 期。

②　《南齊書》卷 15《州郡下》,第 323～324 頁。

③　大冶縣博物館:《大冶瓦窑塘村南朝墓清理簡報》,《江漢考古》1985 年第 4 期。

十一日假葬本郡舊墓樊山南。

　　磚出鄂州市鄂城何田埠 2032 號長方形磚室墓，已散失。墓葬盜擾嚴重，僅殘留 3 件陶器。[①] "大司馬、豫章王"即蕭嶷，他于永明五年爲大司馬；[②] "永嘉王"，即蕭昭粲，他于永明十一年爲永嘉王，[③] 延興元年（即建武元年，494）由南徐州刺史轉爲荆州刺史。墓主擔任永嘉王府參軍事，應在永嘉王轉任荆州刺史後。宋隆郡，《宋書·州郡四》廣州"宋熙太守"欄曰："文帝元嘉十八年，以交州流寓立昌國、義懷、綏寧、新建四縣爲宋熙郡，今無此四縣。二十七年，更名宋隆。孝武孝建中，復改爲宋熙。"[④]《宋書·恩幸傳》"徐爰"記爰于泰始年間出任宋隆太守，《南齊書·州郡上》"廣州"下亦作"宋隆郡"。[⑤] 則泰始年間，"宋熙郡"又改爲"宋隆郡"。墓主史孚尅，銘文稱"假葬"，可能死于異鄉。

建武四年（497）磚

　　建武四年，李加亶。

---

① 南京大學歷史系考古專業、湖北省文物考古研究所等：《鄂城六朝墓》，北京：科學出版社，2007 年，第 105 頁。

② 《南齊書》卷 3《武帝紀》，第 53 頁。

③ 《南齊書》卷 4《鬱林王》，第 70 頁。

④ 《宋書》卷 38《州郡四》，第 1201～1202 頁。

⑤ 《南齊書》卷 14《州郡上》，第 264 頁。

磚無具體出土地，劉懋琦謂劉氏藏。[①] 上文有永明九年(491)李氏冢，此處的"李加寰"或是墓主姓名。

永泰元年（498）磚

永泰元年作。

磚無具體出土地，劉懋琦謂周氏藏。[②]

天監十六年（517）磚

□監十六年/丁酉□長史秦。/
長史秦。
安樂大吉。

磚出十堰市鄖縣楊溪鋪鎮楊溪村二組 5 號、6 號和 10 號三座凸字形帶臺階墓道的磚室券頂墓，部分銘文反書。據報告者推測，三墓大小、位置相近，方向一致，形制相同，應處于同一時期。[③] 則此三墓是長史"秦某"于天監十六年

---

① 劉懋琦：《荆南萃古編》，《石刻史料新編》第 2 輯第 10 册，第 7677～7678 頁；張仲炘：《湖北金石志》卷 3，《石刻史料新編》第 1 輯第 16 册，第 11982 頁。

② 劉懋琦：《荆南萃古編》，《石刻史料新編》第 2 輯第 10 册，第 7674 頁。

③ 南京大學歷史系考古學及博物館學專業：《鄖縣楊溪鋪遺址發掘簡報》，湖北省文物局等編著：《湖北南水北調工程考古報告集》（第四卷），第 290～292 頁。

（517）修建。

天監十七年（518）磚

天監十七年造。（側面）

　　磚出應城市楊嶺鎮 3 號磚室墓，長 32 厘米，寬 16 厘米，厚 5 厘米，飾幾何紋。墓葬出土青瓷器 2 件。[1]

普通元年（520）磚

> 大梁普通元年大歲庚子三月乙亥朔五日己卯合葬于□城山壋地。/
> 大梁普通元年太歲/庚子三月乙亥朔五日己卯。/

　　磚出武漢市武昌區東湖附近三官殿的磚室合葬墓，飾忍冬、捲草、人物畫像和盆蘭花紋等，還有規格稍大的四神畫像磚。從拓片上看，銘文位于磚面，分兩行。該墓由前室、後室和甬道構成，出土青瓷器、陶器、陶俑和滑石動物等。[2] 普通元年，歲在庚子；三月朔爲乙亥，五日正是己卯。

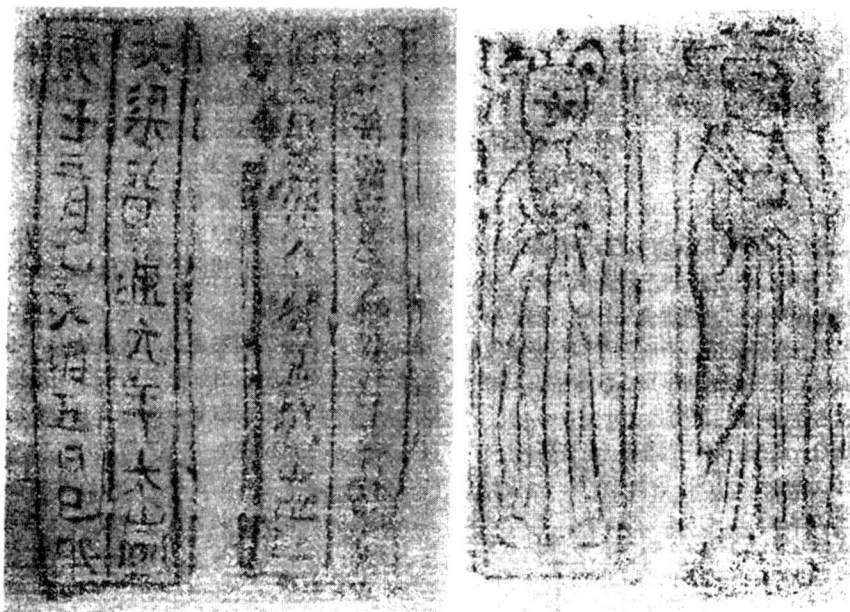

---

[1]　應城市博物館：《應城楊嶺新四磚瓦廠南朝墓清理簡報》，《江漢考古》1990 年第 2 期。

[2]　武漢市博物館：《武昌東湖三官殿梁墓清理簡報》，《江漢考古》1991 年第 2 期。

中大通五年（533）磚

中大通五年太（歲）癸丑。（側面）

磚出荆門市麻城鎮斗笠村 4 組斗笠岡 1、19 號磚室墓，青灰色，銘文磚位于長方形磚側面，其他磚無銘文，但飾蓮花紋、銅錢紋和花紋等。1 號墓平面長方形，19 號墓平面凸字形，出土隨葬品較少。墓室後壁砌有祭臺和壁龕，數量不一。①

----

① 荆門市博物館：《荆門市麻城鎮斗笠岡南朝墓發掘簡報》，《江漢考古》2006 年第 2 期。

大夫磚

　　　大夫。

　　磚出宜都市城東，銘文在磚面，四周皆殘。劉懋琦判斷爲秦漢時物。[1]

大舍上令磚

　　　大舍上令。

---

[1]　劉懋琦:《荊南萃古編》,《石刻史料新編》第 2 輯第 10 册，第 7679 頁。

磚無具體出土地，銘文反書。劉懋琦謂"大舍上令"應是官秩，但于史無徵。[1]

姚平元磚

姚平元。

磚無具體出土地，劉懋琦謂劉氏藏。[2] 銘文反書，"姚平元"下有一"冢"字，象形。

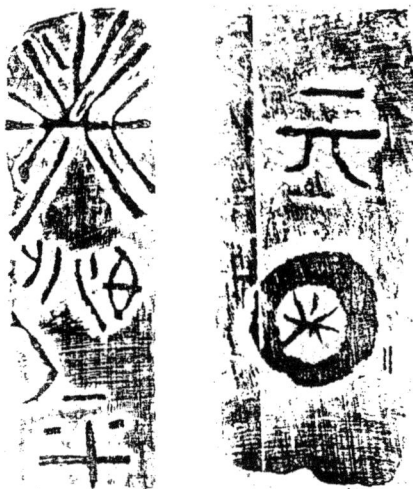

王舞陽磚

王舞陽。

磚無具體出土地，劉懋琦謂此"王舞陽"以地命名，時代無考。據《漢書·地理志上》，舞陽乃潁川郡轄縣。"王舞陽"除了是作爲姓名來理解外，還有可能表明墓主王君，曾擔任舞陽縣令。這和上文"劉西陵"相似。

---

① 劉懋琦：《荆南萃古編》，《石刻史料新編》第 2 輯第 10 册，第 7680 頁。

② 劉懋琦：《荆南萃古編》，《石刻史料新編》第 2 輯第 10 册，第 7689～7690 頁；張仲炘：《湖北金石志》卷 2，《石刻史料新編》第 1 輯第 16 册，第 11971 頁。

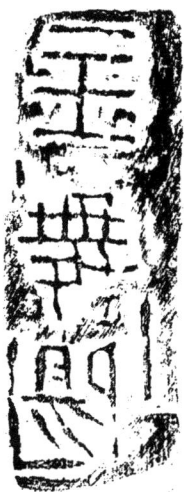

吴邵陵磚

吴邵陵。

磚無具體出土地，銘文篆書。邵陵郡，吴孫皓寶鼎元年（266），分零陵北都都尉立。墓主吴君當爲邵陵太守。①

---

① 劉懋琦:《荆南萃古編》,《石刻史料新編》第 2 輯第 10 册，第 7693 頁。

都鄉神墓磚

……渭縣都鄉／……之神墓。／

磚出宜都城東，上殘，銘文兩行。《宋書·州郡四》益州僑安固郡下有臨渭縣。① 則"渭"前可補一"臨"字。墓主原先可能居于僑安固郡臨渭縣，後又徙居于宜都郡，死後葬于當地。

趙府君神墓磚

巴西安漢北鄉□帛里趙府君之神墓。

磚出宜都，與上文義熙十年"晉原太守"磚同出一地，劉懋琦更進一步認爲

---

① 劉懋琦：《荆南萃古編》，《石刻史料新編》第 2 輯第 10 册，第 7694 頁；張仲炘：《湖北金石志》卷 3，《石刻史料新編》第 1 輯第 16 册，第 11981 頁。

此磚與"晉原太守"磚同出一墓。① 從"府君"的稱謂這一點來看,倒是與"晉原太守"匹配。趙氏爲安漢大姓,《華陽國志·巴志》巴西郡"安漢縣"下曰:"號出人士,大姓陳、范、閻、趙。"②趙府君里籍安漢北鄉□帛里,爲何葬于宜都郡呢?據上文所考,趙府君擔任晉原太守,大概在太元八年(383)後。東晉末年益州刺史毛璩、司馬軌之和司馬榮期等先後割據蜀地,蜀地動蕩不安,趙府君很有可能在這一時期離開安漢,居于宜都郡。

南陽許氏磚

南陽許氏。

磚出宜都龍窩,劉懋琦謂朱氏、周氏等藏。③ 該磚没有相關紀年,無法判斷具體年代,可能屬于晉南朝時期。許氏郡望南陽,生前或是居于宜都一帶。

---

① 劉懋琦:《荆南萃古編》,《石刻史料新編》第 2 輯第 10 册,第 7696 頁。

② 任乃强:《華陽國志校補圖注》卷 1《巴志》,上海:上海古籍出版社,1987 年,第 46 頁。

③ 劉懋琦:《荆南萃古編》,《石刻史料新編》第 2 輯第 10 册,第 7697 頁;張仲炘:《湖北金石志》卷 2,《石刻史料新編》第 1 輯第 16 册,第 11971 頁。

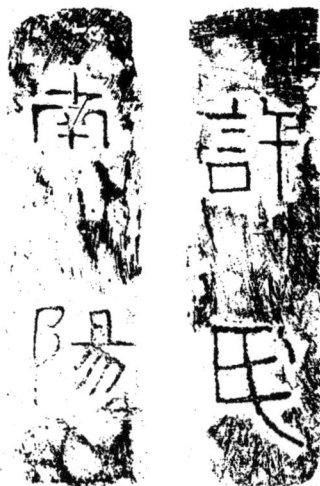

宋生磚

……太歲壬戌正月□□朋宋生也。

磚無具體出土地，上斷。劉懋琦據字體猜測爲晉磚。[①]

---

① 劉懋琦：《荆南萃古編》，《石刻史料新編》第 2 輯第 10 册，第 7697～7698 頁。

廣漢磚

廣漢王，大吉陽。

磚無具體出土地，劉懋琦謂朱氏藏。"廣漢王"，或是廣漢郡王姓之家，葬于宜都。[①]

明升作磚

明升作。

磚出宜都城東，上部斷。"明升"，劉懋琦判斷是造磚匠人的姓名。[②] 僅憑這幾個字，還難以斷定就是造磚工匠的姓名。

---

① 劉懋琦：《荊南萃古編》，《石刻史料新編》第 2 輯第 10 冊，第 7700 頁。
② 劉懋琦：《荊南萃古編》，《石刻史料新編》第 2 輯第 10 冊，第 7702 頁；張仲炘：《湖北金石志》卷 2，《石刻史料新編》第 1 輯第 16 冊，第 11972 頁。

大合上令磚

大合上令。

磚出宜都龍窩，銘文反書。①

"郎作"殘磚

⋯⋯郎作，大⋯⋯。

磚出恩施土家族苗族自治州巴東巫峽口長江北岸義種地的 1 號磚室墓，長 34 厘米，寬 16 厘米，厚 7 厘米。銘文磚殘，側飾菱形紋。出土遺物主要有青瓷碗、盤口壺等共 15 件，銀質戒指 1 枚及錢幣 3 枚。②

---

① 張仲炘：《湖北金石志》卷 2，《石刻史料新編》第 1 輯第 16 册，第 11971 頁。

② 湖北省文物局三峽辦、武漢市文物考古研究所：《湖北巴東義種地墓葬發掘報告》，《江漢考古》2009 年第 4 期。

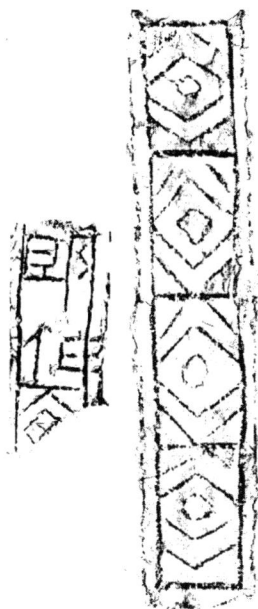

張維陽宮磚

張維陽宮。（端面）

磚出宜昌市秭歸歸州鎮彭家坡村三組王家嶺 14 號券頂磚室墓，飾錢紋和
幾何形紋，銘文位于券頂磚的端面。該墓出土瓷器、滑石豬等隨葬品。[①] 銘文
"宮"即墓之意。此銘文磚，還發現于秭歸沙鎮溪鎮臺子灣村楊家沱 3 號磚室
墓。[②] 可知這種銘文磚，是成批燒製的。但從銘文上加以理解，此磚是專門爲
墓主"張維陽"而定製的。至于會在兩處不同的墓葬中出現，可能是燒製墓磚
的磚窯在運送過程中出現疏漏而導致的。

① 岳陽市文物考古研究所、秭歸縣文物局：《秭歸油廠夏商時期遺址與六朝墓葬發掘簡報》，國
務院三峽工程建設委員會辦公室、國家文物局編著：《湖北庫區考古報告集》（第五卷），北
京：科學出版社，2010 年，第 207～224 頁。
② 益陽市文物管理處、秭歸縣文物局：《秭歸臺子灣墓群發掘簡報》，國務院三峽工程建設委員
會辦公室、國家文物局編著：《湖北庫區考古報告集》（第五卷），第 275、278 頁。

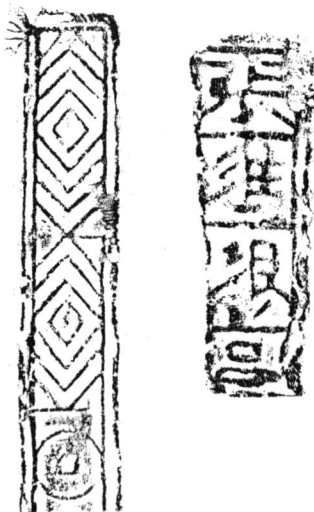

"李"字磚

磚出襄樊市樊城區王寨街道辦事處王寨村北六朝券頂磚室墓，磚面飾繩紋，側面飾十字交叉紋、多重菱形紋等。"李"字銘文位于長方形磚側面、楔形磚端面。[①]

---

① 襄樊市文物考古研究所編：《襄樊考古文集》第 1 輯，北京：科學出版社，2007 年，第 326～327 頁。

湖南省

元和四年（87）磚

元和四年七月廿日。（側面）

磚出衡陽市雁峰區岳屏鄉興隆村七組 2 號單室券頂磚室墓,有長方形和楔形兩種,其中長方形磚長 32 厘米,寬 16 厘米,厚 6 厘米;楔形磚長 32 厘米,寬 16 厘米,一端厚 8 厘米,另一端厚 6 厘米。磚飾幾何紋,銘文隸書、反文。除了"元和"紀年磚,該墓還發現"永元三年八月一日"紀年磚,兩種銘文磚都位于墓壁。[①] 這可能是營墓時舊磚利用,也可能是修墓時間前後持續了五年之久。

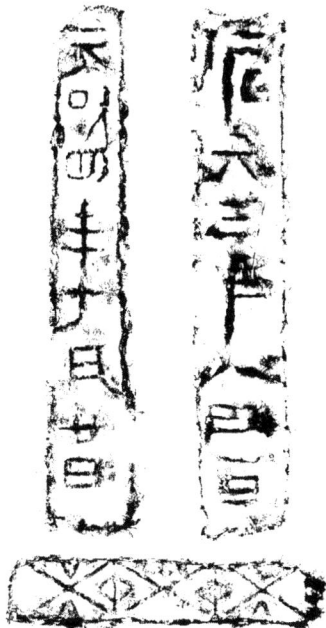

---

① 　衡陽市文物處:《湖南衡陽市興隆村兩座東漢磚室墓》,《考古》2010 年第 4 期。

永元四年（92）磚

永元四年。

永元。

磚出永州市藍山縣赤藍橋 1 號凸字形券頂磚室墓,青灰色,有條形和楔形兩種,側飾幾何紋,銘文模印陽文、反書。墓葬封土堆已毀,由墓道、封門、甬道和墓室組成。出土隨葬器物 20 件,以陶器爲主,還有銅器、鐵器。[①]

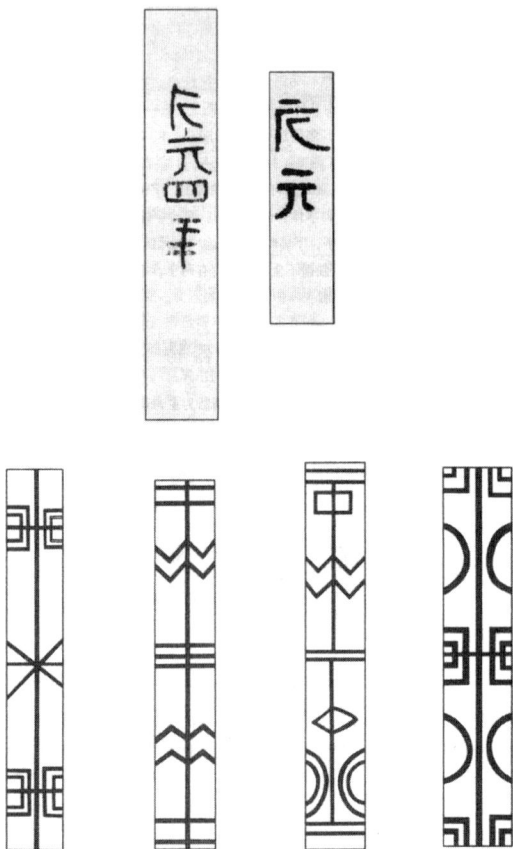

---

① 湖南省文物考古研究所、藍山縣文物管理所:《湖南藍山赤藍橋東漢墓考古發掘簡報》,湖南省文物考古研究所編:《湖南考古輯刊》第 13 集,北京:科學出版社,2018 年,第 116～127 頁。

永元四年（92）磚

永元四年。

南平。

磚出永州市藍山縣五里坪古墓群 67 號東漢券頂磚室墓，發掘資料藏于湖南省文物考古研究所。“南平”，兩漢桂陽郡屬縣。

永元十四年（102）磚

永元十四年。（斧形磚端面）

磚出衡陽市豪頭山東漢長方形券頂磚室墓，青灰色，有三種，一種是長方形，長 35 厘米、寬 19 厘米、厚 5.8 厘米，兩側印幾何紋；第二種斧形，長 36 厘米、寬 19 厘米、厚 4～5.8 厘米，在薄的一端印有“永元十四年”字樣；第三種長條形，爲斧形磚的一半。部分磚上印有“永元”二字，另一部分印有“十四年”三字。墓内隨葬器物由于被盜，僅剩殘破陶器。[①] 銘文模印、隸書。

---

① 　張欣如：《湖南衡陽豪頭山發現東漢永元十四年墓》，《文物》1977 年第 2 期。

永元十六年（104）磚

永元十六年/六月中作。/（楔形磚端面）

磚出株洲市醴陵淥江鄉企石村金廟嶺東漢券頂磚室墓，飾同心圓紋和魚紋等，銘文模印陽文。該墓平面長方形，没有甬道，出土隨葬器物 16 件，陶器 13 件，鐵器 3 件。[①]

元初元年（114）磚

元初元年七月一日作此法。

磚出湖南，具體情况不詳。

---

① 湖南省博物館：《湖南醴陵、株洲發現漢晉墓葬》，《湖南考古輯刊》第 3 集，長沙：岳麓書社，1986 年，第 127~129 頁。

永和五年（140）磚

永和五年九月一日造作，此勿妄之。

磚出株洲漢墓，具體情況不詳。

和平元年（150）磚

王□和平元年。

磚出長沙，具體情況不詳。《廣湖南考古略·金石》"漢和平磚文"下曰："磚出不詳何年，磚文'年'上所缺當是'元'字，'王'下所缺似是'氏'字。"[1]

---

[1] 同德齋主人編，鄢蕾標點：《廣湖南考古略》卷 26《金石》，《湖湘文庫》，長沙：湖南教育出版社，2010 年，第 593 頁。

建寧三年（170）磚

建寧三年中作。（側面）

磚出株洲市攸縣酒埠江鎮色江村 21 號東漢磚室墓。該墓由墓道、甬道和墓室三部分組成，墓室後部設有棺床。墓磚飾葉脉、夾錢紋等。墓葬被盜，僅出土少量硬陶殘片。[①]

熹平五年（176）磚

熹平五年七□。

磚出衡陽市郊茶山鄉、和平鄉的 26 號東漢磚室墓。墓葬甬道寬且長，沿墓室南北壁設二層臺。磚飾對稱三角幾何紋、錢紋和葉脉紋等。[②]

---

① 袁偉：《醴陵至茶陵高速公路漢晉墓葬及宋代窯址和墓葬》，《中國考古學年鑒·2011》，北京：文物出版社，2012 年，第 369～370 頁。

② 衡陽市博物館：《湖南衡陽茶山坳東漢至南朝墓的發掘》，《考古》1986 年第 12 期。

太康六年（285）磚

太康六年唐□造。（側面）

磚出郴州市資興縣厚玉、舊市殘磚墓，青灰色，長 33～34 厘米，寬 16 厘米，厚 5.5～5.7 厘米。銘文模印正書。該墓僅存一小部分墓室，隨葬器物蕩然無存。[1]

太康八年（287）磚

太康八年起。（側面）

磚出瀏陽市一中所在的姚家園 1 號凸字形券頂磚室墓，有青灰色和紅色兩種，飾有幾何形、圓圈紋、半圓圈紋、三角形、車輪紋、錢紋和十字紋等。"太康八年起"磚左面飾菱形紋，端有錢紋。隨葬物品 7 件，都是冰裂紋黃色或黃

---

[1] 湖南省博物館：《湖南資興晉南朝墓》，《考古學報》1984 年第 3 期。

緑色釉的陶器，火候很高。①

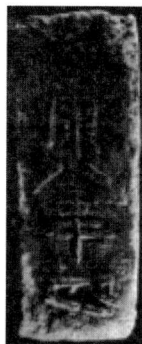

太康八年（287）磚

太康八年六月尹氏□。（側面）

磚出長沙北郊，長一尺一寸四分，寬四寸二分，厚一寸二分。②

元康三年（293）磚

磚出長沙市望城縣丁字鎮石渚村關刀山 9 號晉墓，飾有棱形紋和葉脉紋。③

元康四年（294）磚

元康四年。

---

① 高至喜：《瀏陽姚家園清理晉墓二座》，《文物》1960 年第 4 期。
② 《湖南通志》卷 261《藝文志十七·金石三》，《石刻史料新編》第 2 輯第 11 册，第 7767 頁上～下欄；同德齋主人編，鄢蕾標點：《廣湖南考古略》卷 26《金石》，第 602 頁。
③ 湖南省文物考古研究所：《湖湘文化考古之旅》，无出版社，2010 年，第 65～66 頁。

磚出常德市區西郊 4 號墓,具體情況不詳。^①

元康五年（295）磚

元康五年。（側面）

磚出衡陽市郊茶山坳 19 號磚室墓,質地較差,無法保存。^②

元康八年（298）磚

元康八年七月十日,山□。（側面）

元康八年七□□□。（側面）

元康八年七月十日作□□。（側面）

沐山金堂。（端面）

磚出衡陽市衡東縣大浦鎮永寧村東北 4 號磚室墓,規格較爲一致,均爲長 37.5 厘米,寬 17 厘米,厚 5 厘米的長方形,側面模印葉脉紋爲主,兼有錢紋。銘文模印隸書,其中"年"字一律反書,"元"字有正、反兩種,"日""月"二字兼有

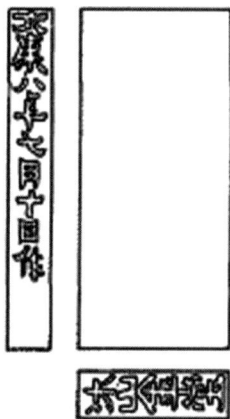

① 湖南省文物管理委員會:《湖南常德西郊古墓葬群清理小結》,《文物參考資料》1955 年第 5 期。
② 衡陽市博物館:《湖南衡陽茶山坳東漢至南朝墓的發掘》,《考古》1986 年第 12 期。

正、反寫法及象形符號對應。墓室盜擾嚴重,隨葬器物無存。[①]"沐山金堂",可能是對葬地、棺椁的吉語式描述。

永寧二年（302）磚

磚出株洲醴陵青雲山西晉墓,具體情況不詳。

永寧二年（302）磚

永寧二年五月十日作。（側面）

磚出長沙南郊金盆嶺 21 號凸字形磚室墓,青灰色,長 35.5 厘米,寬 17.5 厘米,厚 5.5 厘米,銘文篆書、陽文。墓葬由甬道和主室兩部分組成。隨葬器物大多沿墓室四周放置,并無規律。[②]

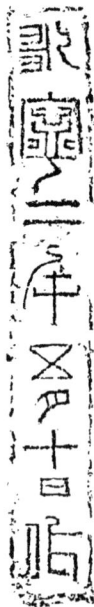

---

① 衡東縣文物局:《湖南衡東大浦西晉南朝墓發掘簡報》,《湖南考古輯刊》第 8 集,長沙:岳麓書社,2009 年,第 118～121 頁。

② 湖南省博物館:《長沙兩晉南朝隋墓發掘報告》,《考古學報》1959 年第 3 期。

永興三年（306）磚

永興三年。

磚出資興市東江街道西晉中字形磚室墓,多爲紅色,長 34 厘米,寬 16 厘米,厚 7 厘米。銘文陽文、隸書。[①]

西晉"李宜"磚

李宜官二千石。（側面）

磚出益陽市郊區桃花崙南面山坡券頂多室磚墓,青灰色,有長方形和刀形兩種。磚飾對角綫幾何紋、斜綫紋、稻穗紋和錢紋等。在後室左右兩壁和後壁發現有部分長方形平磚,側面"李宜官二千石"隸書字樣。此墓早年被盜,清理時僅殘存十餘件器物,年代應爲西晉晚期。[②]"李宜"當是墓主。

---

① 參見新華網報道,網址：http://www.xinhuanet.com/culture/2019-11/06/c_1125196447.htm。

② 益陽地區文物工作隊、益陽縣文化館：《湖南省益陽縣晉、南朝墓發掘簡況》,《文物資料叢刊》第 8 輯,北京：文物出版社,1983 年,第 45～47 頁。

太寧三年（325）磚

太寧三年八月□日魯豐□。

磚出永州，長一尺九分，厚一寸三分。[1] 晉明帝太寧三年，太歲在乙酉。

咸康三年（337）磚

磚出漢壽聶家橋東晉磚室墓，具體情況不詳。[2]

咸康七年（341）磚

咸康七年歲在辛丑七月十日□□將軍、上庸太守/ 府 佐（?）□□造作磚覽，日（?）工都梁向賢。/

---

[1] 同德齋主人編，鄢蕾標點：《廣湖南考古略》卷 26《金石》，第 603 頁；《湖南通志》卷 261《藝文志十七·金石三》，《石刻史料新編》第 2 輯第 11 册，第 7768 頁上欄。

[2] 參見湖南省文物考古研究所官網，網址：www.hnkgs.com.

李氏。

大吉。

磚采集于邵陽金稱市鎮金元村一帶。[①] 墓主李氏應是上庸太守的掾史,向賢是來自都梁縣的工匠。都梁,零陵郡屬縣。

永和二年（346）磚

永和二年□□。（側面）

磚出株洲市攸縣酒埠江鎮燕子嶺東晉 18 號長方形券頂磚室墓,青灰色,長 32 厘米,寬 16 厘米,厚 6 厘米,素面。銘文模印、隸書,反文。出土隨葬器物 3 件,其中瓷鉢 1 件、瓷碗 1 件,鐵削 1 件。[②]

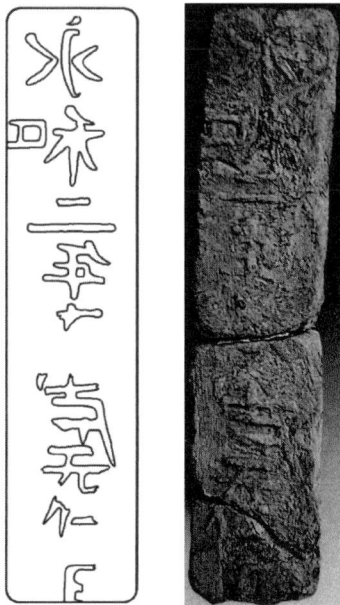

---

① 邵陽縣文化局、邵陽縣文化館:《邵陽縣金稱市東晉墓》,《湖南考古輯刊》第 3 集,第 273 頁。
② 湖南省文物考古研究所、攸縣文物局:《湖南攸縣酒埠江鎮發現兩座東晉墓》,湖南省文物考古研究院所編:《湖南考古輯刊》第 11 集,北京:科學出版社,2015 年,第 127～135 頁。

永和五年（349）磚

永和五年□氏造。

磚出永州市東安縣灌垻村 6 號磚室墓，飾同心圓紋、車輪紋。"氏"前一字，似"勸"字。①

永和四年（348）至七年（351）磚

永和四□。（側面）

永和六年。（側面）

大吉。（端面）

富貴。（端面）

永和六年□。（側面）

宜孫子。（端面）

---

① 湖南省文物考古研究所：《湖湘文化考古之旅》，第 122～128 頁。

　　大吉利。(端面)

　　永和七年。(側面)

　　辰宜。(端面)

　　"永和四年"磚出長沙河西;"永和六年"磚二種,出長沙小吳門外陳家隴;"永和七年"磚出長沙南門外麻石巷。銘文篆書,其中"永和六年"磚,銘文反書。[1] "宜孫子"或即"宜子孫"。

太和四年(369)磚

　　泰和四年衛氏造。

　　磚出永州市東安縣灌埧村 10 號磚室墓,飾車輪紋。[2]

太和四年(369)磚

　　晉太和四年五月十日□良(?)□。(側面)

---

① 　同德齋主人編,鄢蕾標點:《廣湖南考古略》卷 26《金石》,第 602 頁;《湖南通志》卷 261《藝文志十七·金石三》,《石刻史料新編》第 2 輯第 11 冊,第 7767 頁上欄。

② 　湖南省文物考古研究所:《湖湘文化考古之旅》,第 122～128 頁。

　　磚出衡陽市郊飛機坪附近 2、3 號長方形券頂磚室墓,青灰色,飾幾何紋等。銘文隸書、陽文。墓葬被盜擾,隨葬品僅剩青瓷器和滑石器等。[1]

咸安二年（372）磚

　　咸安二年八月二日。

　　磚出衡陽市西渡鎮蒸水東岸半排行山 1 號磚室墓。墓葬不帶甬道,平面長方形。墓磚飾有菱形紋、車輪紋、錢紋和半菱形紋等。銘文位于一塊墓磚上。墓葬盜擾嚴重,僅發現一些青瓷器和硬紋陶器的殘片。[2]

寧康三年（375）磚

　　晉寧康三年劉氏女墓。（側面）
　　劉。（斧形磚端面）

① 衡陽市博物館:《衡陽市發現東晉紀年墓》,《文物資料叢刊》第 10 輯,北京:文物出版社,1987 年,第 193～194 頁。
② 高成林:《衡陽縣半排山東晉墓》,《中國考古學年鑒·2009》,北京:文物出版社,2010 年,第 353～354 頁。

磚出長沙市南郊東晉磚室墓，青灰色，銘文隸書、陽文。[1] "劉氏女"即墓主。

太元二年（377）磚

磚出益陽市金銀山 1 號磚室墓，具體情况不詳。[2]

太元二年（377）磚

晉泰元二年。

泰元二年太歲……。

□元二年二月(?)李作□□墓。

南陽張氏墓。

磚出益陽市赫山區桃花崙社區姚家村 1 號單室券頂磚室墓，青灰色，有長

① 湖南省文物管理委員會：《長沙南郊爛泥冲晉墓清理簡報》，《文物參考資料》1955 年第 11 期；湖南省博物館：《長沙兩晉南朝隋墓發掘報告》，《考古學報》1959 年第 3 期。
② 中國考古學會編：《中國考古學年鑒·1989》，北京：文物出版社，1900 年，第 224 頁。

方形和楔形兩種。其中，長方形磚有兩種尺寸，一種長 38 厘米，寬 19 厘米，厚 6 厘米；另一種長 32 厘米，寬 16.5 厘米，厚 5 厘米。磚兩面飾繩紋，側面和端面除了銘文，還飾有網格紋和幾何紋等。銘文隸書。墓葬早期盜擾嚴重，隨葬器物蕩然無存。[①] "李作"之"李"當是造磚者姓氏，而墓主爲南陽張氏。

太元四年（379）磚

太元四年□月□□□。

磚出永州市東安縣灌垻村 15 號磚室墓，飾同心圓紋和折綫紋。同墓出有 "寧康三年"銘文磚。[②]

---

① 益陽地區博物館：《益陽市桃花崙晉代磚室墓》，湖南省博物館編：《湖南博物館文集》，長沙：岳麓書社，1991 年，第 178～179 頁。
② 湖南省文物考古研究所：《湖湘文化考古之旅》，第 122～128 頁。

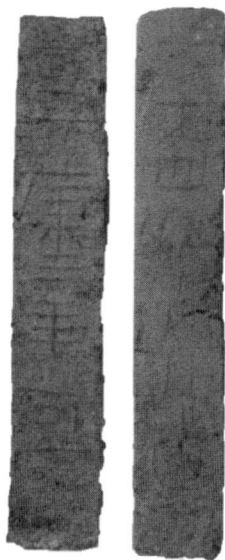

太元四年（379）磚

太元四年九月壬子造。（側面）

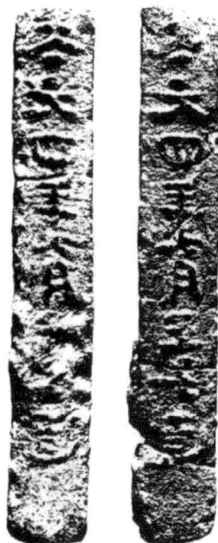

磚出永州市寧遠縣水市鎮淌塘村南 2 號券頂磚室墓,以青灰色居多,素面無紋。銘文磚位于墓室兩側壁、端墙和券頂,銘文模印陽文。[1] 太元四年九月朔,爲庚戌,則"壬子"當是九月三日。

太元五年（380）磚

泰元五年。（側面）

磚出耒陽市城關鎮 110 號東晉長方形磚室墓。墓頂單券,甬道頂雙券,隨葬物品被洗劫一空。[2]

義熙二年（406）磚

義熙二/年丙午歲。/
覃。

---

① 湖南省文物考古研究所:《湖南寧遠淌塘漢晉墓發掘簡報》,湖南省文物考古研究所編:《湖南考古輯刊》第 9 集,長沙:岳麓書社,2010 年,第 115～117 頁。
② 衡陽市文物工作隊:《湖南耒陽城關六朝唐宋墓》,《考古學報》1996 年第 2 期。

　　磚出邵陽金稱市金元村東晉 1 號長方形券頂磚室墓,有長方形和楔形兩種,飾對角車輪紋、幾何紋、繩紋和射綫紋等。銘文有正、反書。該墓墓室前部有祭臺。[1]"覃"姓,不知是墓主的姓氏還是工匠的姓氏。

"許"字磚

　　磚出郴州晉代長方形磚室墓,飾幾何形花紋,有"□午""許""康"等字樣。其他情況不詳。[2]

元嘉十七年(440)、十八年(441)磚

　　　　宋元嘉十七年五月作。(側面)

　　　　宋元嘉十八年。/(端面)

　　　　徐。/(側面)

---

[1]　邵陽縣文化局、邵陽縣文化館:《邵陽縣金稱市東晉墓》,《湖南考古輯刊》第 3 集,長沙:岳麓書社,1986 年,第 273～275 頁。

[2]　李正光:《湖南郴縣發現古墓》,《文物參考資料》1955 年第 10 期。

　　"元嘉十七年"磚出長沙南門外雨花亭毛坡，"元嘉十八年"磚出長沙瀏陽門外圭塘長衝嶺。[①]

元嘉二十年（443）磚

　　　　宋元嘉廿年李作。（側面）

　　　　太歲辛未李作。（側面）

　　磚出長沙瀏陽門外左家塘。[②] 元嘉二十年，乃太歲癸未，非"辛未"。

元嘉二十六年（449）磚

　　　　宋元嘉廿六年。/（側面）

　　　　虞。/（端面）

　　　　宋元嘉廿六年。/（側面）

　　　　辛作。/（端面）

　　磚二種，出長沙南門外黃土嶺。[③] "虞"，據下文大明五年（461）"虞氏"磚文，當是墓主姓氏。

大明五年（461）磚

　　　　宋大明五年太歲辛丑七月□。（側面）

　　　　虞。（端面）

　　　　宋大□□。（側面）

　　　　虞氏墓。（端面）

---

① 《湖南通志》卷261《藝文志十七·金石三》，《石刻史料新編》第2輯第11冊，第7770頁下欄；同德齋主人編，鄢蕾標點：《廣湖南考古略》卷26《金石》，第605頁。

② 《湖南通志》卷261《藝文志十七·金石三》，《石刻史料新編》第2輯第11冊，第7770頁下欄；同德齋主人編，鄢蕾標點：《廣湖南考古略》卷26《金石》，第605頁。

③ 《湖南通志》卷261《藝文志十七·金石三》，《石刻史料新編》第2輯第11冊，第7770頁下欄；同德齋主人編，鄢蕾標點：《廣湖南考古略》卷26《金石》，第605頁。

宋大明五年。（側面）

磚五種，出長沙南門外黃土嶺。[①] 大明五年（461），歲在辛丑。

大明七年（463）磚

大明七年六月甲辰朔廿一日桂氏作。（側面）
大明七年太歲癸卯六月廿八日茹氏造。（側面）
大明七年六□□□□□氏。（側面）

磚三種，出長沙湘陰仁和坑，前二種銘文八分書，後一種銘文正書。[②] 大明七年，歲在癸卯，六月朔，正是甲辰。

泰始六年（470）磚

泰始六年，（側面）何氏墓。（端面）

磚出長沙南門外麻石巷，銘文八分書，《廣湖南考古略》認爲此磚屬于劉宋明帝時物。[③]

建元四年（482）磚

齊故建元四年，鎮西參軍事、南陽張。（側面）

磚出益陽市郝山區桃花崙東路郝山廟單室券頂磚室墓，有長方形和楔形

---

① 《湖南通志》卷 261《藝文志十七·金石三》，《石刻史料新編》第 2 輯第 11 册，第 7770 頁下欄～7771 頁上欄；同德齋主人編，鄡蕾標點：《廣湖南考古略》卷 26《金石》，第 606 頁。

② 《湖南通志》卷 261《藝文志十七·金石三》，《石刻史料新編》第 2 輯第 11 册，第 7777 頁上欄；同德齋主人編，鄡蕾標點：《廣湖南考古略》卷 26《金石》，第 606 頁。

③ 《湖南通志》卷 261《藝文志十七·金石三》，《石刻史料新編》第 2 輯第 11 册，第 7771 頁下欄；同德齋主人編，鄡蕾標點：《廣湖南考古略》卷 26《金石》，第 606 頁。

兩種。磚面飾繩紋，銘文隸書。該墓出土青瓷四系壺等隨葬品十餘種。[1] 墓主張氏，籍貫南陽，生前擔任鎮西參軍。《梁書・太祖張皇后傳》附"父穆之傳"，謂張穆之子弘籍，字真藝，齊初爲鎮西參軍，卒于官。[2] 這樣來看，墓主是張弘籍的可能性很大，不過張穆之、弘籍的籍貫爲范陽郡，非南陽郡。

永明三年（485）磚

桓幽州八世孫之墓。（側面）
齊永明三年。（端面）

磚出長沙南郊羅家衝藕塘坡，長一尺一寸，寬五寸四分，厚一寸五分，銘文楷書。[3] "桓幽州"，即擔任幽州刺史的桓氏。《廣湖南考古略・金石》曰："《桓

———————————

[1] 益陽地區文物工作隊、益陽縣文化館：《湖南省益陽縣晉、南朝墓發掘簡況》，《文物資料叢刊》第 8 輯，第 48～49 頁。

[2] 《梁書》卷 7《太祖張皇后傳》，北京：中華書局，1973 年，第 156 頁。

[3] 《湖南通志》卷 261《藝文志十七・金石三》，《石刻史料新編》第 2 輯第 11 册，第 7771 頁下欄～7772 頁上欄；同德齋主人編，鄢蕾標點：《廣湖南考古略》卷 26《金石》，第 606 頁；周聯一：《刻著"永和九年"的古磚，有著什麼樣的故事？》，《美術報》2018 年 5 月 9 日。

階傳》祖超、父勝皆歷典州郡,豈所謂桓幽州者即階之祖父耶?"

永明十一年（493）磚

齊永明十一年八月十日,桂。（側面）

□□□書。（端面）

磚出長沙南郊 13 號長方凸字形磚室墓,青灰色,長方形,長 38 厘米,寬 18

厘米,厚 6 厘米,飾纏枝花草紋。① "桂"可能爲墓主姓氏。

永元元年（499）磚

　　齊永元元年己卯歲劉氏墓。（側面）

　　磚出長沙南郊 2 號南朝長方凸字形磚室墓,青灰色,長方形,長 38 厘米,寬 18 厘米,厚 6 厘米,飾纏枝花草紋。② 永元元年（499）,大歲在己卯。

天監八年（509）磚

　　天監八年,虞氏。（側面）
　　梁天監八年,虞。（側面）
　　天監八年,虞氏。（側面）

　　磚出長沙南門外登天廟東里許,長一尺一寸,寬五寸五分,厚一寸六分,銘文正書。③ 虞氏或是墓主姓氏。

普通元年（520）磚

　　梁普通元年。（端面）
　　樂記室墓。（端面）

　　磚出長沙瀏陽門外圭塘北衝月亮坡王氏民居之後,長一尺一寸一分,寬五寸,厚一寸四分,銘文反文、正書,側面飾龍紋。④《廣湖南考古略》曰:"考蕭業以天監二年襲爵長沙郡王,普通中薨。樂君蓋其屬官,言記室不言參軍,古人

---

① 　湖南省博物館:《長沙兩晉南朝隋墓發掘報告》,《考古學報》1959 年第 3 期。
② 　湖南省博物館:《長沙兩晉南朝隋墓發掘報告》,《考古學報》1959 年第 3 期。
③ 　《湖南通志》卷 261《藝文志十七·金石三》,《石刻史料新編》第 2 輯第 11 冊,第 7772 頁上欄;同德齋主人編,鄢蕾標點:《廣湖南考古略》卷 26《金石》,第 606 頁。
④ 　《湖南通志》卷 261《藝文志十七·金石三》,《石刻史料新編》第 2 輯第 11 冊,第 7772 頁下欄。

文字省簡也。"①"記室",即"記室參軍"。《梁書·樂藹傳》謂樂藹籍貫南陽淯陽,世居江陵,曾爲蕭齊大司馬中兵參軍,轉署記室。天監二年(503),"出爲持節、督廣交越三州諸軍、冠軍將軍、平越中郎將、廣州刺史"。② 顯然,"普通元年"銘文中的"樂記室"不是樂藹,但可能是樂藹子法才、法藏輩。此外,廣州亦有一方"樂記室"磚,③時間、内容基本一致。

普通十年(中大通元年,529)磚

> 梁普通十年□月十六日。
>
> 李府君。
>
> 之事本州主簿。
>
> 本州主簿。
>
> 昭陽王議曹。

磚出邵陽市郊神灘村薑家山 5、6 號長方形券頂磚室墓,飾有幾何紋、魚紋和蓮花紋等。帶有銘文的長條磚長 37 厘米,寬 18 厘米,厚 6 厘米。在墓道和

---

① 同德齋主人編,鄢蕾標點:《廣湖南考古略》卷 26《金石》,第 606 頁。

② 《梁書》卷 19《樂藹傳》,第 302 頁。

③ 伍慶禄、陳鴻鈞:《廣東金石圖志》,第 533 頁。

大小墓室内的左右兩壁以及後壁，設有排列對稱規整的小龕 26 個。① "普通十年"即"中大通元年"，"李府君"當爲墓主，"本州主簿"可能即湘州主簿。"昭陽"即"邵陽"，《南齊書·州郡志》下記爲湘州邵陵郡轄縣。

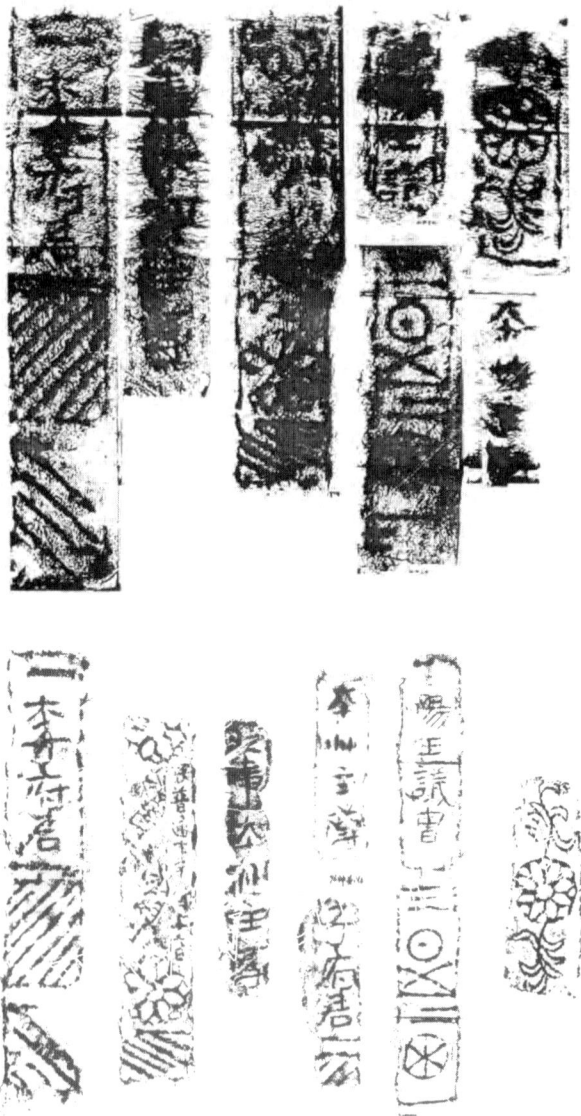

---

① 邵陽市文物管理處：《邵陽市郊區東漢南朝磚室墓》，湖南省文物考古研究所、湖南省考古學會編：《湖南考古·2002 年》，長沙：岳麓書社，2003 年，第 420～426 頁；邵陽市文物局：《湖南邵陽南朝紀年磚室墓》，《文物》2001 年第 2 期。

貴子造磚

貴子造。（端面）

磚出耒陽市蔡子池街道辦事處白洋村的白洋渡楊家山 22 號南朝長方形磚室墓，側面飾葉脉紋等。墓室内有二磚柱。[①]

大梁殷氏磚

大梁太歲癸丑殷氏墓。（側面）

磚出長沙南門外石馬坡南牛角塘，長一尺一寸，寬五寸三分，厚一寸六分，銘文正書。[②]《湖南通志·金石》認爲"癸丑"是隋開皇十三年，理由是"殷氏生于梁，仕于梁，有不願臣隋之意"，恐非如此。"癸丑"可以是蕭梁中大通五年（533），這也正好符合"大梁"的説法。

---

① 衡陽市文物處、耒陽市文物局：《湖南耒陽白洋渡漢晉南朝墓》，《考古學報》2008 年第 4 期。
② 《湖南通志》卷 261《藝文志十七·金石三》，《石刻史料新編》第 2 輯第 11 册，第 7773 頁下欄；同德齋主人編，鄺蕾標點：《廣湖南考古略》卷 26《金石》，第 607 頁。

四川省

五鳳二年（前 56）磚

五鳳二年造。

磚無具體出土地，銘文篆書，四周有邊框，應是模印，《四川漢代畫像磚》著録爲"五鳳年造"。[①] 據拓片圖影，"年"前應是"二"字。

---

① 高文編：《四川漢代畫像磚》，上海：上海人民美術出版社，1987 年，第 215 條。

建平五年（前2）磚

建平五年。（側面）

磚出彭州，銘文反書，具體情況不詳。

建武十四年（38）磚

建武十四年。

磚無具體出土地，《四川漢代畫像磚》著録。[1]

建武十八年（42）磚

建武十八年。

磚無具體出土地，《四川漢代畫像磚》著録。[2]

---

① 高文編：《四川漢代畫像磚》，第216條。
② 高文編：《四川漢代畫像磚》，第217條。

建武二十八年（52）磚

　　建武二十八年北宫衛令邶君千秋之宅。

　　富貴昌。

　　磚出蜀中范皮闕旁，銘文篆書。[1] 劉昌詩《蘆浦筆記》亦著録此磚兩種，其一文曰：“持節使者、北宫衛令扈君千秋之宅。建武二十八年五月丙午，工李邑作。”其二文曰：“北宫衛令扈君萬秋宅。”可知“邶君”，《蘆浦筆記》作“扈君”。“北宫衛令”即“北宫衛士令”。《續漢書·百官二》“衛尉”條下曰：“北宫衛士令一人，六百石。”其下自注曰：“掌北宫衛士。”[2] 此外，《蘆浦筆記》還著録和范皮闕相關的銘文兩種，内容可連讀：“嗟痛明時，仲治無年。結種孳孳，履踐聖門。智辨賜張，□噍孔言。寬博□約，性能淵泉。帶徒千人，行無遺愆。德積未報，曷尤乾乾。茂而不實，顔氏暴顛。非獨范子，古今皆然。相貌睹形，列畫諸先。設生有知，豈復恨焉。”[3]

建武中元年（56）磚

　　建武中元年。

---

[1]　洪适：《隸續》卷 14，見《隸釋·隸續》，第 418 頁下欄。

[2]　范曄：《後漢書》，第 3578 頁。

[3]　劉昌詩：《蘆浦筆記》卷 2“漢磚”，北京：中華書局，1986 年，第 16 頁。

　　磚出四川,具體出土地不詳,拓片長 30 厘米,寬 8 厘米,銘文反書。[1]《續漢書·祭祀志上》曰:"大赦天下,以建武三十二年爲建武中元元年。"[2]上文湖北省部分著録"建武中元二年"紀年磚。

永平元年（58）磚

　　　永平元年造。

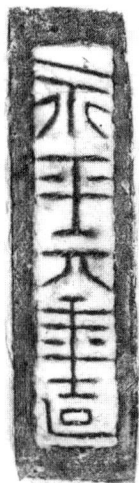

---

①　高文主編:《中國巴蜀新發現漢代畫像磚》,成都:四川美術出版社,2016 年,第 99 條。

②　參見范曄《後漢書》,第 3170 頁。

磚出什邡市，拓片長 32 厘米，寬 8 厘米。①

永平七年（64）磚

永平七年八月廿五日造。

磚出成都市雙流縣華陽鎮烏龍村綠水康城小區 1 號磚室墓。此墓破壞嚴重，僅存一小角鋪地磚。②

永平八年（65）磚

永平八年八月十二日造。

磚無具體出土地，銘文反書，《四川漢代畫像磚》著錄。③

---

① 高文主編：《中國巴蜀新發現漢代畫像磚》，第 100 條。

② 成都市文物考古研究所、雙流縣文物管理所：《成都市雙流縣華陽鎮綠水康城小區發現一批磚室墓》，成都市文物考古研究所編著：《成都考古發現·2003》，北京：科學出版社，2005年，第 379～394 頁。

③ 高文編：《四川漢代畫像磚》，第 218 條。

永平八年（65）磚

永平八年八月十二日造。

磚出成都市新都區三河鎮馬家山西麓 5 號東漢時期崖墓，位于封門墻和

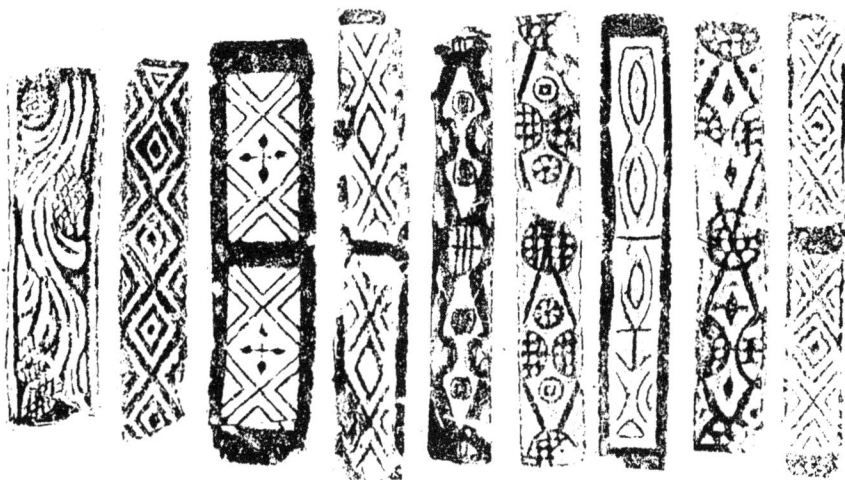

棺材底部。此外，墓中還有一些花紋磚，紋飾有對稱菱形紋、柿蒂紋等。[①]

永平十年（67）磚

永平十年。

磚無具體出土地，銘文位于磚面的上半部，下半部爲交叉幾何紋，有邊框。《四川漢代畫像磚》著録。[②]

---

① 四川省博物館、新都縣文管所：《新都縣馬家山崖墓發掘簡報》，《文物資料叢刊》第 9 輯，北京：文物出版社，1985 年，第 93～106 頁。

② 高文編：《四川漢代畫像磚》，第 219 條。

永平十年（67）磚

永平十年。

磚出雅安市蘆山縣，具體出土地不詳，拓片長 25 厘米，寬 9 厘米，[1]銘文篆書、反文。

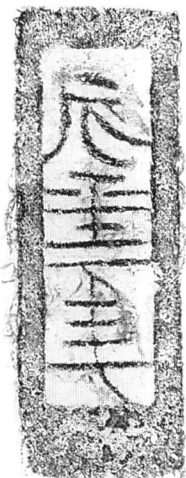

---

① 高文主編：《中國巴蜀新發現漢代畫像磚》，第 105 條。

永平十一年（68）磚

永平十一……。

磚出邛崍市，具體出土地不詳，拓片長 25 厘米，寬 8 厘米。[1] 銘文下部飾對稱幾何紋。

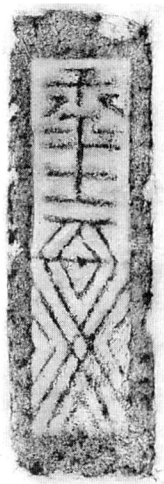

永平十三年（70）磚

永平十三年造(?)。

磚無具體出土地，銘文反書，《四川漢代畫像磚》著録。[2]

---

① 高文主編：《中國巴蜀新發現漢代畫像磚》，第 104 條。
② 高文編：《四川漢代畫像磚》，第 220 條。

永平十五年（72）磚

永平十五年八月造。

磚出雅安市滎經縣，具體出土地不詳，拓片長 30 厘米，寬 7 厘米，[①]銘文反書。

[①] 高文主編：《中國巴蜀新發現漢代畫像磚》，第 107 條。

永平十七年（74）磚

永平十七年。

磚出成都，具體出土地不詳，拓片長 25 厘米，寬 8 厘米，[①]銘文篆書。

永平十八年（75）磚

永平十八年造。

---

① 高文主編：《中國巴蜀新發現漢代畫像磚》，第 108 條。

磚無具體出土地,《四川漢代畫像磚》著録。[1]

永平十八年（75）磚

永平十八年。

磚無具體出土地,《四川漢代畫像磚》著録。[2]

建初三年（78）磚

建初三年作。

磚無具體出土地,《四川漢代畫像磚》著録。[3]

---

[1]　高文編:《四川漢代畫像磚》,第 221 條。
[2]　高文編:《四川漢代畫像磚》,第 222 條。
[3]　高文編:《四川漢代畫像磚》,第 223 條。

建初三年（78）磚

建初三／年八月／廿日，汝／伯寧日，／萬歲舍，／大利善。／

磚無具體出土地，洪适《隸續》著録，[1]長方形，銘文模印，隸書陽文，位于磚面。《四川漢代畫像磚》没有録文。[2]"舍"，《磚瓦陶文書法百品》識爲"金"，誤。[3]"汝伯"，當爲墓主；"寧日"，即墓主死喪之日。

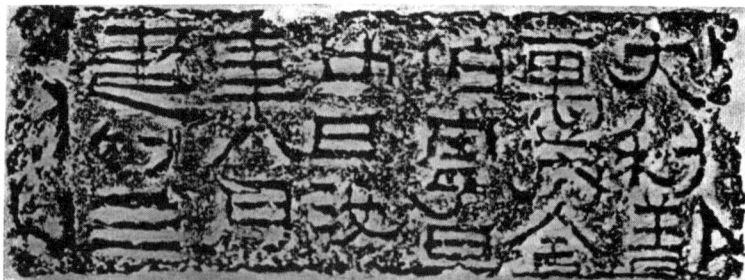

---

① 洪适：《隸續》卷14，見《隸釋·隸續》，第418頁上欄。

② 高文編：《四川漢代畫像磚》，第224條。

③ 高運剛編著：《磚瓦陶文書法百品》，西安：世界圖書出版西安公司，2007年，第32～33頁。

建初五年（80）磚

建初五年二月。

磚無具體出土地，微殘，《四川漢代畫像磚》著録。[1]

建初五年（80）磚

建初五年六月造。

磚出成都，具體出土地不詳，拓片長 40 厘米，寬 6.5 厘米，[2]銘文篆書。

---

[1] 高文編：《四川漢代畫像磚》，第 225 條。

[2] 高文主編：《中國巴蜀新發現漢代畫像磚》，第 109 條。

建初六年（81）磚

建初六年作。

磚出雅安市蘆山縣，具體出土地不詳，拓片長 25 厘米，寬 7 厘米，[1]"建初六年"四字正書，"作"字反書。

---

① 高文主編：《中國巴蜀新發現漢代畫像磚》，第 110 條。

建初七年（82）磚

建初七年四月□日作壽椁。

磚無具體出土地，銘文反書。

建初八年（83）磚

建初八年造。

磚無具體出土地，《四川漢代畫像磚》著録。①

建初九年（84）磚

建初九年十月造。

磚出雅安市蘆山縣，具體出土地不詳，拓片長 24 厘米，寬 8 厘米，②銘文反書。

建初九年（84）磚

建初九年作。

磚無具體出土地，《四川漢代畫像磚》著録。③

---

① 高文編：《四川漢代畫像磚》，第 226 條。
② 高文主編：《中國巴蜀新發現漢代畫像磚》，第 113 條。
③ 高文編：《四川漢代畫像磚》，第 227 條。

建初九年（84）磚

建初九年以成……。

磚殘，出綿陽市三臺縣，具體出土地不詳，拓片長 22 厘米，寬 10 厘米，[①]銘文正書，中間有"大泉五十"圖案。

元和二年（85）磚

元和二年七月□長□□母□□兄。

---

① 高文主編：《中國巴蜀新發現漢代畫像磚》，第 114 條。

磚無具體出土地，拓片長 27 厘米，寬 10 厘米，銘文磨泐嚴重。[1]

元和二年（85）磚

　　元和二年已成，蘇萬……。（長方形磚端面）

　　元和[二]年已成，蘇萬年書。（長方形磚端面）

　　……富貴賢。（楔形磚磚面）

　　磚出綿陽市游仙區白蟬鄉一碗水村朱家梁子半山腰 3 號崖墓甬道内，有長方形和楔形兩種，素面，銘文陽文。報告者認爲朱家梁子出土的幾座崖墓皆屬于東漢時期。[2]"蘇萬年"，可能爲造磚匠人。

---

① 高文主編：《中國巴蜀新發現漢代畫像磚》，第 116 條。

② 綿陽博物館、綿陽市文物稽查勘探隊：《四川綿陽市朱家梁子東漢崖墓》，《考古》2003 年第 9 期。

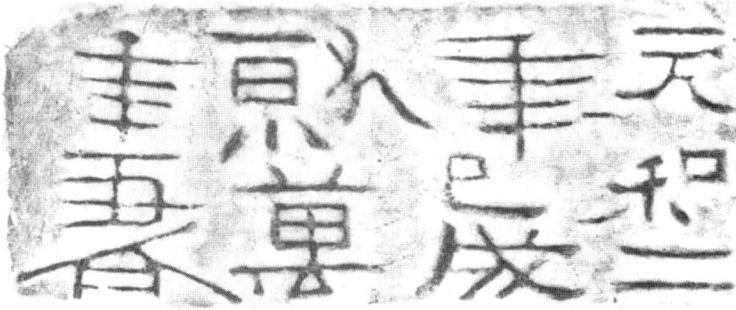

元和三年（86）磚

　　元和三年。

　　磚無具體出土地,《四川漢代畫像磚》著録。[1] 銘文外有邊框,中間有圓圈紋。

---

① 高文編:《四川漢代畫像磚》,第 228 條。

元和三年（86）謝君磚

元和三年五月甲戌朔，謝君久造此墓。

磚出綿陽市梓潼縣。《蘆浦筆記》卷 2"漢磚"下曰："曩于周益公坐間，出示漢五磚，皆得于劍州梓潼縣。"[①]"周益公"即周必大。洪适《隸續》亦著録此磚，不過銘文"久"字未識。[②] 拓片見《中國磚銘》。[③]

元和三年（86）磚

元和三年八造。

磚出雅安市，具體出土地不詳，拓片長 23 厘米，寬 7.5 厘米，[④]銘文"八"字下當補一"月"字。

---

① 劉昌詩：《蘆浦筆記》卷 2"漢磚"，第 16 頁。
② 洪适：《隸續》卷 14，見《隸釋·隸續》，第 418 頁下欄。
③ 殷蓀編著：《中國磚銘·圖版》上册，南京：江蘇美術出版社，1998 年，第 124 頁。
④ 高文主編：《中國巴蜀新發現漢代畫像磚》，第 116 條。

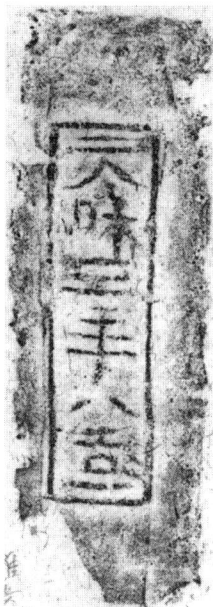

永元元年（89）磚

永元元年三月三日造此。（側面）

磚出成都市新都區新民鄉梓潼村七星墩東漢畫像磚墓，長 32 厘米，寬 22
厘米，厚 6 厘米。紀年磚位于墓壁的第 6、7 層位置，端面飾"人物"畫像，身着
長袍，手持長矛，銘文篆書，其他層磚由各類題材的畫像和花紋構成。[①]

永元三年（91）磚

永元三年。

磚無具體出土地，《四川漢代畫像磚》著録。[②] 銘文位于磚側面上半部右邊
和下半部左邊，前者是紀年，後者模糊不可辨識。

---

① 張德全：《新都縣發現漢代紀年磚畫像磚墓》，《四川文物》1988 年第 10 期。

② 高文編：《四川漢代畫像磚》，第 229 條。

永元三年（91）磚

　　永元三年。

　　磚無具體出土地，微殘，《四川漢代畫像磚》著録。[1]

---

①　高文編：《四川漢代畫像磚》，第 230 條。

永元三年（91）磚

　　永元三年造。

　　磚出雅安市蘆山縣，具體出土地不詳，拓片長 22 厘米，寬 5 厘米，[①]銘文反書。

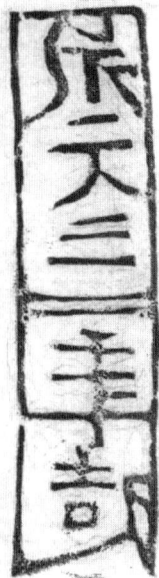

永元六年（94）"宜世彈"磚

　　宣化/宜世/彈休/之藏，/永元/六年/始造。/

　　永元六年八月造。/

　　永元六年宜世里宗鑿，利後安樂□。/

　　磚出宜賓市翠屏村 3 號漢代磚室墓，長方形，銘文陽文、隸書，位于磚面，

---

① 　高文主編:《中國巴蜀新發現漢代畫像磚》，第 119 條。

現藏宜賓市博物館。[①] "六"字，《四川漢代畫像磚》識爲"五"，誤。[②] "宣化"，即宣化鄉。"宜世彈"，參見俞偉超的相關研究。[③]

永元八年（96）磚

永元八年六月，都尉府造。

磚無具體出土地，《四川漢代畫像磚》著録。[④]

① 趙希銘、劉師德：《四川宜賓市郊發現東漢磚墓九座》，《文物參考資料》1955 年第 10 期；匡遠瀅：《四川宜賓市翠屏村漢墓清理簡報》，《考古通訊》1957 年第 3 期；高運剛編著：《磚瓦陶文書法百品》，第 40～41 頁。

② 高文編：《四川漢代畫像磚》，第 231 條。

③ 俞偉超：《中國古代公社組織的考察——論先秦兩漢的"單—僤—彈"》，北京：文物出版社，1988 年。

④ 高文編：《四川漢代畫像磚》，第 232 條。

永元八年（96）磚

永元八年。

磚出雅安市蘆山縣，係任乃强調查所得。[1]

永元八年（96）磚

永元八年九月造。

磚出廣元市，具體出土地不詳，拓片長 32 厘米，寬 6 厘米，[2]"造"下似有一字。此外，四川眉山出土一方"永元八年"磚，内容和此磚一致。

---

① 鄭德坤：《四川古代文化史》，成都：巴蜀書社，2004 年，第 195 頁。
② 高文主編：《中國巴蜀新發現漢代畫像磚》，第 120 條。

永元十一年（99）磚

永元十一年造作。

磚出邛崍市臨邛鎮土地坡村 2 號磚室墓,黃褐色,飾幾何紋、網格紋和乳釘紋等,"作"字反書。"造",原報告誤作"吉",此據拓片圖影改正。[1]

永元十二年（100）磚

永元十二年四［月］三十日。

磚出射洪市,具體出土地不詳,拓片長 38 厘米,寬 9 厘米,[2]銘文正書。

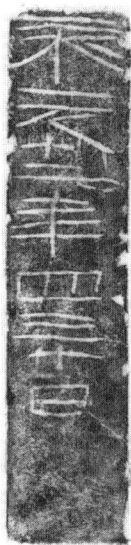

永元十二年（100）磚

永元十二年八月。

磚無具體出土地,《四川漢代畫像磚》著録。[3]

---

① 成都市文物考古研究所、邛崍市文物局:《邛崍土地坡漢墓群發掘簡報》,第 263 頁。
② 高文主編:《中國巴蜀新發現漢代畫像磚》,第 125 條。
③ 高文編:《四川漢代畫像磚》,第 233 條。

永元十三年（101）磚

永元十三年/八月杜少明(?)作。/

磚無具體出土地，《四川漢代畫像磚》著録。[1]

---

[1] 高文編：《四川漢代畫像磚》，第234條。

永元十六年（104）磚

永元十六年四月八日造萬/歲壽長宜子孫之藏兮。/

　　磚出射洪市,具體出土地不詳,拓片長 38 厘米,寬 9 厘米。[①]《中國巴蜀新發現漢代畫像磚》無録文,此據拓片録文。銘文篆書 2 行,每行 11 字。“藏”即棺椁之意。

永元十六年（104）磚

永元十七年八月。

　　磚出成都市,具體出土地不詳,拓片長 34 厘米,寬 9 厘米。[②] 銘文位于上部中間,四周飾對稱幾何紋、葉脉紋。

---

① 高文主編:《中國巴蜀新發現漢代畫像磚》,第 127 條。
② 高文主編:《中國巴蜀新發現漢代畫像磚》,第 129 條。

元興元年（105）磚

　　永元十/七年四/月廿三/日大舍/來，元興/元年八/月十一日/造此壁。/（端面）

　　磚無具體出土地，長 37.3 厘米，寬 25 厘米，厚 7.7 厘米，銘文自左而右書寫，一端銘文，另一端爲三位人物畫像。"舍"，通"赦"。① 《後漢書·孝和帝紀》元興元年（105）夏四月庚午，"大赦天下，改元元興"。② "庚午"，已有學者指出或是"庚子"之誤。③ "庚子"是四月十七日，和磚文所記"四月廿三日"（丙午）不合。則"庚午"非"庚子"之誤，而是"丙午"之誤。該磚文特意記載元興改元事，比較少見。

---

① 朱明岐：《明止百磚》，杭州：浙江大學出版社，2018 年，第 65 頁；高文主編：《中國巴蜀新發現漢代畫像磚》，第 130 條。
② 《後漢書》卷 4《孝和帝紀》，第 193 頁。
③ 《後漢書失校兩例》，《河南大學學報（哲學社會科學版）》1993 年第 4 期。

元興元年（105）磚

元興元年九月八日造。

磚無具體出土地，銘文模印、反書，外有邊框，《四川漢代畫像磚》著録。[1]

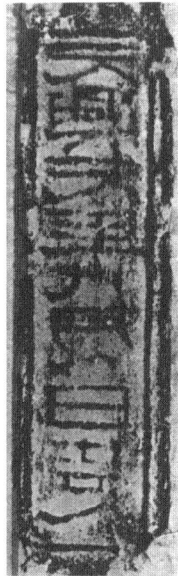

---

① 高文編：《四川漢代畫像磚》，第 235 條。

元興元年（105）磚

元興元年九月。

磚出雅安市蘆山縣，具體出土地不詳，拓片長 32 厘米，寬 6 厘米。[1]

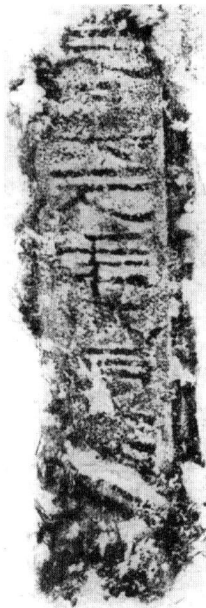

延平元年（106）磚

延平元年八月廿日造此。

磚出彭州市，長 32 厘米，寬 24 厘米，厚 6 厘米，銘文反書，右側爲一組四個柿蒂紋，柿蒂紋外有四重回文環繞。[2] "延平"二字，《四川漢代畫像磚》識作"建平"，[3]從拓片的字形上看，應是"延"字。

---

① 高文主編：《中國巴蜀新發現漢代畫像磚》，第 132 條。
② 朱明岐：《明止百磚》，第 20～21 頁。
③ 高文編著：《四川漢代畫像磚》，第 112 條。

延平元年（106）磚

延平元年。

磚二種，出成都市新津區，拓片分別長 22 厘米、寬 7 厘米和長 19 厘米、寬 6 厘米。[①] 二磚字體基本一致。

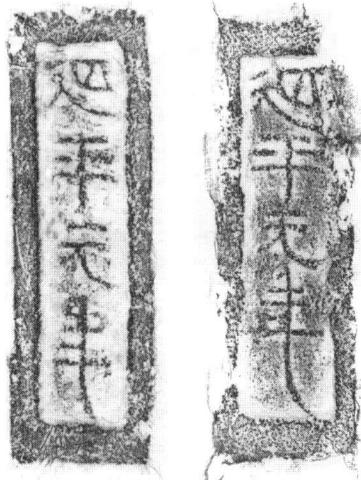

---

① 高文主編：《中國巴蜀新發現漢代畫像磚》，第 133～134 條。

永初元年（107）磚

永初元年。

磚出雅安市蘆山縣，係任乃强調查所得，銘文陽文。[①]

永初元年（107）磚

永初元年，景師造。

大吉陽，宜侯王。

磚出蜀中，具體情況不詳。[②] "景師"，即建墓工匠。

永初三年（109）磚

永初三年作此关（關）。

---

① 鄭德坤：《四川古代文化史》，第 195 頁。

② 洪适：《隸續》卷 14，見《隸釋·隸續》，第 418 頁下欄。

磚出成都羊子山 59 號東漢磚室墓,銘文位于楔形磚端面。^①

永初三年（109）磚

永初三年八月造。

磚出雅安市蘆山縣,具體出土地不詳,拓片長 35 厘米,寬 7 厘米,^②銘文正書。

元初三年（116）磚

元初三年八月十二/日作□王□臣(?)。/(側面)

磚出雅安市蘆山縣,長方形,銘文隸書陽文、反書,現藏蘆山縣博物館。^③"王"字下一字,有識作"平"字。

---

① 馮漢驥:《四川的畫像磚墓及畫像磚》,《文物》1961 年第 11 期。

② 高文主編:《中國巴蜀新發現漢代畫像磚》,第 137 條。

③ 高運剛編著:《磚瓦陶文書法百品》,第 46～47 頁。

元初四年（117）磚

福佑日至所作利，元初四年造。

磚無具體出土地，拓片長 37 厘米，寬 6 厘米，[1]銘文正書。

---

[1]　高文主編：《中國巴蜀新發現漢代畫像磚》，第 141 條。

元初五年（118）磚

元初五年造，後子孫富貴壽。

磚無具體出土地，《四川漢代畫像磚》著録。[1]

元初七年（120）磚

元初七年一月。

磚無具體出土地，《四川漢代畫像磚》著録。[2]

---

[1] 高文編：《四川漢代畫像磚》，第237條。
[2] 高文編：《四川漢代畫像磚》，第238條。

建光元年（121）磚

建光元年八月四日作□,/□萬世長樂□□。/

磚出宜賓市翠屏村 5 號漢代磚室墓,長方形,銘文陽文、隸書,位于磚面。[1]

---

[1] 趙希銘、劉師德:《四川宜賓市郊發現東漢磚墓九座》,《文物參考資料》1955 年第 10 期;匡遠瀅:《四川宜賓市翠屏村漢墓清理簡報》,《考古通訊》1957 年第 3 期。

延光元年（122）磚

延光元年八月三日造。

磚出雅安市，具體出土地不詳，拓片長 35 厘米，寬 7 厘米。[1]

永建四年（129）磚

永建四年。

磚無具體出土地，《四川漢代畫像磚》著錄。[2]

①　高文主編：《中國巴蜀新發現漢代畫像磚》，第 144 條。
②　高文編：《四川漢代畫像磚》，第 240 條。

永建五年（130）磚

永建五年造。

磚出雅安市寶興縣磽磧鄉夾金山北麓的東漢單室券頂磚室墓，有楔形、弧形和長方形三種，銘文位于楔形磚窄端。可辨認的隨葬品有灰陶鉢、灰陶罐、灰陶子母雞、紅陶雞鴨、環柄鐵刀和五銖錢、金環等。此外，尚有一些搖錢樹殘片。①

---

① 寶興縣文化館：《夾金山北麓發現漢墓》，《文物》1976 年第 11 期。

永和二年（137）磚

永和二年八月造。

磚無具體出土地，《四川漢代畫像磚》著録。[1]

永和四年（139）磚

永和四年四月十日造。

磚出雅安市蘆山縣，具體出土地不詳，拓片長 26 厘米，寬 7 厘米。[2]

---

[1]　高文編著：《四川漢代畫像磚》，第 241 條。
[2]　高文主編：《中國巴蜀新發現漢代畫像磚》，第 146 條。

永興二年（154）磚

永興二年。

磚出成都東漢磚室墓，具體情況不詳。^①

永壽元年（155）磚

永壽元年。

磚無具體出土地，拓片長 22 厘米，寬 7 厘米。^②

---

① 成都市文物考古工作隊:《一九九四年成都市田野考古工作概况》,《成都文物》1995 年第 2 期。
② 高文主编:《中國巴蜀新發現漢代畫像磚》,第 148 條。

永壽二年（156）磚

永壽二年作。

磚出雅安市蘆山縣，具體出土地不詳，拓片長 26 厘米，寬 7 厘米，①銘文篆書、反文。

---

① 高文主編:《中國巴蜀新發現漢代畫像磚》，第 149 條。

熹平三年（174）磚

熹平三年造。

磚無具體出土地，《四川漢代畫像磚》著録。[①]

熹平三年（174）磚

熹平三年四月造。

磚出雅安市蘆山縣，具體出土地不詳，拓片長 25 厘米，寬 7 厘米，[②]銘文反書。

---

① 高文編：《四川漢代畫像磚》，第 242 條。
② 高文編：《四川漢代畫像磚》，第 243 條；高文主編：《中國巴蜀新發現漢代畫像磚》，第 151 條。

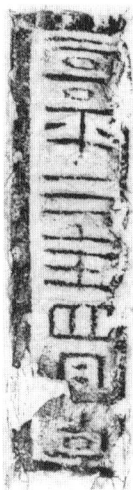

建安元年（196）磚

建安元年六月造作。

磚出成都市大邑縣鹽店村 1 號磚室墓。除了鋪地磚，墓室全用花紋磚，飾有三角幾何紋、菱形紋、連璧紋和車輪三角紋等。墓葬盜擾嚴重，除一件銅玄武水注和墓門前出土的一件陶罐完整外，其餘均係殘片。[1]

---

[1]　丁祖春：《四川大邑縣馬王墳漢墓》，《考古》1980 年第 1 期。

大君嘉磚

　　大君嘉。

　　磚出雅安市蘆山縣王暉墓，有灰黄色、青色、黑色和赤色，完整者爲長方形，長 40 厘米，寬 24 厘米，厚 7 厘米。紋飾多至十餘種，主要有銀杏葉、錢紋、菱形紋和空心圓紋等。此外，該墓出土墓主王暉石棺，上有題記曰："故上計史王暉伯昭，以建安拾六歲在辛卯九月下旬卒，其拾七年六月甲戌葬，嗚嗚哀哉。"①

康丁王冢磚

　　康丁王之冢，吉復吉造。

　　磚無具體出土地，《四川漢代畫像磚》著録。② 磚文没有具體紀年。

---

①　鄭德坤：《四川古代文化史》，第 193～194 頁。
②　高文編：《四川漢代畫像磚》，第 244 條。

張公墓磚

張公家後之墓。

磚無具體出土地,亦無紀年,《四川漢代畫像磚》著録。[1]

建興五年（227）磚

建興五年歲……。

磚出西昌市南壇村北 501 號磚室墓,殘長 23.5 厘米,寬 21.5 厘米,厚 5.5 厘米,銘文隸書、陽文。該墓盜擾嚴重,墓内僅出土少量陶器。[2]

---

① 高文編:《四川漢代畫像磚》,第 257 條。
② 涼山州博物館:《四川涼山西昌發現東漢蜀漢墓》,《考古》1990 年第 5 期;劉海林、潘用良:
  《絲路漢痕——涼山漢晉磚集粹》,成都:巴蜀書社,2009 年,第 16 頁。

太康六年（285）磚

太康六年。（側面）

磚采集于西昌市南壇村，長方形，長 32 厘米，寬 19 厘米，厚 6 厘米。銘文位于磚側上半部分，下半部分飾幾何紋。①

---

① 劉海林、潘用良：《絲路漢痕——凉山漢晉磚集粹》，第 18 頁。

永熙元年（290）磚

永熙元年。

造吉。

磚出成都市高新西區萬景峰社區一座陶窑中，青灰色，多有破損，飾菱形紋，銘文有"永熙元年""造吉"。[1] 據發掘報告，該陶窑中還發現了一些漢代殘磚，可見此窑乃是專門燒製墓磚。

元康八年（298）磚

元康八年八月廿日。（側面）

磚出成都市金牛區禾家村中海國際社區 1、3 號兩座西晉磚室墓，一般長36 厘米，寬 21～23 厘米，厚 5.5 厘米。除了銘文外，墓磚其餘諸面皆無紋飾。二墓損壞嚴重，僅在三號墓墓室後部發現燈座、陶罐和銅棺釘等。[2] 二墓出土

---

[1] 成都文物考古研究所：《成都高新西區萬景峰地點晉代窑址發掘簡報》，成都文物考古研究所編著：《成都考古發現·2007》，北京：科學出版社，2010 年，第 282～288 頁。

[2] 成都文物考古研究所：《中海國際社區晉墓發掘簡報》，第 111～117 頁。

相同的墓磚及其銘文，可見它們爲同一時期。

元康磚

元康。（端面）

磚出西昌市郊桑坡，長方形，具體尺寸不詳。[①]

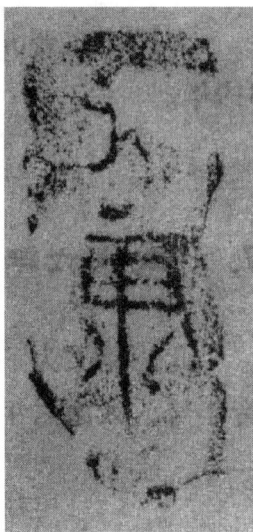

永嘉五年（311）磚

永嘉五年九月一日歲在辛未造作吉羊。（楔形磚側面）
孝廉郎中司馬君諱禎字仲軒。（楔形磚側面）

磚出西昌市南壇村，長 41 厘米，寬 23 厘米，厚 4～5 厘米，銘文隸書。學者推測司馬禎或爲西晉皇室成員。[②]

---

① 劉海林、潘用良：《絲路漢痕——涼山漢晉磚集粹》，第 17 頁。
② 劉海林、潘用良：《絲路漢痕——涼山漢晉磚集粹》，第 11～12 頁。

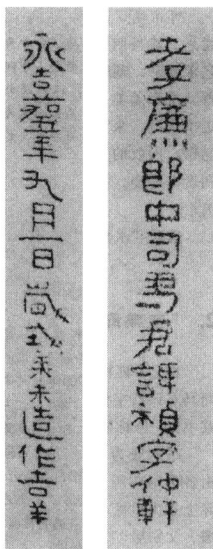

大興二年（311）磚

大興二年造作。

磚采集于西昌市郊，長方形，具體尺寸不詳。[1]

---

① 劉海林、潘用良：《絲路漢痕——涼山漢晉磚集粹》，第 17～18 頁。

成漢玉衡九年（東晉大興二年，319）磚

　　玉衡九年行中閭月十日始。

　　磚無具體出土地，銘文陽文，其中"衡""年""閭""始"諸字反書。"閭"字，學者識爲"陽"，即春月。[1] "玉衡"乃成漢李雄年號。《晉書·李雄載記》曰："時李國鎮巴西，其帳下文碩又殺國，以巴西降尚。雄乃引還，遣其將張寶襲梓潼，陷之。會羅尚卒，巴郡亂，李驤攻涪，又陷之，執梓潼太守譙登，遂乘勝進軍討文碩，害之。雄大悦，赦其境内，改元曰玉衡。"[2]

---

[1]　鄧代昆：《成漢"玉衡九年行中閭月十日始"磚銘考釋》，《四川文物》1989 年第 1 期。
[2]　《晉書》卷 121《李雄載記》，第 3037 頁。

新都太守龐府君磚

　　新都大守龐府君墓。(側面)

　　磚出西昌市川興鎮東南面小花山磚室墓，長 33 厘米，寬 5.7 厘米，厚 6.5 厘米。銘文隸書，有正、反書寫兩種。墓葬已被盜掘一空，學者認爲該墓窄小，與當地普通的漢晉墓葬無异，懷疑墓主"龐府君"是李氏成漢政權時逃亡至越雟邛都縣，并死葬于當地。[①] 這一推測有一定的道理。

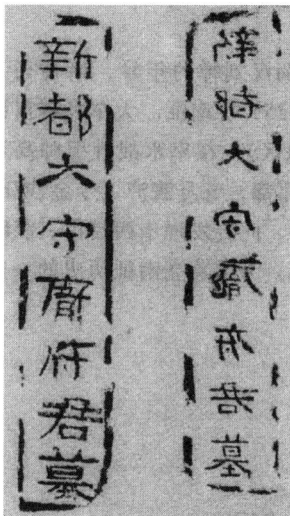

胡功曹神墓磚

　　胡功曹神墓。

　　磚出綿陽市三臺縣永明鄉景家橋村書房梁 3 號單室墓，梯形，僅一塊，位于墓室後壁磚臺，銘文陰刻、隸書。[②]

---

①　劉海林、潘用良：《凉山漢晉磚譚概》，《四川文物》1999 年第 4 期；劉海林、潘用良：《絲路漢痕——凉山漢晉磚集粹》，第 14～16 頁。

②　景竹友：《三臺永明鄉崖墓調查簡報》，《四川文物》1997 年第 1 期。

重慶市

永平八年（65）磚

永平八年七月，李。

磚出三峽一帶，銘文隸書。

永平十二年（69）磚

永平十二年造。（側面）

磚出奉節縣，長 23 厘米，厚 7 厘米。[1]

---

① 李應蘭、彭川編著：《長江三峽漢代圖文磚》，重慶：重慶大學出版社，2015 年，第 24 頁。

建初六年（81）磚

萬歲，建初六年造。（側面）

更故人先葬，無世未吉。（側面）

　　磚出巫山縣，長 35 厘米，厚 6.5 厘米，銘文隸書。上端飾玉蟾圖案。[①]　據 "更故人先葬"銘文，可知此墓爲改葬墓。

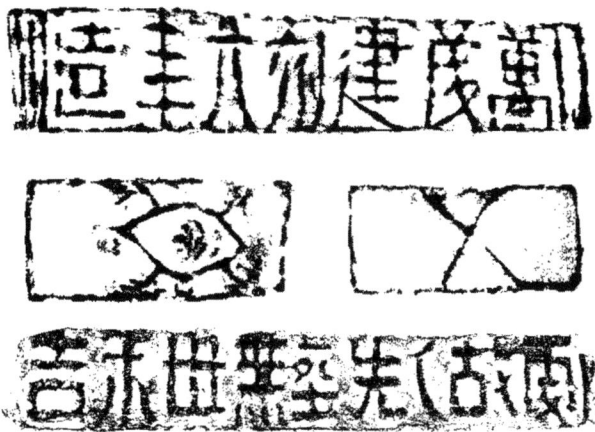

建初八年（83）磚

建初八年二月二日，宜孫。（左側）

建初八年二月建此□□，/萬宜□不告遠常世。/（右側）

　　磚出巫山縣，長 35 厘米，寬 13 厘米，厚 7 厘米。磚文模印陽文，單行文字 正文，雙行文字反文。

---

① 李應蘭、彭川編著：《長江三峽漢代圖文磚》，第 25 頁；南京市博物院考古研究所等：《巫山瓦 缸槽墓地發掘報告》，《重慶庫區考古報告集·1998》，北京：科學出版社，2003 年，第 148～ 171 頁。

永元元年（89）磚

永元一年□□。（側面）

磚出秭歸縣卜莊河，拓片長 25 厘米，厚 2.5 厘米。^①

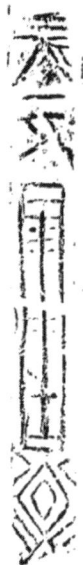

---

① 李應蘭、彭川編著：《長江三峽漢代圖文磚》，第 27 頁。

永元三年（91）磚

永元三年十月。（側面）

磚出巴東縣營盤墓群，拓片長 35 厘米，寬 6 厘米。磚側面飾蛇形紋、鳥紋。[1]

永元九年（97）磚

永元九年九月。（側面）

磚出興山縣古夫墓，下方殘，銘文模印、陽文。[2]

---

[1] 李應蘭、彭川編著:《長江三峽漢代圖文磚》，第 28 頁。
[2] 李應蘭、彭川編著:《長江三峽漢代圖文磚》，第 29 頁。

永元九年（97）磚

永元九年/十月十八日。/（正面）

　　磚出巴東縣雷家坪遺址，長 24 厘米，寬 15 厘米，厚 8 厘米，銘文模印，陰文兩行。①

---

①　李應蘭、彭川編著：《長江三峽漢代圖文磚》，第 30 頁。

永元十年（98）磚

永元十年。（側面）

磚出巫山縣，拓片長 33 厘米，寬 5 厘米，銘文模印、反文。[1]

永元十一年（99）磚

永元十一年造。（側面）

磚出巫山縣，一磚拓片長 34 厘米，寬 6 厘米；一磚拓片長 33 厘米，寬 6 厘米，銘文模印、反文。二磚書體不同。[2]

---

[1] 李應蘭、彭川編著：《長江三峽漢代圖文磚》，第 31 頁。
[2] 李應蘭、彭川編著：《長江三峽漢代圖文磚》，第 32～33 頁。

永元十二年（100）磚

永元十二（年）（三）月卅（?）日黄師作牢。（側面）

磚出巴東縣西瀼口，拓片長 28.5 厘米，寬 5 厘米，銘文模印、反文。[①]"黄師"，即建墓工匠。

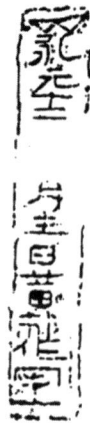

---

① 李應蘭、彭川編著：《長江三峽漢代圖文磚》，第 34 頁。

永元十三年（101）磚

永元十三年造。（側面）

磚出巫山縣，拓片長 37 厘米，寬 6 厘米，銘文模印。[1]

永元十三年（101）磚

永元十三年。（側面）

磚出舊城原巫峽鎮巫山中學校園土城坡 36 號磚室墓，青灰色，長 38 厘米，寬 14～16 厘米，厚 6 厘米。磚文模印，側飾菱形紋。隨葬品主要放置於墓室前部和南墻下。陶器和釉陶器多爲日用器物、模型冥器和家禽俑，銅器多爲日用器。[2]

---

[1] 李應蘭、彭川編著：《長江三峽漢代圖文磚》，第 35 頁。

[2] 武漢市文物考古研究所、巫山縣文物管理所：《重慶巫山土城坡墓地 2004 年發掘簡報》，《江漢考古》2009 年第 2 期；李應蘭、彭川編著：《長江三峽漢代圖文磚》，第 36 頁。

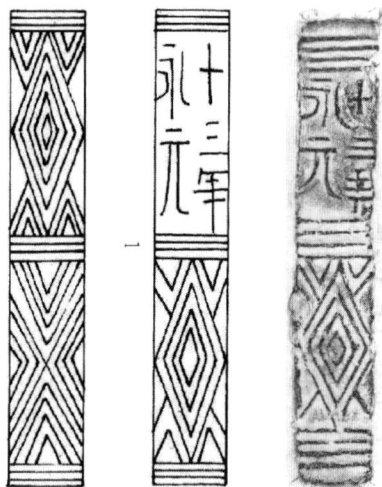

永元十四年（102）磚

永元十四年。（側面）

磚出巫山縣，拓片長 37 厘米，寬 6 厘米，與"永元十三年"磚應是同範，銘文模印。[1]

---

[1] 李應蘭、彭川編著：《長江三峽漢代圖文磚》，第 37 頁。

永元十四年（102）磚

永元十四年，死者復。

磚出巫山縣，拓片長 35 厘米，寬 7 厘米，銘文模印、反文。[1]

永元十五年（103）磚

永元十五年作治。（側面）

磚出巫山縣巫峽鎮高塘村麥沱山 11 號刀把形洞穴磚室券頂墓，長 34 厘米，寬 14.2 厘米，厚 5.3～5.8 厘米，飾幾何、蘭草紋，銘文模印。[2] 發掘報告指出該墓還出土"永元十三年"的紀年銘文磚。

---

[1] 李應蘭、彭川編著：《長江三峽漢代圖文磚》，第 38 頁。

[2] 湖南省文物考古研究所、巫山縣文物管理所：《巫山麥沱漢墓群發掘報告》，原載《考古學報》1999 年第 2 期，收入重慶市文物局、重慶市移民局編：《重慶庫區考古報告集》(1997)，北京：科學出版社，2001 年，第 100～124 頁；李應蘭、彭川編著：《長江三峽漢代圖文磚》，第 39 頁。

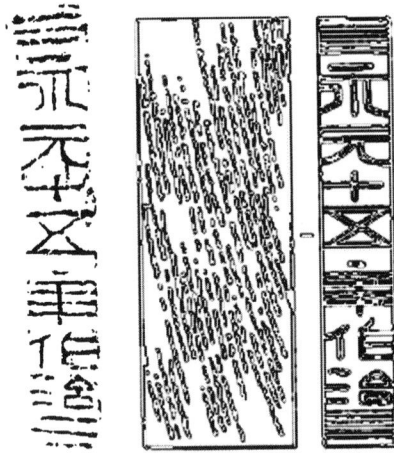

永元十六年（104）磚

永元十六年十月廿八日造。（側面）

磚出巫山縣，拓片長 34 厘米，厚 6 厘米，銘文模印。磚有兩種，一種在銘文下方飾有柿蒂紋，一種飾菱形紋。[1]

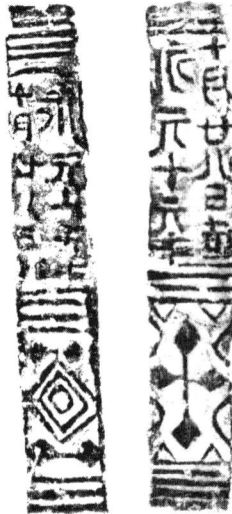

---

[1]　李應蘭、彭川編著：《長江三峽漢代圖文磚》，第 40～41 頁。

元興元年（105）磚

元興元年工(?)作富。（側面）

磚出巫山縣，拓片長 34 厘米，寬 7 厘米，銘文模印。[1]

永初二年（108）磚

永初二年三月作此，里後未央。（側面）

磚出巫山縣，拓片長 36 厘米，寬 6 厘米。磚文模印、反文，間有界格。[2]
《中國巴蜀新發現漢代畫像磚》將此磚識作"永平二年"磚，誤。[3]

---

[1] 李應蘭、彭川編著：《長江三峽漢代圖文磚》，第 42 頁；高文主編：《中國巴蜀新發現漢代畫像磚》，第 131 條。
[2] 李應蘭、彭川編著：《長江三峽漢代圖文磚》，第 43 頁。
[3] 高文主編：《中國巴蜀新發現漢代畫像磚》，第 101 條。

永初二年（108）磚

永初二年七月廿八日造，/宜大吉。/（側面）

磚出巫山縣，拓片長 34 厘米，寬 6 厘米。磚文隸書、反文，間有界格，飾魚、鳥圖案。①

---

① 李應蘭、彭川編著：《長江三峽漢代圖文磚》，第 44 頁。

永初四年（110）校官師磚

校官師作，千/萬世，永初四年。/（側面）

　　磚出巫山縣，拓片長 34 厘米，寬 6.5 厘米，銘文模印、反文。文字位于磚側中間位置，上下方飾菱形紋。[1]

永初五年（111）磚

永初五年六月造。

　　磚出巫山縣，具體出土地不詳，拓片長 35 厘米，寬 6 厘米，[2]銘文篆書，四周有界格。

---

①　李應蘭、彭川編著：《長江三峽漢代圖文磚》，第 45 頁。

②　高文主編：《中國巴蜀新發現漢代畫像磚》，第 140 條。

永初五年（111）磚

永初五年九月造作郭。/延年益壽，利後，子孫吉。/（側面）

磚出巫山縣琵琶洲,拓片長 35 厘米,寬 6 厘米,銘文模印、反書,間有界格。[1] "郭"即"椁"字。

元初元年（114）磚

元初(?)元/年中作。/

磚出巫山縣,拓片長 35 厘米,寬 6 厘米,銘文模印、反文。文字位于側面上方,下方飾菱形紋。[2]

元初五年（118）磚

元初五年七月廿日,鄧孟櫃。(側面)

① 李應蘭、彭川編著:《長江三峽漢代圖文磚》,第 46 頁;中國社會科學院考古研究所三峽工作隊:《巫山琵琶洲遺址發掘報告》,重慶市文物局、重慶市移民局編:《重慶庫區考古報告集·1998》,第 172～188 頁。
② 李應蘭、彭川編著:《長江三峽漢代圖文磚》,第 47 頁。

磚出巫山縣，拓片長 34 厘米，寬 4 厘米。磚文模印、反文，四周有綫框。①

元初五年（118）磚

元初五年造，後子孫富貴壽。（側面）
南郡太守賊曹掾僂、三老郎。（側面）

磚出巫山縣，具體出土地不詳，拓片長 36 厘米，厚 6 厘米。磚文模印、篆書，四周有綫框。② "三老"，可能是郡三老；"僂""郎"，可能是人名。

---

① 李應蘭、彭川編著：《長江三峽漢代圖文磚》，第 48 頁。
② 李應蘭、彭川編著：《長江三峽漢代圖文磚》，第 48 頁；高文主編：《中國巴蜀新發現漢代畫像磚》，第 195～196 條。

建光元年（121）磚

建光元年/始造，長壽。/

磚出巫山縣，拓片長 37 厘米，寬 6 厘米，[1]銘文上部飾對稱魚紋。

延光四年（125）磚

延光四年七月造作牢，堅謹。

磚出重慶江北培善橋一帶的東漢墓，係衛聚賢、郭沫若和常任俠等人于 1940 年在重慶搜訪所得，銘文位于長方形磚上。[2]

延光四年（125）磚

延光四年。

磚出重慶江北十九中側，具體情況不詳。[3]

永建磚

永建造郭，自有章，/長宜富貴家盛昌。/（側面）

---

[1]　高文主編：《中國巴蜀新發現漢代畫像磚》，第 143 條。

[2]　鄭德坤：《四川古代文化史》，第 184～185 頁。

[3]　重慶地方史資料組編、鄧少琴編著：《重慶簡史和沿革》，重慶地方史資料組出版，1981 年。

　　磚出豐都縣匯南墓群,拓片長 33.5 厘米,寬 6 厘米。磚文模印,文字四周
劃有界格。[1]

永和二年（137）磚

　　　□月廿八日造。
　　　右五里……/永禾(和)二年……。/
　　　五里□□□五十/……二年三月作□。/

　　磚微殘,出巫山縣城東部平湖東路水泥廠單室洞室墓,飾菱格紋、魚紋等,
銘文隸書、反文。[2]

①　李應蘭、彭川編著:《長江三峽漢代圖文磚》,第 50 頁。
②　重慶市文化遺産研究院、中國人民大學歷史學院:《重慶市巫山縣漢晉墓群的發掘》,《考古》
　　2016 年第 2 期。

永和五年（140）磚

永和五年七月造。（側面）

磚出巫山縣，拓片長 37 厘米，寬 6 厘米。磚文模印，篆隸夾雜，被對稱界格分成兩部分。[①]

永和六年（141）磚

永和六/年七月。/（正面）

磚出巴東縣營盤墓群，拓片長 36 厘米，寬 16 厘米，磚面模印、反文。磚上方爲對稱菱形紋，下方爲文字。[②]

---

① 李應蘭、彭川編著：《長江三峽漢代圖文磚》，第 51 頁。
② 李應蘭、彭川編著：《長江三峽漢代圖文磚》，第 52 頁。

"武建桓等"磚

武建桓等三昆/恭作此冢墓，吉後。/

　　磚出巫山縣，具體出土地不詳，銘文刻畫、隸書。[1] 據銘文可知，此墓由兄弟三人營造。

① 高文主編：《中國巴蜀新發現漢代畫像磚》，第 212～213 條。

福德冢磚

福德冢。（側面）

磚出萬州區，拓片長 15 厘米，寬 5.5 厘米，銘文間有界格。[1]

"冢長生永平安"磚

冢長生，永平安。（側面）

① 李應蘭、彭川編著：《長江三峽漢代圖文磚》，第 67 頁。

磚出巫山縣，拓片長 36 厘米，寬 5.5 厘米，銘文模印。[1]

"鍾"字磚

磚出涪陵區龍橋北拱，拓片長 46 厘米，寬 9 厘米。[2]

吕通磚

吕通。

磚出巫山縣，拓片長 35 厘米，寬 16 厘米，銘文位于長方形槽底部，模印
反文。[3]

---

① 李應蘭、彭川編著：《長江三峽漢代圖文磚》，第 70 頁。
② 李應蘭、彭川編著：《長江三峽漢代圖文磚》，第 119 頁。
③ 李應蘭、彭川編著：《長江三峽漢代圖文磚》，第 119 頁。

王仲卿磚

王仲卿。（側面）

磚出巴東縣紅廟嶺，拓片長 38 厘米，寬 9 厘米，銘文模印、反文。[①]

鄭君磚

鄭君壽萬年，昌宜子孫。（側面）

磚出巫山縣，拓片長 36 厘米，寬 8 厘米，銘文模印、反文，四周有界格。[②]

---

① 李應蘭、彭川編著：《長江三峽漢代圖文磚》，第 127 頁。
② 李應蘭、彭川編著：《長江三峽漢代圖文磚》，第 128 頁。

建平巫胡氏磚

建平巫胡氏墓。（側面）

磚出巫山縣，拓片長 33 厘米，寬 7 厘米，銘文模印。[1] "建平巫"即建平郡巫縣。建平，孫休永安三年(260)三月分宜都郡立。[2]

永和二年（346）磚

　　永和二年□氏造，宜子孫。（側面）

磚出巫山縣，拓片長 37 厘米，寬 6 厘米，銘文模印。[3]

永和二年（346）磚

　　永和二年太歲在午，□氏造。（側面）

磚出巫山縣，拓片長 37 厘米，寬 6 厘米，銘文模印。[4] 晉穆帝永和二年，太歲在丙午。

---

[1]　李應蘭、彭川編著：《長江三峽漢代圖文磚》，第 130 頁。
[2]　《三國志》卷 48《吳書·孫休傳》，第 1159 頁。
[3]　李應蘭、彭川編著：《長江三峽漢代圖文磚》，第 342 頁。
[4]　李應蘭、彭川編著：《長江三峽漢代圖文磚》，第 343 頁。

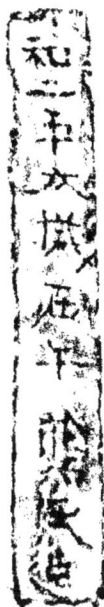

永和八年（352）磚

永和八年太歲在(任)［壬］子八月十五日巫呂立。（側面）

磚出巫山縣，拓片長 38.5 厘米，寬 5 厘米，銘文模印。[1] "吕"，無法判斷是墓主姓氏還是製磚匠人的姓氏。

元嘉九年（432）磚

宋故荆州建平郡秭歸縣/都鄉廣亭里熊孝廉府君/之靈墓。以元嘉九年/……以其年十月安厝。熊氏之先，蓋顓頊之苗裔。/

福亨來著，世世如願，子孫成就。（側面）

宜子孫，富貴昌，利後世，壽命長。（側面）

大吉昌，利後世，無禍殃。（側面）

上述諸磚出秭歸縣同一南朝墓，拓片長 38 厘米，寬 7 厘米，端面飾泉紋、蓮瓣紋。[2] 熊孝廉無考，元嘉九年辭世，十一月下葬。

元嘉十年（433）磚

元加十年。（側面）

---

[1] 李應蘭、彭川編著：《長江三峽漢代圖文磚》，第 344 頁。

[2] 李應蘭、彭川編著：《長江三峽漢代圖文磚》，第 365～370 頁。

　　磚出巫山縣,拓片長 31 厘米,寬 4.5 厘米,銘文模印。[1] "加"即"嘉"字。文字間飾車輪紋。

建元三年（481）龔大吉磚

　　龔,大吉,齊建元三年辛酉歲。（側面）
　　黄,大吉陽。（側面）

---

①　李應蘭、彭川編著:《長江三峽漢代圖文磚》,第 345 頁。

磚出巫山縣，拓片長 36.5 厘米，寬 6.5 厘米。銘文模印、反文，[1]上下飾車輪紋。"龔""黄"，當爲姓氏。

永明九年（491）磚

> 永明九年十月一日作。（側面）

磚出奉節縣，拓片長 38.5 厘米，寬 8 厘米，銘文模印。[2]

天監十一年（512）磚

> 天監十一年作。（端面）

磚出奉節縣，爲楔形磚，拓片長 16 厘米，寬 4～5.5 厘米，下殘，銘文模印、反文。[3] 磚側飾幾何紋和柿蒂紋。

---

① 李應蘭、彭川編著：《長江三峽漢代圖文磚》，第 346～347 頁。
② 李應蘭、彭川編著：《長江三峽漢代圖文磚》，第 348 頁。
③ 李應蘭、彭川編著：《長江三峽漢代圖文磚》，第 349 頁。

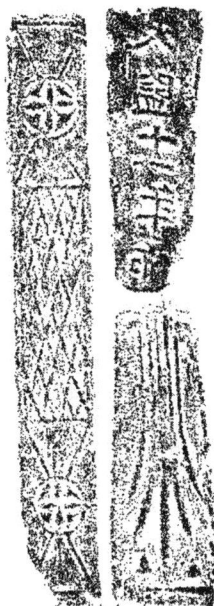

"太歲甲子"磚

太歲甲子秋立。（端面）

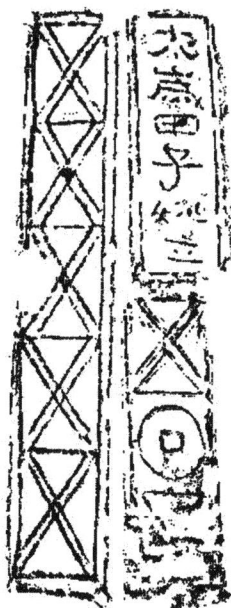

磚出巫山縣，拓片長 18 厘米，寬 6 厘米，銘文模印。[1] 此磚無紀年，磚側飾幾何紋，端面飾錢紋和幾何紋。

"太歲甲寅"磚

太歲甲寅，覃立。

磚出奉節縣，具體出土地不詳，拓片長 16 厘米，寬 5 厘米。[2]

"馬□"磚

馬□。（端面）

磚出巫山縣，拓片長 12.5 厘米，寬 6 厘米，銘文模印。[3]

---

① 李應蘭、彭川編著：《長江三峽漢代圖文磚》，第 350 頁。
② 高文主編：《中國巴蜀新發現漢代畫像磚》，第 204 條。
③ 李應蘭、彭川編著：《長江三峽漢代圖文磚》，第 363 頁。

"□方郭"磚

□方郭。（端面）

磚出巫山縣,拓片長 12 厘米,寬 5.5 厘米,銘文模印反文。[1] "郭"即"棺椁"之意。

---

[1] 李應蘭、彭川編著:《長江三峽漢代圖文磚》,第 364 頁。

"□師作"磚

□師作。（側面）

磚出開縣，拓片長 40 厘米，寬 11 厘米。① 銘文模印、竪寫，右有群人跳舞圖案。

---

① 李應蘭、彭川編著：《長江三峽漢代圖文磚》，第 138 頁。

云南省

建初九年（78）砖

建初九年三月戊子造。

民國《昭通縣志稿·金石》著録此磚曰："民國二十六年四月,郡城東區八里許之曹家老包梁堆中發現一石,形爲正方,斜上立體,頂鑿一孔,三面刻畫。

首龜蛇、次鶴、次鳳，一面刻‘建初九年三月戊子造’九字，體系漢隸，亦可寶也。現爲昭人張希魯所保存。此石出土處復有花磚數百塊，排成圖案形。”①漢章帝建初九年三月朔爲丁亥，則戊子即三月二日。

熹平年磚

　　熹平年十二月造。（楔形磚短側面）

　　磚出大理市蒼山斜陽峰東麓劉家營東北側“七堆地”的多室磚墓，青灰色，飾菱形紋、錢紋、水波紋和星芒紋等。銘文位于券頂楔形磚上，模印隸書，在水波紋和錢紋間夾有“吉羊”二字銘文。隨葬品是典型的漢式器物，還伴出四川地區漢墓常見的搖錢樹座。報告人認爲此墓主人是漢人移民，而非當地土著。②

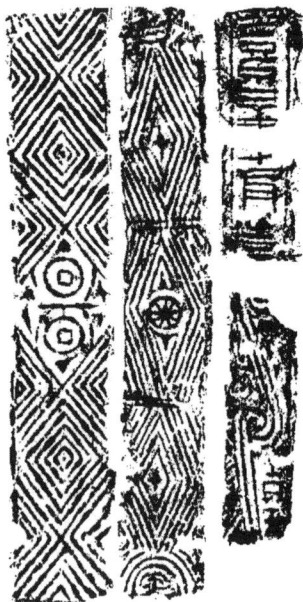

① 《民國昭通縣志稿》卷 6《金石》，國家圖書館藏鉛印本；汪寧生編：《雲南考古》，昆明：雲南人民出版社，1980 年，第 89 頁。

② 大理州文物管理所：《雲南大理市下關城北東漢紀年墓》，《考古》1997 年第 4 期。

東漢"八千萬侯"磚

　　悲乎工哉。

　　八千萬侯。

　　磚出昭通市東郊段家梁子券頂磚室墓,銘文位于券頂楔形磚上。該種磚長 31～38 厘米,寬 5 厘米,厚 7～7.5 厘米。"悲乎工哉"銘文,篆書陽文,有錯範作"悲工哉乎";"八千萬侯"銘文陽文,篆書反文。該墓葬没有確切的紀年銘文,報告者推測墓葬年代屬于東漢早中期。[1]

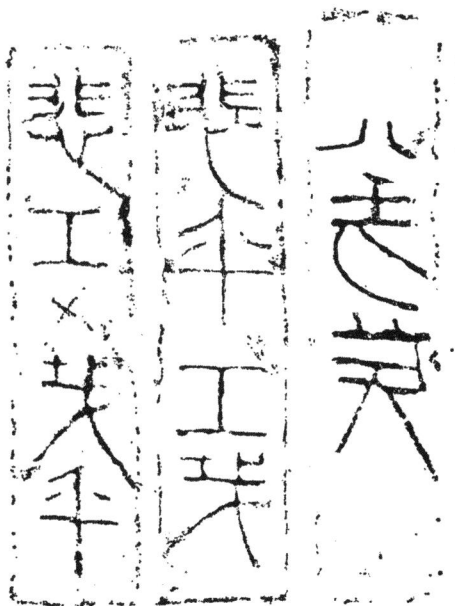

延熙十六年（253）磚

　　延熙十六年七月十日。(側面)

　　官吏建。(側面)

---

① 　謝崇崑:《雲南昭通出土漢代文字磚》,《考古》1992 年第 12 期。

　　磚出保山城南 4.5 公里汪官營村小學院内（原普陀寺正殿之下）蜀漢雙室券頂磚室墓，飾菱形紋、方格紋和回形紋等，銘文模印、篆書。前室四壁各砌一塊紀年銘文磚，并置隨葬品，後室置棺木，隨葬品大多爲灰色泥質陶製品。"官吏建"銘文，暗示此墓葬或墓磚乃官方作坊修建。另外，在距離汪官營村約 400 米的小漢莊，也出土了磚室墓，墓磚飾幾何紋和搖錢樹圖案，銘文模印陽文，有"延熙十六年七月十日"和"官吏制"兩種内容，和汪官營村出土的墓磚銘文基本一致。[①]

泰始二年（266）至咸寧四年（278）磚

　　　　泰始二年造。（端面）

　　　　宜侯王，大吉羊。（端面）

　　　　咸寧元年，吕氏家作，吉羊。（側面）

　　　　咸寧四年，太中大夫李氏造。（側面）

　　磚出楚雄彝族自治州姚安縣西浦村後山坡晉代磚石混合券頂墓，其中，

---

① 耿德銘：《雲南保山發現的蜀漢遺存》，《東南文化》1992 年第 2 期。

"泰始二年"殘磚和"大吉羊"殘磚位于墓道口頂部;"咸寧元年"磚位于後室底部,反書;"咸寧四年"磚位于後壁第十層磚中央。該墓左右兩壁用不規則的砂石砌成,頂部用花紋磚起券,底部平鋪花紋磚,墓門用一塊砂石板封閉。隨葬品有陶罐、銅釜、陶杯、陶碗和銅鐎斗等。[1] 我們注意到,"泰始二年"殘磚位于墓道口頂部,可能屬于舊磚利用,該墓的修建應始于咸寧元年。"呂氏家"是造墓工匠,而墓主應是李氏。

泰始三年（267）、五年（269）磚

> 泰始三年,縣官作。
> 泰始五年造作,大吉羊。

磚出大理市喜洲鎮鳳陽村凸字形單室磚石混合結構墓,銘文位于墓壁,其中"泰始三年"銘文正書陽文,"泰始五年"銘文反書陽文。墓室經過擾亂,出土陶器和鐵棺釘等隨葬品。[2] "縣官作"和延熙十六年(253)"官吏建"墓磚銘文應有相同的含義,即表示墓葬或墓磚乃官方作坊營建。

---

[1] 孫太初:《雲南姚安陽派水庫晉墓清理簡報》,《考古通訊》1956 年第 3 期;汪寧生編:《雲南考古》,第 90 頁。

[2] 大理州文管所、大理市博物館:《雲南大理市喜洲鎮發現兩座西晉紀年墓》,《考古》1995 年第 3 期。

太康六年（285）磚

太康六年正月，趙氏作，吉羊。（側面）

磚出大理市喜洲鎮文閣村單室磚室墓，多爲紀年銘文條磚殘塊。銘文模印，位于墓壁，陽文、反書。該墓隨葬品有陶器和鐵棺釘，尤其是出土的陶蛇。[1]

太康十年（289）磚

大（太）康十年造，吉羊。（側面）

磚出大理市郊荷花寺村券頂石室墓，長 32.5～35 厘米，寬 16～20 厘米，略呈楔形，一面厚 6 厘米，另一面厚 7～7.5 厘米。墓葬兩壁片石砌築，上蓋較方整的四塊大石，底部鋪磚。此外，該墓還出土"元年九月造作，吉羊"和"四年

---

[1]　大理州文管所、大理市博物館：《雲南大理市喜洲鎮發現兩座西晉紀年墓》，《考古》1995 年第 3 期。

九月，吉［羊］”兩種銘文，皆反書，屬于殘磚。報告者推測屬于舊磚再利用，應可從。[1]

---

① 大理市文管所:《大理市荷花寺村西晉墓清理簡報》,《考古》1989 年第 8 期。